安徽省哲学社会科学规划项目研究成果，项目批准号：AHSK2023D154

中国城市社区工作者公共服务动机

生成机制与培育路径

刘伟民 ◎ 著

Public Service Motivation of
Urban Community Workers in China

Formation Mechanisms and Cultivation Pathways

·北京·

图书在版编目（CIP）数据

中国城市社区工作者公共服务动机：生成机制与培育路径 / 刘伟民著. -- 北京：中国经济出版社，2025.4. -- ISBN 978-7-5136-8128-5

Ⅰ. D669.3

中国国家版本馆 CIP 数据核字第 2025MX1563 号

责任编辑　杨元丽
责任印制　李　伟
封面设计　任燕飞

出版发行	中国经济出版社
印 刷 者	天津嘉恒印务有限公司
经 销 者	各地新华书店
开　　本	710mm×1000mm　1/16
印　　张	17.5
字　　数	210 千字
版　　次	2025 年 4 月第 1 版
印　　次	2025 年 4 月第 1 次
定　　价	79.00 元

广告经营许可证　京西工商广字第 8179 号

中国经济出版社 网址 http://epc.sinopec.com/epc/　社址 北京市东城区安定门外大街 58 号　邮编 100011
本版图书如存在印装质量问题，请与本社销售中心联系调换（联系电话：010-57512564）

版权所有　盗版必究（举报电话：010-57512600）
国家版权局反盗版举报中心（举报电话：12390）　　服务热线：010-57512564

随着城市化和现代化浪潮的持续推进，城市社区在城市社会治理中发挥的作用日益凸显。近年来，在相关国家政策指导下，我国城市社区服务体系日趋完善、服务内容不断拓展、服务机构规模及覆盖面进一步扩大。与此同时，作为社区工作的执行主体和基本公共服务的直接供给者，城市社区的人才队伍也在发展中不断壮大，并在社区治理中扮演着难以替代的关键角色。然而，在职责同构和压力型体制的行政环境下，社区工作者在实际的公共服务供给中面临人力、财力、权力、时间等资源严重短缺的巨大压力，"难""苦""累"成为身处为民服务前线的社区工作者群体普遍的工作状态。为何一份收入微薄、任务繁重的职业会吸引他们？究竟有哪些"秘密武器"使他们能够在重压之下依旧坚守自己为民服务的初心？

为澄清困顿，本书尝试从"公共服务动机"这一微观心理变量入手，依据公共服务动机分类学理论框架和公共服务动机过程理论，遵循"公共服务动机内涵界定—维度识别—测量量表构建—量表净化—量表信效度检验—影响因素假设检验—研究发现应用"的逻辑主线，采用综合质化与量化的混合研究方法以及多数据源的设计思路，以我国城市社区工作者为被试，对他们公共服务动机的结构及影响因素进行探索。首先，基于扎根理论构建公共服务动机构思模型及影响因素理论模型。采用经过发展修订的扎根理论方法系统地对访谈文本及二手资料进行编码、聚焦与理论抽样。研究发现：①城市社区工作者公共服务动机由自我实现需要、公共利益承诺、同情心、感恩、自我奉献精神五个维度构成。其与西方传统和经典的佩里四维度相比，具有三方面特色，即社区工作者没有显著的"政策制定吸引力"动机；"自我实现需要"动机是社区工作者世俗一面的体现；"感恩"是社区工作者公共服务动机情感成分的核心来源之一。②个体心理因素（工作获得感、组织认同、工匠精神、心理资本）和组织因素（变革型领导风格、社区行政化）是影响社区工作者公共服务动机水平高低的关键因素，它们都能对公共服务动机产生直接影响，同时个体心理因素还可能在组织因素与公共服务动机之间起到一定的中介及调节作用。③基于理论与现实素材进一步构建了城市社区工作者公共服务动机影响因素理论模型。

其次，基于研究发现开发量表并实施数据收集工作。遵循"量表开发—量表净化—量表信效度检验"的逻辑主线生成正式量表，正式量表在预调研量表的基础上删除了4道题目，最终保留了54道题目（人口统计信息调查除外），包括公共服务动机结构问卷16道、公共服务动机影响因素问卷37道、陷阱题1道。采用五阶段分层抽样设计划定抽样框，在全国范围内抽取10个省（区、市），22个地级市，以网络问卷形式获取2690份有效样本。通过对样本进行描述性统计分析可知，本书各层次样本均有涉及且契合了当前社区发展和变迁现状，具有一定的科学性和代表性。因此，将其作为后续公共服务动机结构测量及影响因素假设检验的主要数据来源。

再次，进入数据分析阶段。本书包括两个阶段的数据分析。①采用描述性统计、独立样本T检验、方差分析等方法对城市社区工作者公共服务动机水平及特点进行分析。研究发现：总体上来看，我国城市社区工作者具有较高的公共服务动机（均值为3.95）；社区工作者状态感恩和特质感恩水平很高，且选举产生的社区工作者的感恩水平显著高于聘任制的社区工作者；社区工作者对弱势群体的关爱与怜悯体验足够深刻，且女性社区工作者的同情心水平显著高于男性社区工作者；社区工作者为民服务的宗旨与情怀坚定，且工作年限越久的社区工作者的公共利益承诺得分越高；社区工作者展现自身能力的工具性动机明显，且呈现出职务越高自我实现需要越强烈的特征；社区工作者勇于自我奉献的精神境界尚需提升，且呈现出学历层次越低自我奉献精神得分越高的特点。②采用结构方程模型和潜调节结构方程法对前文构建的影响因素理论模型中的假设进行检验。研究发现：组织认同、工匠精神、工作获得感、心理资本、变革型领导风格显著正向影响社区工作者公共服务动机，且组织认同、工匠精神在变革型领导风格与公共服务动机之间起到部分中介作用，这些均是社区工作者应对压力负荷过重、永葆为民服务初心的"有力武器"；社区行政化是影响因素理论模型中唯一对社区工作者公共服务动机起到负面影响的阻碍因素，它不仅直接损耗社区工作者的公共服务动机，还能通过挫伤其工作获得感进而对动机产生间接的负面影响；而心理资本作为一种有效的心理资源，能够在社区行政化与工作获得感和公共服务动机之间起到调节作用，促使社区工作者主动调和来自上级部门的压迫感以及与居民之间的矛盾冲突，很大程度上缓和了社区行政化带来的负面压力，是社区工作者在重压之下依旧坚守为民服务初心的"秘密武器"。

最后，依据本书的研究发现提出提升城市社区工作者公共服务动机水平的建议：充分唤起城市社区工作者工作场所中的积极情感；

形塑城市社区工作者"敬业、求精、团结"的工匠精神；重视城市社区工作者积极心理资本的测评与开发；优化领导模式，培育变革精神；强化社区居民自治功能，探索精细化治理模式。

公共服务动机是新时代社区工作者不可或缺的精神血脉。本书采用综合质化和量化的混合研究方法，找到了依存于中国情境下社区工作者公共服务动机的独特构思，发现了重要却被忽视的公共服务动机影响因素，并尝试进一步开公共服务动机作为第一部门被研究的先河。在理论层面上为拓展公共服务动机的版图贡献了中国情境下的新知，进一步充实了公共服务动机过程理论；在实践层面上不但为社区工作者队伍的选拔、培训、管理、招聘提供新的思路和视角，为中国情境下公共服务动机研究从"模仿"走向"自主"提供支持，更为重要的意义在于为推动基层治理现代化贡献了智慧和力量。

刘伟民

2024 年 11 月

绪 论 …………………………………………………………… 1

第一节 研究背景与问题厘定 ……………………………… 1
一、研究背景 …………………………………………… 1
二、问题厘定 …………………………………………… 7

第二节 研究目的与研究意义 ……………………………… 9
一、研究目的 …………………………………………… 9
二、研究意义 …………………………………………… 10

第三节 国内外研究述评 …………………………………… 12
一、国外研究综述 ……………………………………… 12
二、国内研究综述 ……………………………………… 27
三、文献评析与研究空间 ……………………………… 43

第四节 研究思路与技术路线 ……………………………… 46
一、研究思路 …………………………………………… 46
二、技术路线 …………………………………………… 48

第五节 研究方法 …………………………………………… 50
一、问卷调查法 ………………………………………… 50
二、半结构化深度访谈法 ……………………………… 50
三、扎根理论研究方法 ………………………………… 51

四、多元统计分析方法 …………………………………… 51

第六节 创新点 ………………………………………………… 52

一、找到了依存于中国情境下公共服务动机的独特
构思 …………………………………………………… 52

二、发现了重要却被忽视的公共服务动机影响因素 …… 52

三、进一步打破了公共服务动机作为第一部门研究
的"专利" ……………………………………………… 53

第一章 核心概念与理论基础 …………………………………… 54

第一节 核心概念厘定 ………………………………………… 54

一、社区与城市社区 …………………………………… 54

二、城市社区工作者 …………………………………… 55

三、公共服务动机 ……………………………………… 57

第二节 理论基础 ……………………………………………… 64

一、公共服务动机分类学理论框架及其适用性 ……… 64

二、公共服务动机过程理论及其适用性 ……………… 67

三、中国情境下城市社区工作者公共服务动机影响因素
分析框架构建 ………………………………………… 74

第二章 城市社区工作者公共服务动机结构及影响因素模型
构建 ………………………………………………………… 78

第一节 研究方法与研究设计 ………………………………… 79

一、研究方法 …………………………………………… 79

二、研究设计 …………………………………………… 80

三、研究伦理与信度 …………………………………… 88

第二节 城市社区工作者公共服务动机结构开发：基于扎根
理论三级编码 ·· 89
一、三级编码结果与理论饱和检验 ························· 89
二、城市社区工作者公共服务动机结构的中国特色 ········ 96
第三节 城市社区工作者公共服务动机影响因素识别与假设提出：
基于理论与现实素材 ·· 99
一、三级编码结果与理论饱和检验 ························· 99
二、城市社区工作者公共服务动机影响因素研究假设 ··· 107

第三章 城市社区工作者公共服务动机量表开发与数据收集
·· 122
第一节 量表开发步骤与预测量表构成 ····························· 122
一、量表开发步骤 ··· 122
二、预测量表构成 ··· 125
第二节 预调研量表发放与净化 ···································· 131
一、预调研量表的发放 ·· 131
二、预调研量表的净化 ·· 131
第三节 正式调查抽样设计及实施 ·································· 145
一、正式调查抽样范围及方法 ································ 145
二、正式调查各层抽样计划 ··································· 147
三、正式调查实施 ··· 150
四、样本概况 ··· 150

第四章 城市社区工作者公共服务动机结构测量 ················ 155
第一节 城市社区工作者公共服务动机结构量表质量分析 ··· 155

一、信度分析 ·············· 155
　　二、效度分析 ·············· 156
第二节　城市社区工作者公共服务动机水平与特点分析 ····· 162
　　一、社区工作者公共服务动机总体水平较高 ······ 162
　　二、社区工作者状态感恩和特质感恩水平很高 ····· 164
　　三、社区工作者对弱势群体的关爱与怜悯体验足够
　　　　深刻 ·············· 166
　　四、社区工作者为民服务的宗旨与情怀坚定 ······ 168
　　五、社区工作者展现自身能力的工具性动机明显 ···· 170
　　六、社区工作者勇于自我奉献的精神境界尚需提升 ··· 172

第五章　城市社区工作者公共服务动机影响因素假设检验 ··· 175
第一节　城市社区工作者公共服务动机影响因素量表质量
　　　　分析 ·············· 176
　　一、信度分析 ·············· 176
　　二、效度分析 ·············· 176
　　三、共同方法偏差检验 ············ 179
第二节　直接效应检验 ············· 180
　　一、描述性统计与变量相关分析 ········· 180
　　二、六个因素对公共服务动机的直接效应假设检验 ···· 182
第三节　中介效应检验 ············· 185
　　一、组织认同的中介效应检验 ·········· 185
　　二、工匠精神的中介效应检验 ·········· 188
　　三、工作获得感的中介效应检验 ········· 190
第四节　调节效应检验 ············· 193

一、心理资本的调节效应检验 …………………………… 193
二、一个被调节的中介效应检验 ………………………… 195

第六章　提升城市社区工作者公共服务动机水平的建议 …… 202
第一节　充分唤起城市社区工作者工作场所中的积极情感 … 203
一、加强社区工作者物质和精神激励，提升工作
获得感 …………………………………………………… 203
二、营造"包容""公平"的组织环境，培育社区工作者
的组织认同感 …………………………………………… 207
第二节　形塑城市社区工作者"敬业、求精、团结"的工匠
精神 ………………………………………………………… 209
一、营造有助于工匠精神传递和孕育的社区组织氛围 … 209
二、领导以身作则，强化社区工作者工匠精神品质的生成
…………………………………………………………… 210
第三节　重视城市社区工作者积极心理资本的测评与开发 … 211
一、社区人力资源管理实践中融入心理资本因素 ……… 212
二、社区工作者主动寻求机会，加强自身心理资本建设
…………………………………………………………… 213
第四节　优化领导模式，培育变革精神 ………………………… 214
一、倡导包容关怀和以身作则的变革型领导方式 ……… 215
二、领导者注重培养自身的变革能力 …………………… 215
第五节　强化社区居民自治功能，探索"精细化"治理
模式 ………………………………………………………… 216
一、弱化社区行政化色彩，还原社区居民自治本色 …… 217
二、以"清单"形式释放社区工作者的角色压力 ……… 218

第七章 结论与展望

第一节 研究结论 ………………………………………… 220
一、我国城市社区工作者公共服务动机由五个维度构成 ………………………………………………………… 220
二、我国城市社区工作者公共服务动机水平较高 ……… 221
三、我国城市社区工作者公共服务动机受个体心理及组织层面六个因素的影响 ……………………… 222

第二节 研究不足 ………………………………………… 224
一、研究内容的全面性还需延展 ………………………… 224
二、研究设计的缜密性仍需加强 ………………………… 225

第三节 研究展望 ………………………………………… 225
一、关注宏观因素，揭示公共服务动机整体的变迁规律 ………………………………………………………… 225
二、强化实验研究，避免因果关系倒置和虚假动机生成 ………………………………………………………… 226

参考文献 ………………………………………………… 228
附录 A …………………………………………………… 249
附录 B …………………………………………………… 251
附录 C …………………………………………………… 254
附录 D …………………………………………………… 258

绪 论

第一节 研究背景与问题厘定

一、研究背景

改革开放以来,我国城镇化水平显著提升,城市综合实力持续增强,城市面貌焕然一新。国家统计局网站公布的数据显示,2023年,我国城镇化率继续提高,常住人口城镇化率为66.16%,比2022年末提高0.94个百分点。① 随着城市化和现代化浪潮的持续推进,城市社区在城市社会治理中发挥的作用日益凸显,尤其是自2020年新冠疫情暴发以来,作为社会治理的基本单元,城市社区是彼时疫情防控的着力点和坚强壁垒,城市社区防控是疫情防控的基础环节。可以说,作为城市的毛细血管与基底细胞,城市社区是城市基层治理的重点所在。推进城市社区建设,对创新社会治理体制、完善社会保障制度、健全城市基层社

---

① 国家统计局. 中国统计年鉴[M]. 北京:中国统计出版社,2024.

会服务体系具有重要意义。① 近年来，各级党委和政府一直强调必须扩大城市社区在基本公共服务、便民利民服务、志愿和专业服务等方面的有效供给。2021年4月，中共中央、国务院出台《关于加强基层治理体系和治理能力现代化建设的意见》，明确指出："完善支持社区服务业发展政策，采取项目示范等方式，实施政府购买社区服务，鼓励社区服务机构与市场主体、社会力量合作。"② 在社区服务相关国家政策指导下，我国城市社区服务体系日趋完善、服务内容不断拓展、服务机构规模及覆盖面进一步扩大。截至2022年末，全国共有2.7万个社区服务中心，22.5万个社区服务站，52.7万个社区服务机构和设施，城市社区综合服务设施覆盖率为92.9%③。

与此同时，城市社区的人才队伍也在发展中不断壮大。截至2022年末，全国共有59.6万名城市社区工作者④。作为社区工作的执行主体和基本公共服务的直接供给者，社区工作者在社区治理中扮演着难以替代的关键角色。由于公共服务涵盖特殊的使命，它解决的是涉及整个社会的公共问题，因此担当这一使命的个体应具有更高水平的伦理道德。然而，在职责同构和压力型体制的行政环境下，城市社区工作者在实际的公共服务中面临人力、财力、权力、时间等资源严重短缺的巨大压力。⑤ 时常处于压力风险下的社区工作者容易滋生职业倦怠，辖区居民与社区工作者之间的矛盾纠纷频发，是社区和谐发展与建设的梗阻。

---

① 袁方成,邓涛. 我国城市社区建设的新阶段、方向与重点[J]. 行政论坛,2016,23(5):86.
② 中共中央 国务院关于加强基层治理体系和治理能力现代化建设的意见[N]. 人民日报,2021-07-12(2).
③④ 国家统计局. 中国民政统计年鉴[M]. 北京:中国统计出版社,2023.
⑤ 杨爱平,余雁鸿. 选择性应付:社区居委会行动逻辑的组织分析:以G市L社区为例[J]. 社会学研究,2012,27(4):118.

（一）为何要开展公共服务动机研究？

"动机问题"是公共管理三大前沿主题之一。① 公共服务动机（Public Service Motivation，PSM）是西方动机研究中新兴、活跃的领域。20世纪50年代以来，用传统的基于"经济人假设"的公共选择理论来解释并预测人们的行为在实践中处处碰壁，特别是对出现较多的"利他主义"和"亲社会行为"缺乏解释力。学者们质疑的焦点在于：公共选择理论无视公私部门的差别，忽视公共部门中普遍且大量存在的公益精神。为此，学者们开始重新审视公共服务理论的重要性，并尝试构建范围更广的激励理论以加大对传统激励理论的解释力度。伴随着这些反思，公共服务动机开始进入学者们的研究视野，其概念一经提出，便引起学者们的广泛关注，近年来西方学界针对公共服务动机的研究成果呈几何级增长。西方国家现已将公共服务动机作为甄选公职人员的标准之一，并应用于公职人员的选拔和日常管理之中，这种做法近年来也引起了我国学者的普遍关注。② 公共服务动机理论已逐渐发展成为解释和激励公共部门雇员行为的核心理念。

公共服务动机是强化社会软治理能力的强有力抓手。与硬治理不同，软治理强调治理主体在治理实践中采用非武力、非物质等柔性手段使个体间产生共同或相似的价值取向，以及为实现这些取向做出努力的责任感。这一方面强化了文化、价值以及理念在治理中的作用和力量，另一方面也弥补了硬治理能力碎片化的不足。由于许多公共服务属于劳动密集型工作，而且是相当复杂的工作，因此吸引适当的人员并激励他

---

① BEHN R D. The big question of public management[J]. Public Administration Review, 1995, 55(4): 320.

② 张平,刘伟民. 公共服务动机如何影响工作绩效:促进还是干扰？——来自元分析的证据[J]. 东北大学学报（社会科学版）,2020,22(4):48.

们提供可信赖和高效的工作无疑是公共服务质量得以保障的根本所在。随着改革进入"深水区",面对发展任务的挑战性和环境的不确定性,一些干部干事的工作动力不足,"为官不为""懒政""怠政"行为仍时有发生。[1] 对进入新时代的中国社会而言,其面临着新任务、新环境,解决这个问题的紧迫性尤为突出。在建设人民满意的服务型政府征程中,从业人员的行为动机,特别是公共服务动机,无疑是一个关键要素,很大程度上将是检验公共服务行业从业人员合格与否的试金石。因此,从宏观视角来看,开展公共服务动机研究的一个主要原因在于有助于加快服务型政府建设步伐。另外,大量实证研究表明,公共服务动机与工作投入[2][3]和工作绩效[4]呈正相关关系,与职业倦怠[5][6]和离职倾向[7]呈负相关关系。因此,从微观视角来看,开展公共服务动机研究还能在一定程度上提升个体工作满意度、降低离职倾向、提高工作及组织绩效。

(二) 为何要关照城市社区工作者的公共服务动机?

2022年是我国国民经济和社会发展"十四五"规划稳步推进的重

---

[1] 刘帮成,陈鼎祥. 何以激发基层干部担当作为:一个战略性人力资源管理分析框架[J]. 公共行政评论,2019(6):13.

[2] 朱光楠,李敏,严敏. 公务员公共服务动机对工作投入的影响研究[J]. 公共行政评论,2012,5(1):136.

[3] 樊培尧,朱峰. 乡镇公务员公共服务动机对工作投入影响的实证研究:以新疆维吾尔自治区十地区为例[J]. 湖北农业科学,2019,58(5):114.

[4] ANDERSEN L B, HEINESEN E, PEDERSEN L H. How does public service motivation among teachers affect student performance in schools? [J]. Journal of Public Administration Research and Theory, 2014, 24(3): 666.

[5] 陈新明,萧鸣政. 基层公务员职业发展倦怠问题新探索:基于心理定力视角的实证研究[J]. 中共中央党校(国家行政学院)学报,2020,24(3):86.

[6] 舒全峰,刘亚禅. 公共服务动机、领导力与基层扶贫干部职业倦怠[J]. 北京社会科学,2019(7):59.

[7] BOTTOMLEY P, SAYEDMOSTAFA M A, GOULD – WILLIAMS J S, et al. The impact of transformational leadership on organizational citizenship behaviors: The contingent role of public service motivation[J]. British Journal of Management, 2016(27): 398.

要之年。在这关键时刻，我国迫切需要一支素质优良的社区工作者队伍，特别是一支专业化、职业化、规范化的专职社区工作者队伍，这支队伍的工作态度及工作行为直接关系到改革发展过程中各项措施的落实和整体改革的推进。社区工作者是社区治理的现役力量和关键参与主体，其工作内容涵盖了基层治理的方方面面，服务对象覆盖了每一位社会成员，工作之复杂、对象之多元、任务之琐细几乎超过所有职业。[①]"难""苦""累"成为身处为民服务前线的社区工作者普遍的工作状态。

1. 社区工作者的"难"

一是过度和不合理的行政化。随着经济社会转型，上级政府往往把大量政治性事务和行政工作以责任包干的方式分配给社区"两委"（指社区支委会和社区居委会），社区成为政府在基层职能延伸的工具和落脚点。[②]面对形式主义和本位主义的干扰，社区工作者承担着日益烦琐的行政指派性任务，这些任务束缚了他们工作的积极性和创造性。二是只赋责不赋权。权小责大的结构性特点让社区在属地化管理中面临尴尬处境，社区工作者对上要承担硬任务、完成硬指标；对下要面对群众，既要约之以法，更需晓之以理、动之以情。在强大的责任压力面前，"分锅"与"避责"成为社区工作者的无奈之选。[③]三是被诟病多。传统旁观者视野要求社区工作者在提供公共服务过程中必须以公共利益为重，其行为动机必须是利他的。而从行动者的视野来看，社区工作者也有着世俗性的一面，他们在从事公共服务活动中也有利己性的考量。旁

[①] 王作宝,王学工,李坚. 辽宁省社区工作者职业倦怠状况及影响因素分析[J]. 中国公共卫生,2019(8):1092.

[②] 陈家建,张洋洋."非对称权责"结构与社区属地化管理[J]. 社会学评论,2021,9(3):149.

[③] 赵吉. 条线下沉与权责失衡:社区治理内卷化的一种解释[J]. 城市问题,2020(5):83.

观者和行动者之间视差的存在致使部分群众对社区工作者存在严重的偏见和误解。居民的"不尊重""不理解""不认可"使许多社区工作难以落实。

2. 社区工作者的"苦"

一是工作条件有限。随着社会经济的发展，公众对公共服务质量的要求越来越高，然而社区可用于办公活动的经费（主要来源于政府转移性支付）严重短缺，社区工作者掌握的可以用来服务辖区群众的手段和物质性资源也极其有限，诸多服务是他们力所不能及的。二是工作压力大。"上面千条线，下面一根针"，中央政令能否落地往往取决于社区工作者能否理顺"千条线"、顺利穿过"一根针"。此外，由于基层社会情况复杂，各种利益诉求和矛盾冲突交织，他们的工作任务异常繁重，工作压力巨大。三是工资收入微薄。社区工作者的薪酬水平和福利待遇与同样直面群众的公务员群体相差甚远。作为社区工作的关键参与主体，社区工作者也需要被激励才能更好地提供公共服务。然而，社区并不能像其他营利部门那样可以灵活地采取多种经济措施来对社区工作者进行激励，社区工作者的福利待遇普遍较差。

3. 社区工作者的"累"

一是越减越累的社区负担。近年来，党和国家高度重视基层人员工作负担过重的问题。2019年，中共中央办公厅颁布了《关于解决形式主义突出问题为基层减负的通知》。[①] 然而，从减负政策的实践结果来看，社区减负增效的落实情况并不乐观，减负的政策组合拳也未达到预

---

① 中共中央办公厅. 关于解决形式主义突出问题为基层减负的通知[M]. 北京：人民出版社，2019：21.

期目标,反而出现越减越累的奇怪现象。① 二是承担大量一线工作。网格化管理兴起后,每位社区工作者不仅要负责网格内信息采集、纠纷调解等综合性事务,同时辖区内拆除违建、墙体保温、垃圾分类、创城创卫、疫情防控等众多任务的开展都需要社区工作者承担起大量的一线工作。访谈中许多女性受访者采用"女汉子""三头六臂""超人"等形容词来调侃自己。三是情绪劳动的大量付出。在自上而下的压力型体制下,社区工作者为了完成考核目标不仅要付出体力和脑力劳动,同时在与上级政府、共建单位、居民等相关利益主体互动过程中还需付出大量的情绪劳动。例如"诚惶诚恐""笑脸相迎""硬着头皮""赔笑脸说好话"等都属于情绪劳动的表层扮演策略。②

二、问题厘定

尽管社区工作者岗位又苦又难,还经常被群众误解,但这一群体的离职率不高。访谈中笔者也注意到,面对超负荷、高压力,不少受访者表达了对社区行政化、权责失衡、繁文缛节等常态化工作现状的厌烦与无奈。然而,当追问是否有离职倾向时,受访者均给出了否定的回答。为何一份收入微薄、任务繁重的职业会吸引他们?换言之,他们利他行为背后是否受到某些因素的驱动?本书尝试从公共服务动机这一微观心理变量入手对此问题予以解答。选择这一视角的原因有三个:一是在社会科学研究领域,对个体行为的研究往往从"动机"视角出发,认为动机是个体行为的原因,其审视的是"为什么某人会以某种特定方式行

---

① 吴永红,梁波. 制度结构、非均衡依赖与基层治理困境的再生产:以居委会减负悖论为例[J]. 甘肃行政学院学报,2017(4):58.
② 孙璐. 城市社区居委会工作者的情绪劳动研究:以扬州市荷花街社区居委会为个案研究[J]. 理论月刊,2019(6):156.

事"。① 二是基于实证调研发现。2019年6—8月，笔者在一项对沈阳市南湖街道9位社区书记的深度访谈中发现，有6位书记提到"为人民服务"的字眼。可见，社区工作者在日常工作中其实是受一种精神层面和内心深处的需求驱动，他们希望通过自己的帮助让别人变得更好，也就是上文提及的公共服务动机。三是来自"最美城乡社区工作者"的启发。中央宣传部、民政部先后于2019年、2021年举办了两届"最美城乡社区工作者"评选活动，共评选出20位优秀的城乡社区工作者，其中包含12位城市社区工作者和8位农村社区工作者。他们的优秀事迹介绍中均不同程度地映射出社区工作者优秀的个人特质，即为居民谋服务、甘于奉献、妈妈心、婆婆嘴、宰相肚、飞毛腿等。这些关键词与詹姆斯·L. 佩里（James L. Perry）提出的公共服务动机核心维度基本契合。可以说，公共服务动机是新时代社区工作者不可或缺的精神血脉。

由此，本书的理论命题为：城市社区工作者有哪些"秘密武器"使他们在重压之下依旧坚守为民服务的初心？具体分解为三个子问题：①我国城市社区工作者的公共服务动机是否具有中国情境下的独特构思？②哪些因素决定着他们公共服务动机水平的高低？③可否尝试在一个相对系统的理论框架内重新审视这些因素，构建专属于社区工作者群体的公共服务动机影响因素理论模型，并将其应用于我国城市社区治理实务当中？上述问题的澄清不仅有助于扩展公共服务动机实证研究，深化现有公共服务动机理论，同时对于我国国家治理能力现代化进程中基层治理能力的提升有着重要的理论和实践意义。探索城市社区工作者公共服务动机的结构及影响因素已成为当前学界和实务界亟待破解的重要议题。

---

① 蓝志勇,薛金刚. 当前公务员行政动力不足的根源及应对路径[J]. 长白学刊,2021(4):70.

绪 论

第二节 研究目的与研究意义

一、研究目的

本书尝试从公共服务动机这一微观心理变量入手,依据公共服务动机分类学理论框架和公共服务动机过程理论,采用综合质化和量化的混合研究方法,以我国城市社区工作者为被试,通过实测数据验证并构建具有中国特色的城市社区工作者公共服务动机影响因素理论模型。进而针对模型中各变量之间的相互关系提出具有可操作性的,能够有效提升城市社区工作者公共服务动机水平的举措。

具体而言,本书拟实现包括探索、描述和解释三个层面的研究目的。①探索层面:采用扎根理论三级编码探寻依存于中国情境下城市社区工作者公共服务动机的独特构思及其影响因素,尝试构建具有中国特色的公共服务动机影响因素理论模型,并依据公共服务动机过程理论和扎根理论编码结果,开发具有良好信效度的社区工作者公共服务动机结构及影响因素量表。②描述层面:通过大样本问卷调查获取一手数据,采用描述性统计、T检验、方差分析等对我国城市社区工作者公共服务动机水平进行描述,对公共服务动机各维度在人口统计变量上可能存在的差异进行实证检验。③解释层面:结合上述统计结果,采用结构方程模型、潜调节结构方程法对扎根理论提出的公共服务动机影响因素理论模型中的研究假设进行验证,进一步厘清各因素之间的作用机制及边界条件,以期为城市社区工作者选拔、管理、培训等提供来自理论层面的解释和指导,为新时代激发广大社区干部干事为民服务的热情和动力助力。

二、研究意义

(一) 理论意义

1. 为拓展公共服务动机的理论版图贡献中国情境下的新知

目前,对中国场景下公共服务动机结构的扎根研究寥寥无几,对公共服务动机的测量大多直接采用佩里经典量表,或采用因子分析法对经典量表进行简单修补,并未考虑到我国传统文化与制度的独特性。例如,受中国传统文化影响,集体主义、家庭意识、儒家伦理等价值观念根深蒂固,强调集体利益高于个人利益;而西方文化个人主义、商业文化色彩明显,着重强调个人权利是自由神圣且不可侵犯的。中国语境下的公共服务动机必然与西方的主流认知存在较大差异。虽然近一年来有少量学者开始关注并采用扎根理论方法研究公共服务动机的结构维度,但均将研究主体倾向于公务员群体,社区工作者群体的公共服务动机如何无人问津。本书采用经过发展修订的扎根理论方法系统地对访谈文本及二手资料进行编码、聚焦与理论抽样,发现我国城市社区工作者公共服务动机由自我实现需要、公共利益承诺、同情心、感恩、自我奉献精神五个维度构成,且具有不同于西方的特殊意义,这在一定程度上丰富了公共服务动机测量量表的跨文化研究,同时为公共服务动机理论版图的拓展贡献了中国情境下的新知。

2. 进一步充实了公共服务动机过程理论

无论是基恩·A. 布鲁尔(Gene A. Brewer)首次构建的公共服务动机过程理论,还是詹姆斯·L. 佩里和沃特·范登毕(Wouter Vandenabeele)的补充版本,均忽视了影响因素与公共服务动机之间可能存在的调节变量对模型整体的影响,造成该理论在推广力和解释力方面存在失灵。后续研究大多采用定量方法,往往聚焦于少量影响因素,导致现有文献零散探讨了可能影响公共服务动机的因素。这不仅使一些潜在的影响因素和变量范畴未能得到探讨，而且对影响因素之间的逻辑关系缺乏系统性梳理。本书在前人既有研究成果的基础上，首先采用扎根理论方法从动机视角尝试嵌入可能的、具有中国特色的个体心理因素，其次通过实测数据对影响因素之间的作用机制和边界条件进行检验，尝试进一步充实能够对城市社区工作者亲社会的利他行为做出更合理解释的公共服务动机过程理论。这不仅有助于弥补我国公共服务动机研究现状的不足，同时为丰富和延伸公共服务动机过程理论提供了一些有价值的启示和借鉴。

（二）实践意义

1. 为社区工作者队伍招聘提供崭新的思路和视角

社区工作者作为直面居民群众的一线群体，他们的品德素质和伦理规范尤为重要。然而，在现实生活中，对社区工作者的道德进行测量并不是件容易的事情。鉴于公共服务动机是一种利他性的亲社会动机，往往又与其服务群众的意愿和行为紧密相连，在一定程度上，公共服务动机可以作为道德的替代变量加以衡量。可以说，公共服务动机是新时代社区工作者不可或缺的精神血脉。本书基于调研数据，对群体特征变量在公共服务动机各维度上可能存在的差异进行实证检验，尝试在社区工作者与社区之间建立更为精细的匹配关系。这对于社区工作者招聘时，尤其在当前我国出现报考热而带来的各类动机混杂的群体涌入城市社区的背景下，如何甄选出拥有高水平公共服务动机的个体具有较大的现实价值。例如，将"心理资本""工匠精神"等纳入社区工作者招聘制度，通过无领导小组讨论、案例分析等多种形式考察应聘者的心理水平及其职业价值观，确保录用与社区需要更加匹配的人才。

2. 为推动社区治理现代化贡献智慧和力量

提升社区工作者服务能力是推进社区治理体系创新的基础和保障。本书在对既往文献进行细致分析的基础上，从个体心理因素和组织因素入手，综合考量它们对社区工作者公共服务动机的影响，并尝试构建公共服务动机影响因素理论模型。该模型有利于了解不同层面变量对社区工作者公共服务动机的影响程度，以及公共服务动机生成的作用机制和边界条件，帮助街道及社区领导在管理中采取有针对性的、可操作性的实操手段，从而为改善和提升社区工作者公共服务动机水平提供依据，为民政部门如何通过激发社区工作者公共服务动机来提升社区整体绩效提供切实思路和实证依据，为推进社区治理体系创新提供助益，为推动社区治理现代化贡献智慧和力量。

第三节 国内外研究述评

一、国外研究综述

自 1990 年公共服务动机概念提出至今，国外学者围绕其"概念内涵""结构维度""测量方法""变量关系"等方面进行了广泛探索。在 Web of Science 核心数据库中输入"public service motivation""PSM and public service""public service and ethic""public service and altruism"等主题词，将搜索时间限定为"1990—2024"进行检索，剔除非学术论文的书评、会议摘要、编辑材料等 506 篇，最终获得研究性论文 2963 篇。从图 0-1 可见，1995—2014 年公开发表的与公共服务动机相关的文献数及被引频次整体上基本呈匀速增长的趋势，直到 2015 年有一次较大的飞跃，与 2014 年相比，发文量增长 49.51%，被引频次增长

26.88%。2015—2023年涨幅明显，虽然2021年发文量有所下降，但被引文献数一直保持在较高水平，表明公共服务动机仍然是目前学界较为关注的前沿问题。

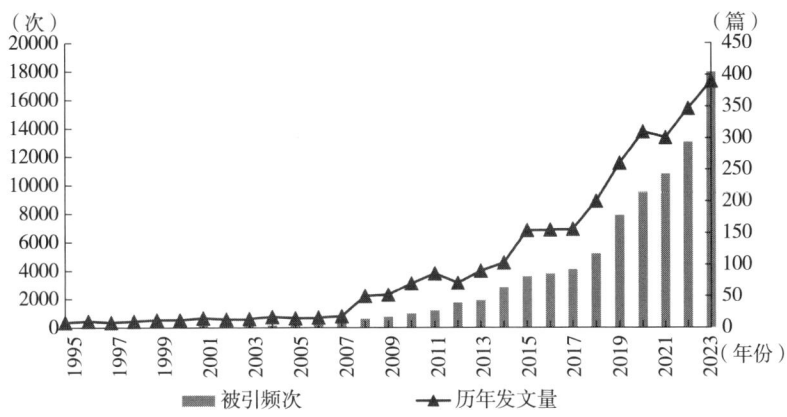

图0-1 国外公共服务动机研究发展趋势

注：由于Web of Science核心数据库可搜索的文献出版日期范围为"1995年至今"，因此趋势图的起始年份从1995年开始。

资料来源：笔者通过Web of Science核心数据库搜索相关主题信息后统计整理所得。

（一）公共服务动机的结构与测量

1990年，詹姆斯·L.佩里等对政府部门雇员的公共服务动机进行了更加完整和系统的概括。他们提出公共服务动机分为理性、规范、情感三种类型。以此为基础，1996年詹姆斯·L.佩里初步构建了包含六个维度40个题项的首个公共服务动机测量量表，并以MPA学生为研究对象，对量表的信度和效度进行测量后发现，其中的三个维度（公民责任、公共利益承诺、社会公正）具有非常高的相关性，因而将其合并为"公共利益承诺"一个维度，最终得到24个题项的公共服务动机测量量表，并提炼形成了包含政策制定吸引力（Attraction to Policy Making，APM）、公共利益承诺（Commitment of Public Interest，CPI）、同情心

（Compassion，COM）和自我奉献精神（Self-Sacrifice，SS）共四个维度的公共服务动机结构。① 这一结构在后续诸多研究中得到了较为一致的证实。

自佩里量表问世以来，诸多学者对量表维度之间的关系尤其是区分性提出了疑问。詹姆斯·L. 佩里本人也曾提出，公共利益承诺和自我奉献精神之间具有相当大的重合（$r=0.89$）。为发展简版测量量表，国外学者采取了不同的简化策略尽可能地减少各维度的题目，所开发的测量量表也各具特色。如表0-1所示，除佩里四维经典量表外，MSPB简短量表、库西三维量表、范登毕五维量表和金姆跨文化国际量表等也是当前应用范围较广的量表。例如，2012年桑穆克·金姆（Sangmook Kim）等对佩里量表跨文化的适用性进行质疑，并构建了一个横跨12个国家的包括四个维度16个题项的公共服务动机跨文化量表。② 另外，还有学者尽可能合并某些维度或减少维度数目。例如，2007年大卫·H. 库西（David H. Coursey）和桑杰·K. 潘迪（Sanjay K. Pandey）在对佩里量表进行简化和修正的基础上，构建了一个三个维度10个题项的公共服务动机测量量表。③ 此外，2008年沃特·范登毕在沿用佩里量表的基础上增加了"民主治理"（Democratic Governance，DG）这一维度，构建了一个五个维度18个题项的公共服务动机测量量表，该量表

---

① PERRY J L. Measuring public service motivation: An assessment of construct reliability and validity [J]. Journal of Public Administration Research and Theory, 1996, 6(1): 12.

② KIM S, VANDENABEELE W, WRIGHT B E, et al. Investigating the structure and meaning of public service motivation across populations: Developing an international instrument and addressing issues of measurement invariance[J]. Journal of Public Administration Research and Theory, 2012, 23(1): 98.

③ COURSEY D H, PANDEY S K. Public service motivation measurement: Testing an abridged version of perry's proposed scale[J]. Administration and Society, 2007, 39(5): 557.

也是应用范围较广的量表之一。① 尽管公共服务动机量表众多，但应用范围最广、知名度最高的当数佩里量表，其他量表均是在参考佩里量表的基础上，对其进行适度的修正、增删与更新。

表 0-1　公共服务动机最具代表性的测量量表

量表名称	年份	题项数量/个	维度
佩里四维经典量表	1996	24	APM、CPI、COM、SS
MSPB 简短量表	1996	5	CPI、COM、SS
库西三维量表	2007	10	APM、CPI、COM
范登毕五维量表	2008	18	APM、CPI、COM、SS、DG
金姆跨文化国际量表	2012	16	APM、CPI、COM、SS

资料来源：笔者根据相关英文文献整理所得。

随着研究的不断深入，学界关于公共服务动机的测量也在实践中不断完善和趋于成熟。目前关于公共服务动机的测量方式除了上述以问卷形式为主的直接测量，还存在另外两种间接途径：报酬偏好比较途径和公共服务行为研究途径。报酬偏好比较途径从引发动机的因素入手，假设个体的需要和对奖励的偏好之间存在着独特的联系，那么可以用个体对奖励的偏好来测量动机。② 这是最早出现的测量公共服务动机的途径，也是公私部门公共服务动机比较研究中最常用的测量方法。而公共服务行为研究途径则从动机的后果入手，认为公共服务动机是个体的一种心理过程，很难对其直接进行观察和测量，主张通过研究公共服务行为或亲社会行为来间接地测量公共服务动机。由于采取问卷调查的直接测量方式所揭示的仅是个体的态度，可能只是"说说而已"，若想知晓个体公共服务动机究竟如何，必须进一步研究个体的实际行为。大卫·

---

① VANDENABEELE W. Development of a public service motivation measurement scale: Corroborating and extending perry's measurement instrument[J]. International Public Management Journal, 2008, 11(1): 150.

② 曾军荣. 公共服务动机:概念、特征与测量[J]. 中国行政管理, 2008(2):22.

J. 休斯顿（David J. Houston）提出，可以通过研究个体参与志愿服务、献血、捐款等行为来间接测量公共服务动机。① 但该方法无法确定动机与行为之间的关联，一定程度上影响了行为研究途径的有效性。

（二）公共服务动机比较研究

在对公共服务动机进行测量研究的基础上，国外学者还对公共服务动机的测量结果进行了比较。本书经梳理发现，目前公共服务动机的比较研究主要分为跨部门比较和跨文化比较两大类。

1. 跨部门员工的公共服务动机比较

公共部门雇员相较于其他部门雇员具有更强的公共服务动机已成为学界的普遍共识。但这并不意味着公共服务动机是公共部门雇员所独有的而其他部门雇员没有。相反，其他部门雇员也可以通过诸多途径参与志愿服务，同样存在着大量的公共服务动机。将公共服务动机视作"公共部门动机"易造成理解上的偏差。显然，公共服务动机是服务取向，而非部门取向，其具有超越公共部门的普遍性。

最早对不同部门员工公共服务动机进行比较研究的是詹姆斯·布坎南（James Buchanan），他从公私部门员工的差异性入手，将"工作投入"作为公共服务动机的替代变量展开调查。研究发现，公共部门雇员反而比私人部门雇员表现出更低的工作投入，这与其预期假设是相悖的，他认为这主要是政府部门的繁文缛节造成的。② 1982 年，哈尔·G. 瑞尼（Hal G. Rainey）对詹姆斯·布坎南的研究做了进一步的探讨，他指出，如果直接向公私部门的中层管理者询问其对"从事有意义公共服

---

① HOUSTON D J. Public service motivation: A multivariate test[J]. Journal of Public Administration Research and Theory, 2000, 10(4): 719.

② BUCHANAN J. Red tap and the service ethic[J]. Administration and Society, 1975, 6(4): 436.

务"的偏好,那么公共部门雇员会获得较高的得分。后续诸多关于公私部门员工公共服务动机的比较研究均表明,二者的公共服务动机存在明显差异,公共部门雇员对于物质奖励的倾向性程度远低于私人部门雇员。①② 但也有少数研究发现两部门雇员的公共服务动机并不存在显著差异。例如,博格·L. 安德森(Bøgh L. Andersen)的研究发现,公共和私人医疗卫生从业人员的公共服务动机水平基本相同。③

2. 跨文化背景的公共服务动机比较

公共服务动机研究已经从美国扩展到英国、德国、荷兰、瑞士、比利时、丹麦等国家。但囿于国家间文化及价值观的差异,其有着不同的名称和语言表达。④ 文化背景的差异还导致迄今仍缺乏国际通用的、无差别意义的测量工具。目前,公共服务动机在不同文化背景下的测量和检验正处于如火如荼的研究阶段,使得跨文化背景的公共服务动机比较成为热点。沃特·范登毕发现,美国模型与英国模型、德国模型三者之间在政策进程、对政治家的忠诚度、公共利益对象与范围、个体角色以及自我奉献精神等方面均存在具体差异。⑤ 皮特·雷森克(Peter Leisink)和布拉姆·斯坦因(Bram Steijn)将佩里量表的简化版本应用于荷兰公务员公共服务动机测量中,发现该量表构建的四维度模型对于其

---

① WITTMER D. Serving the people or serving for pay: Reward preferences among government, hybrid sector, and business managers[J]. Public Productivity and Management Review, 1991, 14(4): 372.

② CREWSON P E. Public service motivation: Building empirical evidence of incidence and effect[J]. Journal of Public Administration Research and Theory, 1997, 7(4): 507.

③ ANDERSEN B L. What determines the behavior and performance of health professionals public service motivation, professional norms and economic incentives [J]. International Review of Administration Sciences, 2009, 75(1): 86.

④ 陈世香,苏建健. 国外公共服务动机研究:概念诠释、变量关系与发展趋势[J]. 国外社会科学,2017(1):82.

⑤ VANDENABEELE W. Toward a pulic aministration teory of pblic srvice mtivation: Ainstitutional approach[J]. Pblic Management Review, 2007 (9): 549.

他国家公务员公共服务动机的推论性具有不确定性。①

综上所述,受不同国家和地区制度与文化背景的影响,公共服务动机模型和结构维度在各国的实践中存在差异。虽然无法对不同地区、群体之间的公共服务动机水平直接进行横向比较,但是现有研究发现无疑有力地证明了公共服务动机广泛的生命力。在跨文化的比较研究中,各国学者结合本国、本地区实际重新诠释了公共服务动机的定义及结构,表面上看五花八门,实际上却为公共服务动机的扩展研究打下了坚实基础。

(三)公共服务动机影响因素研究

影响因素是变量发生变化的因素或条件,是对变量的概念结构深入分析的逻辑延伸,也是进行问题分析、政策建议的重要依据。深入挖掘公共服务动机影响因素有助于更为精准地洞察个体从事利他服务时真实的心理倾向及驱动因素。可以说,影响因素研究是探寻其他变量与公共服务动机关系的第一步。在近30年的研究长河里,国外学者对公共服务动机后果变量做了广泛的研究并得出较为一致的结论。与前者相比,公共服务动机影响因素研究却显得十分薄弱且变量间关系始终摇摆不定。因此,迫切需要构建完备的公共服务动机影响因素整合模型。

在前人研究的基础上,本书通过较为详尽的文献考察发现,既有文献均有一定的聚焦性,大体可以将公共服务动机影响因素聚类为三个主要方向:个体因素、工作因素和组织因素。经统计(见表0-2),以个体因素作为影响因素进行的实证研究占绝大多数(72.6%);组织因素次之,占10.1%;工作因素仅占7.8%;另外,还有35项研究从其他层面(如战争、国家失业水平、政策期望、社会资本等)对公共服务动机影响因素进行探索,占所有被测影响因素的9.5%。再细分下去,

---

① LEISINK P, STEIJN B. Public service motivation and job performance of public sector employees in the netherlands [J]. International Review of Administrative Sciences, 2009, 75(1): 45.

个体因素包括人口统计变量（65.0%）、个体社会化过程（7.6%）；工作因素包括工作任务特征（5.4%）和工作目标设置（2.4%）；组织因素包括组织制度（3.3%）、人力资源管理实践（1.9%）、领导风格（4.9%）。

表0-2 国外公共服务动机影响因素频次统计汇总

维度	影响因素		频次/次	百分比/%
个体因素	人口统计变量	性别	78	21.1
		年龄	67	18.2
		学历	55	14.9
		工资收入水平	6	1.6
		其他	34	9.2
		小计	240	65.0
	个体社会化过程	家庭社会化	16	4.3
		学校社会化	7	1.9
		宗教社会化	5	1.4
		小计	28	7.6
	小计		268	72.6
工作因素	工作任务特征		20	5.4
	工作目标设置		9	2.4
	小计		29	7.8
组织因素	组织制度		12	3.3
	人力资源管理实践		7	1.9
	领导风格		18	4.9
	小计		37	10.1
其他因素			35	9.5
总计			369	100

注：本书统计的文献仅包括期刊论文，不包括硕博论文和会议论文。

资料来源：英文总频次是基于以下两种途径汇总得出的：①英文总频次（1990年至2014年12月）参见 RITZ A, G BREWER A, NEUMANN O. Public service motivation: A systematic literature review and outlook [J]. Public Administration Review, 2016 (3): 414-426；②英文总频次（2015年1月至2024年11月）通过在 Web of Science 数据库检索与公共服务动机相关论文后筛选统计得出。

1. 个体因素与公共服务动机

(1) 人口统计变量

将人口统计变量作为前提已成为公共服务动机影响因素研究的普遍定律。其中，性别、年龄和学历是三个重要的解释方向。凯瑟琳·C.纳夫（Katherine C. Naff）和约翰·克拉姆（John Crum）以 9710 名美国联邦政府公务员为被试，经研究后发现，性别与教育对公共服务动机影响显著，其中，女性的动机水平高于男性，受过大学教育个体的动机水平高于未完成大学学业者，但没有找到年龄能够显著影响公共服务动机的证据。① 而沃特·范登毕的研究发现则比较反常，在他的研究中虽然教育的正效应得到了验证，但得出了公共服务动机会随着个体年龄增长而提高，且男性的动机水平高于女性的结论。② 此外，梅特·A. 凯尔森（Mette A. Kjeldsen）以丹麦 3521 名不同年级和专业的学生为样本，发现年级和专业能够对个体公共服务动机产生影响。③ 这意味着，教育与公共服务动机之间的关系不是一成不变的，高等教育的社会化过程孕育着个体公共服务动机的成长。作为一种促进动机的强化因素，工资收入水平与公共服务动机之间关系的研究却相对较少。伊曼纽尔·卡米莱里（Emanuel Camilleri）以马耳他共和国 3400 名公务员为被试，经研究后发现，高工资是对雇员所做贡献的认可，公共服务动机会随着工资收入水平的提高而提高。④

---

① NAFF K C, CRUM J. Working for America: Does public service motivation make a difference? [J]. Review of Public Personnel Administration, 1999(4):11.

② VANDENABEELE W. Who wants to deliver public service? To institutional antecedents of public service motivation provide an answer? [J]. Review of Public Personnel Administration, 2011 (31): 98.

③ KJELDSEN M A. Vocational study and public service motivation: Disentangling the socializing effects of higher education [J]. International Public Management Journal, 2012 (4):519.

④ CAMILLERI E. Antecedents affecting public service motivation [J]. Personnel Review, 2007 (3), 369.

此外，部分学者还对其他人口统计变量（如工作年限、职务级别、编制类型、种族等）进行了实证考察，但学者们众说纷纭，迄今未得到一致性的结论。综上可见，人口统计变量与公共服务动机之间的关系十分复杂，几乎没有确凿的证据能够证明它们之间存在正向或负向的关系，甚至无法证实它们之间存在联系。

（2）个体社会化过程

个体公共服务动机被视为学校、家庭以及宗教等多个源头作用下的社会化产物。家庭是个体接受社会价值的首要场所，因此家庭社会化过程可能是公共服务动机的潜在影响因素，即个体公共服务动机的形成过程会受到父母的影响，也与宗教信仰和个人的职业经历有很大关联。[①] 2008年，詹姆斯·L.佩里等的研究再次发现，家庭社会化和以往的利他服务体验会直接或间接地通过"志愿服务参与"这一中介变量影响公共服务动机。[②] 沃特·范登毕以比利时3506名公务员为研究对象的实证研究也发现，若父母双方均为公务员，那么他们的子女可能拥有较高的公共服务动机。[③] 最新研究表明，若父母一方或双方从事公共服务，会对子女产生模范和学习效应，增强他们的公共服务动机。[④] 此外，学校良好的公民教育、课外志愿活动以及提供模拟性组织领导经历，也是

[①] PERRY J L. Antecedents of public service motivation[J]. Journal of Public Administration Research and Theory, 1997, 7(2): 187.

[②] PERRY J L, BRUDNEY J L, COURSEY D, et al. What drives morally committed citizens? A study of the antecedents of public service motivation[J]. Public Administration Review, 2008(3): 452.

[③] VANDENABEELE W. Who wants to deliver public service? To institutional antecedents of public service motivation provide an answer？[J]. Review of Public Personnel Administration, 2011(31): 91.

[④] CHEN C A, HSIEH C W, CHEN D Y, et al. Like father, like son: Explicating parental influence on adult children's public sector preference[J]. International Public Management Journal, 2022(25): 272.

培养个体公共服务动机的重要手段和途径。①② 在美国，宗教活动也是公共服务动机的重要来源之一。③ 但值得注意的是，由于家庭、学校、宗教的社会化过程独立于工作环境之外，因此管理者难以通过改变这些因素来提升员工的公共服务动机。

2. 工作因素与公共服务动机

（1）工作任务特征

作为个体的外部客观因素，工作任务特征会对公共服务动机产生不可忽视的影响。研究工作任务特征最常用的是理查德·哈克曼（Richard Hackman）和雷格·奥尔德姆（Greg Oldham）的工作特征模型，该模型确定了工作特征的五个维度：多样性、专业性、重要性、自主性和回馈性。伊曼纽尔·卡米莱里通过实证研究发现，公共服务动机各维度与工作任务特征各维度均存在正相关关系。④ 博格·L. 安德森和梅特·A. 凯尔森以丹麦2811名公务员为被试，经研究后发现，工作的专业化水平越高，个体表现出的公共服务动机越强。⑤ 西蒙·安德尔富伦（Simon Anderfuhren – Biget）等将目光投向工作任务的重要性，他们以瑞士6885名公务员为被试，经研究后发现，与政策规章紧密相连的工作会

---

① HOLT S B. The influence of high schools on developing public service motivatione[J]. International Public Management Journal, 2019, 22 (1): 166.

② KIM S. Education and public service motivation: A longitudinal study of high school graduates [J]. Public Administration Review, 2021, 81 (2): 270.

③ PERRY J L, HONDEGHEM A. Building theory and empirical evidence about public service motivation[J]. International Public Management Journal, 2008, 11 (1): 9.

④ CAMILLER E. Antecedents affecting public service motivation[J]. Personnel Review, 2007 (3): 371.

⑤ ANDERSEN B L, KJELDSEN M A. Public service motivation, user orientation, and job satisfaction: A question of employment sector? [J]. International Public Management Journal, 2013 (2): 269.

使个体因自身价值得到肯定和认同而展现出较高的公共服务动机。① 在克里斯森·B. 雅各布森（Christian B. Jacobsen）等看来，个体在工作中若感知到较强的"命令感"和"控制感"，就会自发地排挤内在动机，从而展现出较弱的公共服务动机。② 这意味着，公共服务动机水平与工作自主程度紧密相关。该项研究的价值在于，支持了外在激励存在动机挤出效应的假说，证明了"动机拥挤"（Motivation Crowing）可能发生的观点。除此之外，由于工作性质的特殊性，公共部门雇员接触受益群体反馈的机会较多，久而久之他们会主动寻求为他人服务的机会，③ 即工作任务反馈无形之中培养了他们的公共服务动机。总体而言，工作任务特征是影响个体公共服务动机的客观因素，一份专业性强、自主性高、回馈及时、举足轻重的工作，能够在一定程度上促进个体公共服务动机的生成以及公共服务行为的发生。

（2）工作目标设置

目标设置是影响公共组织雇员动机有效性的关键因素之一。④ 目标设置的动机作用主要表现在影响个体在活动过程中的注意力分配、努力程度、坚持性水平和任务策略的运用。⑤ 尽管工作目标设置同样被认为会影响公共服务动机，但关于两者之间关系的实证研究并不多见。詹姆

---

① ANDERFUHREN-BIGET S, VARONE, FREDERIC, et al. Policy environment and public service motivation[J]. Public Administration, 2014(4): 819.

② JACOBSEN C B, HVITVED J, ANDERSEN L B. Command and motivation: How the perception of external interventions relates to intrinsic motivation and public service motivation[J]. Public Administration, 2014(4): 799.

③ KIM T, ENDERSON A C, EOM T H. At the front line: Examining the effects of perceived job significance, employee commitment, and job involvement on public service motivation[J]. International Review of Administrative, 2015(4): 723.

④ PERRY J L, PPRTER L. Factors affecting the context for motivation in public organizations[J]. Academy of Management Review 1982, 7(1): 94.

⑤ LOCKKE E A, LATHAM G P. A theory of goal setting and task performance[J]. The Academy of Management Review, 1991(2): 239.

斯·G. 卡耶（James Gerard Caillier）以美国913名公务员为被试，经研究后发现，明确、合理的工作目标将使个体对自身的效用有着更为清晰的认知，能够增强实现组织目标所需要的利他主义精神，从而提高个体的公共服务动机。相反，目标模糊、目标冲突则会消磨个体为他人服务的欲望，对公共服务动机产生负面影响。[1] 由此可见，合理设置工作目标并将其清晰呈现，有助于激发个体的工作动力和热情，促进个体将外在目标进一步转化为内在的公共服务动机。

3. 组织因素与公共服务动机

（1）组织制度

组织制度通过规范权责关系与价值传导机制，成为协调组织与成员间资源交换、责任互嵌及目标协同的核心载体，任何公共服务行为的发生都离不开特定的组织制度。因而，组织制度通常被视为预测公共服务动机的重要变量。唐纳德·P. 莫伊尼汉（Donald P. Moynihan）和桑杰·K. 潘迪基于2002—2003年美国国家行政调研计划项目第二期的部分统计数据，经研究后发现，繁文缛节的官僚制度降低了个体的公共服务动机。同时，旨在减少官僚作风的组织变革和扁平化管理能够对公共服务动机产生显著的积极影响。[2] 帕玛卡·帕丽娜（Prysmakova Palina）将视角聚焦于组织集权化，以波兰和白俄罗斯为例验证了组织集权化与公共服务动机之间的关系是因国家而异的。其中，波兰样本显示二者正相关，而白俄罗斯样本显示二者无相关性。[3] 该项研究警示我们，"民主"不是提

---

[1] CAILLIER J G. Does public service motivation mediate the relationship between goal clarity and both organizational commitment and extra-role behaviors? [J]. Public Management Review, 2016 (2): 314.

[2] MOYNIHAN D P, PANDEY S K. The role of organizations in fostering public service motivation[J]. Public Administration Review, 2007(1): 46.

[3] PALINA P. From compliance to commitment: Centralization and public service motivation in different administrative regimes[J]. International Journal of Manpower, 2016(5): 890.

高公共服务动机的必要条件，组织集权化与公共服务动机之间的关系不可一概而论，"国家制度环境"在二者之间具有很强的中介作用。可见，由于个体2/3的生命历程都在组织中度过，组织制度如果出现问题，个体的公共服务动机水平也不会太高。

(2) 人力资源管理实践

人力资源管理实践 (Human Resources Management Practices) 是涉及组织人事具体职能与一系列活动的综合性管理系统，是近年来学界在研究公共服务动机影响因素时考虑的又一个重要变量。塞朗·斯古特 (Ceran Schott) 等的研究为公共服务动机受人力资源管理实践影响提供了实证证据，并发现"基本心理需要"在二者之间起到部分中介的作用。[1] 大卫·吉奥克 (David Giauque) 等通过实证研究发现，内在人力资源管理实践（如提供专业发展的机会、进行有意义的个人评价、更高程度的决策参与等）通过"个人—组织匹配"对公共服务动机产生积极影响；而外在人力资源管理实践（如福利的提升、绩效工资的增加、职务的晋升等）对公共服务动机具有显著的负效应。[2] 费边·翁贝格 (Fabian Homberg) 和瑞克·沃格尔 (Rick Vogel) 的研究结果部分支持了大卫·吉奥克的判断，但他们发现外在人力资源管理实践与公共服务动机无关。[3] 总之，作为一种显著影响个体行为的心理因素，公共服务动机会受到人力资源管理实践的显著影响。

---

[1] SCHOTT C, PRONK J L J. Investigating and explaining organizational antecedents of PSM [C]. Evidence-Based HRM: A Global Forum for Empirical Scholarship, 2014 (1): 50.

[2] GIAUQUE D, AANDERFUHREN-BIGHT S, VARONE, et al. HRM practices sustaining PSM: When values congruency matters [J]. International Journal of Public Sector Performance Management, 2015 (3): 206.

[3] HOMBERG F, VOGEL R. Human resource management and public service motivation: Where are we, and where do we go from here? [J]. International Journal of Man Power, 2016 (5): 758.

(3) 领导风格

变革型领导通过赋予下属自身所承担任务的重要意义，促使下属能够为组织利益而牺牲自身利益，从而达到期望的结果。① 变革型领导具有的激发下属高层次需求、强化组织使命、超越自身利益等内在特征与公共服务动机的核心理念相契合。因而，变革型领导通常被视为影响公共服务动机的重要变量，现有研究大体证实了二者之间的正相关关系。②③ 当然，在认同变革型领导影响力的同时，关于其是直接还是间接作用于公共服务动机，学界虽众说纷纭，但均将"个人—组织匹配"视作潜在的中介变量。朱莉·A. 克罗格斯加德（Julie A. Krogsgaard）等以丹麦968名教师为被试，经研究后发现，只有雇员价值观与组织价值观相匹配时，变革型领导才与公共服务动机呈正相关关系。④ 乌尔里克·T. 詹森（Ulrich T Jensen）等的实证研究进一步发现，当雇员价值观与组织价值观不匹配时，变革型领导将对公共服务动机产生消极影响。⑤ 在领导的角色模型示范方面，服务型领导在日常工作中主张参与式管理，对下属积极授权，领导的授权将增强下属对参与公共政策的积

---

① 陈晨,时勘,陆佳芳. 变革型领导与创新行为：一个被调节的中介作用模型[J]. 管理科学,2015(4)：18.

② WRIGHT B E, MOYNIHAN D P, PANGEY S K. Pulling the levers: Transformational leadership, public service motivation, and mission valence[J]. Public Administration Review, 2012(2)：210.

③ JENSEN U T, BRO L. How transformational leadership supports intrinsic motivation and public service motivation: The mediating role of basic need satisfaction[J]. American Review of Public Administration, 2018(6)：537.

④ KROGSGAARD J A, PERNILLE T, AADERSEN L B. Only if we agree? How value conflict moderates the relationship between transformational leadership and public service motivation[J]. International Journal of Public Administration, 2014(12)：901.

⑤ JENSEN U T, AMDERSEN L B, JACOBSEN C B. Only when we agree! How value congruence moderates the impact of goal – oriented leadership on public service motivation[J]. Public Administration Review, 2019(1)：17.

极性，激发下属服务公共利益的责任心和热情，从而提升公共服务动机。① 盖里·施瓦兹（Gary Schwarz）等的研究结论与之类似，但其创新之处在于揭示了服务型领导影响公共服务动机的现实路径，即服务型领导者主要通过向下属强调服务他人（组织内和组织外）的重要性，以及在关心他人利益、服务公共利益的过程中塑造榜样形象等途径来提高下属的公共服务动机。②

综上所述，个体、工作和组织三种类型的影响因素对公共服务动机产生促进或者阻碍的影响，众多的变量与公共服务动机之间有着直接或者间接的联系。其中，个体因素（尤其是人口统计变量）与公共服务动机之间的关系最为错综复杂，至今未获得一致的研究结论。相反，工作和组织因素对公共服务动机的作用方向却获得了相对一致的研究结果，即较高得分的工作任务特征，清晰、明确的工作目标，和谐而亲近的组织氛围，高效的人力资源管理系统，富有魅力、积极授权的领导风格等对公共服务动机具有正效应。

二、国内研究综述

事实上，"天下为公""为人民服务"等思想在我国早已出现，然而据公开文献，2007年我国学者（如刘帮成、李小华、陈世香等）才开始关注公共服务动机这一领域。以中国知网（CNKI）的"中国学术期刊网络出版总库"为检索源，进入其高级检索界面，检索表达式为主题＝"公共服务动机"或"公共服务精神"或"公共服务伦理"，共检

---

① 谭新雨,汪艳霞. 公共服务动机视角下服务型领导对公务员建言行为的影响[J]. 软科学,2017,31(8):53.

② SCHWARZ G, NEWMAN A, COOPER B, et al. Servant leadership and follower job performance: The mediating effect of public service motivation[J]. Public Administration, 2016, 94(4): 1034.

索到期刊论文 383 篇，其中核心论文 245 篇。从图 0-2 可以看出，近 10 余年来我国对公共服务动机的研究热度自 2015 年陡然上升。这意味着尽管与国外相比我国公共服务动机研究起步较晚，但近十几年来我国学者针对中国场景下的公共服务动机研究表现出浓厚兴趣，其研究成果的数量与质量也进入了快速提升时期。

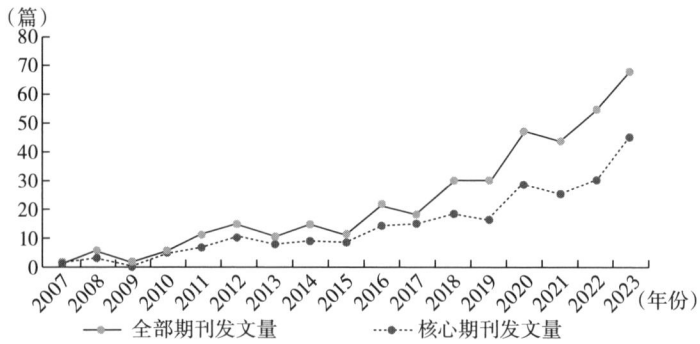

图 0-2　2007—2023 年国内公共服务动机研究发展趋势

注：2022 年的发文量为预测值。

资料来源：笔者根据中国知网（CNKI）数据库搜索相关主题信息后统计整理所得。

（一）中国情境下公共服务动机的结构与测量

水平测量是公共服务动机研究的基础性工作，10 多年来，我国学者依照各自的研究目的，选取不同时段、地域和测量工具，立足中国情景，以现实问题为导向，从不同角度对公共服务动机进行了测量和研究。如表 0-3 所示，本书梳理了国内近年来比较有代表性的公共服务动机测量结果。从表 0-3 中可见，国内公共服务动机测量主体涉及范围较广，不仅囊括全国各地（涵盖东、中、西部）公务员（含 MPA）群体，同时教师群体、警务人员、大学生、非营利组织员工、私营组织雇员也纷纷成为学者们研究的对象，进一步丰富了我国公共服务动机实证研究。此外，从表 0-3 中也可以看出，当前我国不同职业群体（尤其是公务员群体）

的公共服务动机水平的流行观点似乎是"水平较高"。

表0-3 国内公共服务动机水平测量

测量对象	作者(年份)	具体样本	测量结果
公务员（含MPA）	叶先宝（2008）	福建省委党校研究生班337名学员	公共服务动机总体水平均值为86.81分（总分120分）
	吴绍宏（2010）	澳门特区政府413名公务员	公共服务动机总体水平均值为3.2分（总分5分）
	李小华（2010）	北京、武汉、广州地区三所高校319名MPA学员	公共服务动机总体水平均值为102.7分（总分140分）
	朱光楠等（2012）	中、西部三省一市761名省级政府公务员	公共服务动机总体水平均值为3.8分（总分5分）
	李丹婷（2012）	福州市、泉州市、漳州市、南平市、厦门市733名公务员	公共服务动机总体水平均值为4.07分（总分5分）
	朱春奎等（2012）	中、西部地区1212名公务员	公共服务动机总体水平均值为3.65分（总分5分）
	张廷君（2012）	福建省653名中央垂直管理机构公务员	公共服务动机总体水平均值为3.86分（总分5分）
	吴宗宪（2012）	中国台湾台南市357名公务员	公共服务动机总体水平均值为3.86分（总分5分）
	祝军（2013）	北京市198名青年公务员	公共服务动机总体水平均值为4.21分（总分5分）
	周俊芳（2014）	武汉市江汉区317名地税系统公务员	未对公共服务动机进行计分测量，但发现公共服务动机各维度选择"强烈赞同"和"赞同"的比例占到了60%以上
	王浦劬等（2016）	中部某市1680名党政干部	公共服务动机总体水平均值为3.76分（总分5分）
	郑楠等（2017）	陕西省912名基层公务员	公共服务动机总体水平均值为3.50分（总分5分）
	元帅等（2022）	湖北、山西、河南等地427名基层一线公务员	公共服务动机总体水平均值为3.883分（总分5分）

续表

测量对象	作者（年份）	具体样本	测量结果
教师	孟凡蓉等（2010）	西部某地区四所中小学和东部某县四所小学的140名教师	公共服务动机总体水平均值为3.91分（总分5分）
	孟凡蓉等（2014）	广东和陕西省内8所小学、6所初中共581名教师	公共服务动机总体水平均值为3.49分（总分5分）
	张伟（2015）	中部地区某农业大学199名科技工作者	未对公共服务动机进行计分测量
大学生	寸晓刚（2013）	广州市某部属高校2373名大学生	未对公共服务动机进行计分测量
	叶浩生等（2014）	南京、扬州、新乡等地572名大学生	未对公共服务动机进行计分测量
	包元杰等（2016）	北京市两所大学251名管理类专业本科生	公共服务动机总体水平均值为3.95分（总分5分）
其他	刘伟（2014）	民办非企业和基金会中的549名从业人员	本地注册NGO：23.44分（总分30分）国际NGO：20.03分（总分30分）本地未注册NGO：16.31分（总分30分）
	林群雄（2017）	广东省1319名警务人员	公共服务动机总体水平均值为4.16分（总分5分）
	王亚华等（2018）	东、中、西部各一个县共756名村干部	公共服务动机总体水平均值为100.40分（总分120分）

资料来源：笔者根据相关文献研究结果汇总所得。

随着分析对象类型及规模的不断增加，我国诸多学者在结合中国制度和文化背景的基础上对西方公共服务动机测量方法进行了不断的调试和更新。例如，刘帮成等在2008年的研究中指出，詹姆斯·L. 佩里的公共服务动机四维度模型中只有政策制定吸引力、公共利益承诺和自我奉献精神三个维度通过了跨文化的普适性检验，而同情心维度则不符合中国实际情境。① 2009年,刘帮成进一步以中国的社会工作者为研究对象,对他们的公共服务动机结构和维度进行了研究,结果发现,作为一个普遍的或不存在差别的概念,公共服务动机概念在中国明显受到文化和制度环境的影响。② 吴绍宏在2010年针对澳门特区政府公务员的公共服务动机进行了研究,他的结果支持了詹姆斯·L. 佩里的四维度模型,但是结合中国的文化背景和本土化语境,他对公共服务动机的四个维度进行了重新命名。分别为公仆热诚度、公仆承诺度、公仆怜悯度和公仆牺牲度。③ 殷强则通过对上海市某技术研究所的职工进行公共服务动机分析,在詹姆斯·L. 佩里四维度模型的基础上,增加了"爱国主义"和"伦理道德"两个维度,构建了我国职工的六维度公共服务动机模型。④ 李小华通过对北京、武汉和广州地区三所高校的319名MPA学生的公共服务动机状况进行研究,构建了政策制定、公共利益、同情心、自我奉献精神、造福社会五个维度的公共服务动机模型。⑤ 张廷君基于中国情境,在对福建省653名政府公务员公共服务动机进行分析的基础上,构建了渴望参与政策制定、公共利益承诺、自我奉献精神和民主治理意识四个维度的公共服务动机模型。⑥ 朱春奎和吴辰在对中、西部地区1000多名公务员的公共服务动机进行分析的基础上,提出了由政策

---

① LIU B C, TANG N Y, ZHU X M. Public service motivation and job satisfaction in china: An investigation of generalisability and instrumentality[J]. International Journal of Manpower, 2008, 29(8):690.

② LIU B C. Evidence of public service motivation of social workers in china [J]. International Review of Administrative Science, 2009, 75(2): 352.

③ 吴绍宏. 公务员的工作满意度、组织承诺与公共服务动机的关系探讨:以澳门特区政府公务员为例[J]. 中国人力资源开发, 2010(9):104.

④ 殷强. 公共服务动机理论的评价研究[D]. 上海:华东师范大学, 2010:43.

⑤ 李小华. 公共服务动机研究:对中国MPA研究生公共服务动机的实证分析[M]. 北京:中国社会科学出版社, 2010:156.

⑥ 张廷君. 公务员公共服务动机维度差异的本土化分析:基于福建的调查[J]. 西安电子科技大学学报(社会科学版), 2012, 22(3):27.

制定吸引力、公共利益承诺、同情心、自我风险、互助意愿五个维度组成的公共服务动机模型。① 李丹婷在2012年的研究中，同样以福建省公务员为研究对象，发现佩里四维度模型具有良好的适用性，可以应用于中国实践。② 李锋和王浦劬通过对中部某市1680名基层公务员进行的研究发现，詹姆斯·L.佩里的六维度公共服务动机模型中的"政策制定吸引力""社会公正""公共利益承诺"三个维度显著相关，可以将其合并为"社会公正"，其他三个维度分别为同情心、自我奉献精神和公民责任。③ 包元杰和李超平在金姆跨文化国际量表的基础上，通过标准的"翻译—回译"程序和统计检验对该量表进行了修订，分析提出了仅包含8个题项的短版中文公共服务动机量表。④

在最新的几项研究中，国内部分学者开始采用扎根理论方法探究公务员群体的公共服务动机结构。例如，在舒全峰的研究中，他以Q村集体行动事件中的24位参与者为访谈对象，发现公众公共服务动机包括声誉需求、公共利益承诺、同情心和自我奉献精神四个维度。⑤ 杨开峰和杨慧珊在中国人民大学MPA学员中抽取20名作为受访者，通过一对一深度访谈和扎根理论分析发现，佩里量表的四个维度在中国情境下依然存在，同时他们还发现了"社会名声"和"道德坚持"两个新维度。⑥ 刘华兴和王铮采用目的性抽样方法对S省Q市39名基层公务员

---

① 朱春奎,吴辰.公共服务动机对工作满意度的影响研究[J].公共行政评论,2012,5(1):95.
② 李丹婷.西方公共服务动机研究:理论探讨与最新进展[J].唯实,2012(1):84.
③ 李锋,王浦劬.基层公务员公共服务动机的结构与前因分析[J].华中师范大学学报(人文社会科学版),2016,55(1):31.
④ 包元杰,李超平.公共服务动机的测量:理论结构与量表修订[J].中国人力资源开发,2016(7):86.
⑤ 舒全峰.领导力、公共服务动机与中国农村集体行动[M].北京:清华大学出版社,2020:271.
⑥ 杨开峰,杨慧珊.公共服务动机量表的中国化[J].治理研究,2021,37(6):66

进行半结构化深度访谈,通过编码分析发现,中国基层公务员的公共服务动机由四个维度构成,分别为公共参与的兴趣、公共价值的承诺、社会认可与支持、职业道德与操守。[①]

(二) 公共服务动机影响因素研究

国内公共服务动机影响因素研究虽然起步较晚,但公共服务动机影响因素类型已从单一的人口统计学变量转向多维度研究。本书经梳理发现,与国外研究类似,国内公共服务动机影响因素研究同样重点关注个体因素、工作因素和组织因素三个层面,见表0-4。

表0-4 国内公共服务动机影响因素频次统计汇总

维度	影响因素		频次/次	百分比/%
个体因素	人口统计变量	性别	14	11.1
		年龄	13	10.3
		学历	11	8.7
		政治面貌	10	7.9
		职务级别	9	7.1
		工作年限	6	4.8
		工资收入水平	7	5.6
		其他	16	12.7
	小计		86	68.2
	个体成长环境		3	2.4
	人格		3	2.4
	其他个体因素		5	4.0
小计			97	77.0
工作因素	工作任务特征		4	3.2
	工作目标设置		5	4.0
小计			9	7.2

[①] 刘华兴,王铮.基层公务员公共服务动机测量[J].上海交通大学学报(哲学社会科学版),2022,30(1):118.

续表

维度	影响因素	频次/次	百分比/%
组织因素	组织环境	3	2.4
	领导风格	11	8.7
	组织信任	6	4.7
小计		20	15.8
总计		126	100

注：本书统计的文献仅包括期刊论文，不包括硕博论文和会议论文。

资料来源：中文总频次通过在中国知网（CNKI）数据库检索与公共服务动机相关论文后筛选统计得出。

经统计（见表0-4），以个体因素作为影响因素进行的实证研究占绝大多数（77.0%），组织因素次之，占15.8%，而工作因素仅占7.2%。再细分下去，个体因素包括人口统计变量（68.2%）、个体成长环境（2.4%）、人格（2.4%）和其他个体因素（如职业意向、职业认同、工作价值观、工作满意度等）（4.0%）；工作因素包括工作任务特征（3.2%）和工作目标设置（4.0%）；组织因素包括组织环境（2.4%）、领导风格（8.7%）和组织信任（4.7%）。

1. 个体因素与公共服务动机

国内有关个体因素的探讨主要涉及性别、年龄、学历、政治面貌、职务级别、工作年限、工资收入水平等人口统计变量，以及个体成长环境、人格、其他个体因素。

（1）人口统计变量

性别、年龄、学历和政治面貌是学者们关注较多的变量，但学者们的研究结果大相径庭。比如，林群雄的实证研究结果显示：年龄、学历对公共服务动机影响显著，而性别和政治面貌对公共服务动机没有显著影响;① 而王浦劬和杨晓曦的研究结果与之完全相左——年龄和学历对公共服务动机不存在影响,而性别和政治面貌对公共服务动机影响显著,且政治面貌是诸多变量中影响最显著的因素;② 张廷君以福建省653名公务员为研究对象,对他们公共服务动机的影响因素进行了探索,结果发现个人特征因素中除年龄外,其他变量诸如性别、学历、政治面貌等对公共服务动机的影响均不显著;③ 祝军以198名青年公务员的个人特征因素为自变量,以公共服务动机为因变量进行方差分析,结果发现男性青年公务员的表现要好于女性。④

职务级别指雇员在科层制组织中的职务特性,大多数学者在研究中将其分为科员、科级、副处级以上。关于职务级别对公共服务动机的影响,虽然学界进行了大量的讨论,但目前仍没有形成统一的定论。部分学者的研究结果表明,职务级别对公共服务动机存在显著的影响,并通过实证检验得出科层制组织中处级干部的公共服务动机最高,且处级以下干部的公共服务动机呈递减的态势;⑤ 也有学者的研究结果表明科员群体的公共服务动机明显高于其他群体;但仍有一些学者的研究中并没有找到职务级别可以显著影响公共服务动机的证据。⑥

公私部门雇员的关键差异在于职业偏好不同,私人部门雇员更看重高收入、短工作时间等外在激励,而公共部门雇员更倾向于成就感的获

---

① 林群雄. 警务人员公共服务动机的理论结构和实证测量[J]. 学术研究,2017(5):58.
② 王浦劬,杨晓曦. 当前党政干部公共服务动机状况调查:基于中部某市党政干部的实证研究[J]. 人民论坛·学术前沿,2017(7):76.
③ 张廷君. 公务员公共服务动机维度差异的本土化分析:基于福建的调查[J]. 西安电子科技大学学报(社会科学版),2012,22(3):28.
④ 祝军. 青年公务员公共服务动机对工作投入的影响研究[J]. 中国青年政治学院学报,2013,32(5):79.
⑤ 叶先宝,赖桂梅. 公共服务动机:测量、比较与影响——基于福建省样本数据的分析[J]. 中国行政管理,2011(8):109.
⑥ 郑楠,周恩毅. 我国基层公务员的公共服务动机对职业幸福感影响的实证研究[J]. 中国行政管理,2017(3):85.

得。工作年限和工资收入水平对公共服务动机的影响在国内研究中也有所涉及。工作年限与个体身心健康、收益满意度和工作满意度高度相关,随着工作年限的增加,个体不仅实现了自身的经济价值,而且可以通过利他行为获得愉悦感、成就感和归属感,进而具有较高的公共服务动机。国内许多学者的研究证实了这一点,①② 但也有部分学者并没有找到工作年限可以显著提高公共服务动机的证据。与国外类似,国内部分学者如叶先宝、郑楠、王亚华等将工资收入水平作为影响公共服务动机的重要因素,假设工资收入水平差异对公共服务动机没有显著影响,并通过实证检验证明了假设成立。③ 但也有学者研究发现工资收入水平与公共服务动机之间存在显著的相关关系。

(2) 个体成长环境

根据马斯洛需要层次理论可知,公共服务动机属于高层次需求。这种需求的释放是以低层次需求得到满足为先决条件的,而低层次需求能否得到满足主要受经济发展水平的影响。为此,个体成长地的经济环境可能成为影响公共服务动机的因素。在此方面,寸晓刚做了启发性探索。他以广州市267名大学生为被试,经研究后发现,公共服务动机与成长地经济发展水平之间存在显著关联,二者基本呈同步增长的趋势。④ 而王亚华和舒全峰的研究结果却表明,乡村干部的公共服务动机与地区经济发展水平呈一定的负相关关系,地区经济发展差异通过影响

---

① 刘伟. 非营利组织员工的公共服务动机分析[J]. 北京行政学院学报,2014(4):115.
② 朱喆,徐顽强. 驻村干部公共服务动机水平测量:以武陵山区为例[J]. 长白学刊,2020(6):65.
③ 王亚华,舒全峰. 中国乡村干部的公共服务动机:定量测度与影响因素[J]. 管理世界,2018,34(2):99.
④ 寸晓刚. 新一代大学生群体公共服务动机的实证研究[J]. 中国行政管理,2013(3):113.

乡村干部与村民的接触频率进而影响公共服务动机。① 由此可见，作为一种内生变量，公共服务动机会受到个体成长地的经济环境的影响。

（3）人格

人格是人类行为和工作动机最重要的决定因素之一。② 相较于动机领域文献的丰富性，涉及此议题的公共服务动机文献尚不多见。与以往学者主要关注性别、年龄、教育等方面不同，张其禄以"大五人格"为工具，通过对中国台湾277名地方政府公务员的实证研究发现：外倾性（Extraversion）与渴望参与政策制定正相关，而与自我奉献精神负相关；宜人性（Agreeableness）与同情心正相关；尽责性（Conscientiousness）与公共利益承诺、同情心和自我奉献精神正相关；神经质（Neuroticism）与公共利益承诺和同情心负相关，但与渴望参与政策制定正相关；经验开放性（Openness to Experience）与公共服务动机各维度均呈正相关关系。该研究的价值在于，其证实了个体人格能切实帮助提升个体公共服务动机，从而有利于组织绩效的增进。③ 李小华结合大五人格理论，通过实证研究发现，个体的尽责、自律、利他特征与公共服务动机呈正相关，在这些人格特征上表现突出的政府公务员公共服务动机也较强。④ 作为一种特定的人格特质，主动性人格描述了一种行为倾向，即在工作中积极寻找组织变革的机会，具有主动性人格的个体更有可能主动塑造和操纵环境。作为验证主动性人格与公共服务动机之间关

---

① 王亚华,舒全峰. 中国乡村干部的公共服务动机:定量测度与影响因素[J]. 管理世界,2018,34(2):97.

② JUDGE T A, ILIES R. Relationship of personality to performance motivation: a meta-analytic review [J]. Journal of applied psychology, 2002, 87(4):801.

③ CHYI-LU J. The effect of personality traits on public service motivation: evidence from Chinese taiwan [J]. Social behavior and personality: an international journal. 2012, 40(5): 730.

④ 李小华. 公共服务动机研究:对中国MPA研究生公共服务动机的实证分析[M]. 北京:中国社会科学出版社,2010:163.

系的少数研究之一，刘帮成等以63名主管及其189名直系下属为样本，构建了公共部门公共服务动机跨层次整体模型，研究表明，下属的主动性人格与其公共服务动机呈显著正相关关系，且主管的服务型领导力能够调节二者之间的关系。① 总体而言，人格是理解个体公共服务动机的关键因素，开放、积极、主动的个体一般具有较高的公共服务动机水平。

（4）其他个体因素

除上述涉及的个体因素外，部分学者还从职业意向、职业认同、工作价值观、工作满意度等层面考察公共服务动机的影响机制。从职业意向因素来看，由于公共服务动机蕴含了个体选择公共部门就职的理性维度，这种理性选择的筛选使得有意向就职于公共部门的群体具有较高的公共服务动机水平。② 就职业认同对公共服务动机的影响来看，早在1997年，詹姆斯·L.佩里就曾提出职业认同是影响个体公共服务动机的五大影响因素之一。类似地，陈文春等分析了303份样本数据，认为高水平职业认同会提升基层公务员公共服务动机，低水平职业认同会抑制基层公务员公共服务动机。③ 也有学者对工作价值观与公共服务动机之间的关系进行了探索。例如，祝军以北京市760名基层公务员为样本的研究发现，工作价值观的目的价值维度和工具价值维度均能正向影响个体的公共服务动机。④ 这意味着个体价值观作为内心深处的价值判断标准，在很大程度上决定了动机的性质、强度和方向。目前，针对公共

---

① LIU B C, PERRY J L, TAN X, et al. Cross-level holistic model of public service motivation[J]. International Public Management Journal,2017(8):15.

② 寸晓刚.新一代大学生群体公共服务动机的实证研究[J].中国行政管理,2013(3):112.

③ 陈文春,张义明,陈桂生.从职业认同到工作投入：公共服务动机的中介作用与自我效能感的调节作用[J].中国人力资源开发,2018,35(2):123.

④ 祝军.基层公务员公共服务动机研究[M].北京：中国社会科学出版社,2017:57.

服务动机变量的研究设计大多采用截面数据,并没有充分解决内生性问题,因而常会出现反向因果的情况。比如,工作满意度一直被视为公共服务动机的重要结果变量,但有学者认为工作满意度可能是公共服务动机的原因而不是结果。①

2. 工作因素与公共服务动机

个体所处的工作环境,除组织方面的因素外,工作本身的一些因素也会对个体的工作动机产生影响。国内对公共服务动机工作层面的影响因素研究主要包括工作任务特征和工作目标设置两方面。

李小华和董军针对319名MPA学员的公共服务动机进行实证研究发现,工作任务特征五个维度与公共服务动机的相关性均未达到显著水平,因此他们提出公共服务动机与工作任务特征之间的关系并没有我们想象的那么亲密。②而祝军却认为工作任务特征对公共服务动机存在影响的假设基本成立。从他的研究来看,除工作的多样性和自主性维度外,其他三个维度(工作重要性、完整性、反馈性)均对公共服务动机产生影响,且对基层公务员的公共服务动机具有很好的预测能力。③孟凡蓉和张玲的研究发现,清晰的绩效目标将使个体更加明确工作方向和具体职责,对组织产生极强的归属感和依赖感,进而激发个体的公共服务动机,且"基本心理需要"在二者之间起着完全中介的作用。④此外,还有学者从绩效工资公平感出发,考虑绩效工资的程序公平与分配公平和公共服务动机的关系。一般而言,绩效工资政策实施程序越公

---

① 赵晨,高中华. 公共服务动机视域下公务员工作满意度对行为绩效的影响[J]. 首都经济贸易大学学报,2014,16(6):50.
② 李小华,董军. 公务员公共服务动机对个体绩效的影响研究[J]. 公共行政评论,2012,5(1):117.
③ 祝军. 基层公务员公共服务动机研究[M]. 北京:中国社会科学出版社,2017:23.
④ 孟凡蓉,张玲. 绩效评价目标设置与公共服务动机:心理需求满意感的中介效应[J]. 情报杂志,2011(9):205.

平、分配结果越公平,雇员会越认为自己受到重视,自身的工作越被得到认可,雇员对自己的职业越有责任心,进而产生越高的公共服务动机。孟凡蓉和吴建南的研究就证明了这一点。①

3. 组织因素与公共服务动机

随着研究的不断深入,国内学者逐渐认识到组织也是影响公共服务动机的重要因素,经梳理发现,组织环境、领导风格、组织信任等属于组织因素的解释路向。

(1) 组织环境

权责明确、公开透明、关系良好的组织环境能够为雇员营造较为宽松的组织氛围,有助于降低行政成本,实现整体利益,促使雇员更加乐意为他人提供公共服务。李锋和王浦劬在借鉴布莱德利·E. 怀特(Bradley E. Wright)对公共服务动机影响因素分类的基础上,基于北京大学"公共服务动机"课题组的调查数据,从"组织吸引力"与"组织社会化"两个路径对1680名公务员公共服务动机的影响因素进行分析,通过相关及回归分析结果得出,公共服务动机与组织环境中的三个维度相关,且权责明确、与上级关系良好的组织环境有助于提升公共服务动机。②

(2) 领导风格

受国外研究的启发,国内少数学者开始认识到变革型领导对公共服务动机水平的影响。葛蕾蕾以北京市425名公务员为样本,在控制了人口统计学变量的基础上,对变革型领导与公共服务动机进行了回归分

---

① 孟凡蓉,吴建南. 公共服务动机视角下绩效工资公平感对工作投入的影响[J]. 西安交通大学学报(社会科学版),2014,34(1):63.
② 李锋,王浦劬. 基层公务员公共服务动机的结构与前因分析[J]. 华中师范大学学报(人文社会科学版),2016,55(1):34.

析,结果表明,变革型领导风格能够显著提升公务员的公共服务动机。① 为考察西方服务型领导结构在中国的适用性,刘帮成等以中国659名公务员为样本,发现西方服务型领导结构受文化和制度背景的影响,其普适性受到了限制。进一步检验发现服务型领导对其直接下属的公共服务动机具有正向影响。②

(3) 组织信任

信任是人际互动的第一步。在近期的研究中,组织信任吸引了一批学者的关注。陈忠安等以我国台湾地方政府774名中层管理者为研究对象,发现同事之间以及雇员与雇主之间的高度信任显著正向影响公共服务动机。③ 该研究价值在于,首次在人际信任与公共服务动机之间架起桥梁,并将社会学与心理学的经典理论引入公共服务动机影响因素探讨之中,使跨学科对话成为可能。李锋和王浦劬以我国中部某市1680名基层公务员为被试,经研究后发现,与上级部门信任关系良好的组织氛围能够显著提升公共服务动机。④ 总之,信任是影响公共服务动机的重要性因素,对于信任氛围不良的组织而言,在提升公共服务动机方面,打造并维护和谐而亲近的信任氛围极为关键。

4. 与本书相关的将公共服务动机作为其他角色变量的研究

国内针对公共服务动机与其影响因素间中介及调节变量的研究较少,且研究变量的选取与国外研究大致雷同。因此,本书并未对其进行

---

① 葛蕾蕾. 变革型领导对公务员工作态度的影响:公共服务动机的中介效应研究[J]. 烟台大学学报(哲学社会科学版),2016,29(3):114.
② LIU B C, HU W, CHENG Y C. From the west to the east: Validating servant leadership in the Chinese public sector[J]. Public Personnel Management, 2015, 44(1): 37.
③ CHEN C A, HSIEH C W, CHEN D Y. Fostering public service motivation through workplace trust: Evidence from public managers in Chinese taiwan[J]. Public Administration, 2014 (4): 959.
④ 李锋,王浦劬. 基层公务员公共服务动机的结构与前因分析[J]. 华中师范大学学报(人文社会科学版),2016,55(1):32.

综述。本书通过梳理现有文献发现，国内将公共服务动机视为中介或调节变量的研究较多，是对西方公共服务动机理论的有益补充。

（1）将公共服务动机作为中介变量

公共服务动机作为个体的信仰、价值观和态度，可能会影响个体投身于公共服务的行为，也可能会是一个对于建言行为存在重要影响的心理因素。刘帮成等基于公共服务动机的视角探索公共部门高承诺工作系统与员工建言行为之间的作用机理，结果发现，公共服务动机在高承诺工作系统与促进性建言行为之间起到部分中介的作用，而在高承诺工作系统与抑制性建言行为之间起到完全中介的作用。[1] 与之类似，谭新雨和汪艳霞对我国多个地区不同公共部门的两阶段配对问卷调查表明，服务型领导能够通过角色示范、授权管理、道德培养等方式激发公务员的公共服务动机，进而促进他们以服务公众为导向的建言行为，即公共服务动机在服务型领导与公共部门建言行为之间发挥中介作用。[2] 此外，葛蕾蕾在探讨以公共服务动机为中介变量的变革型领导对公务员工作态度的影响中发现，变革型领导、公共服务动机均与组织承诺呈正相关关系，且公共服务动机在变革型领导与组织承诺中发挥中介作用（加入公共服务动机的中介作用后，解释率上升至25.5%）。[3]

（2）将公共服务动机作为调节变量

高公共服务动机个体往往工作产出较高、工作失误较少；而低公共服务动机个体倾向于在工作中主动逃避、自私自利。为此，公共服务动机强度的差异可能会对组织行为变量产生一定的调节作用。谭新雨等以

---

[1] 刘帮成,周杭,洪风波.公共部门高承诺工作系统与员工建言行为关系研究:基于公共服务动机的视角[J].管理评论,2017(1):67.

[2] 谭新雨,汪艳霞.公共服务动机视角下服务型领导对公务员建言行为的影响[J].软科学,2017,31(8):53.

[3] 葛蕾蕾.变革型领导对公务员工作态度的影响:公共服务动机的中介效应研究[J].烟台大学学报(哲学社会科学版),2016,29(3):115.

来自湖北省、重庆市、山东省、云南省等共342名公务员为分析单元的研究表明，公共服务动机对激励导向和贡献导向的契约关系与公务员离职倾向具有调节作用，即公共服务动机会平衡或加剧不同工作资源—关系类型带来的心理契约差异对公务员变革态度、离职倾向的影响。[①] 马岩通过对248名税务领军人才进行取样调查，探讨了心理资本、公共服务动机和职业成功之间的关系。其研究表明：公共服务动机调节了心理资本与主观职业成功之间的关系，而未调节心理资本与客观职业成功之间的关系。[②]

三、文献评析与研究空间

（一）文献评析

1. 缺乏扎根中国情境下社区工作者公共服务动机的探索和解读

公共服务动机是一个具有测量倾向的命题，但国外研究未能很好地处理这个问题，迄今为止尚未提出通用的、同一前提下的测量方法，更缺乏相关的稳健性检验。而国内研究虽然较为注重基于证据的实证调查，但绝大多数研究是在缺乏基本的跨文化检验的前提下直接采用西方场景下的测量工具进行测量，跨文化效度有限，不利于理解中国情境下的特殊动机和利他行为。虽有一些研究做了所谓的跨文化检验后的润色修正，但总体而言，仍然是西方框架下的简单修补，缺乏深入的扎根中国情境下的探索和解读。此外，公共服务动机是"服务"取向，而非"部门"取向。现有研究重视对公务员、警察、医生等编制内群体公共

---

① 谭新雨,刘帮成,汪艳霞. 激励—贡献导向下心理契约差异对公务员离职倾向的影响：基于公共服务动机和变革态度的综合分析[J]. 公共管理学报,2017,14(4):31.
② 马岩. 税务领军人才心理资本、公共服务动机与职业成功的关系研究[J]. 税务研究,2016(11):89.

服务动机水平进行测量，而编制外群体公共服务动机水平如何少有人探讨。若一味地将视野聚焦于有编制的群体，而忽略了无编制的、实际又长期参与公共服务的群体（尤其是社区工作者群体），则不得不说是一个严重缺憾。

2. 对影响公共服务动机的个体心理因素没有给予足够的关照

从公共服务动机影响因素研究现状来看，现有研究侧重于工作及组织等中观因素的探讨，忽略了微观层面，尤其是个体心理因素对公共服务动机的影响。事实上，任何组织的工作环境及运行方式都或多或少面临某些制度约束和政治压力，管理者极少能够通过大刀阔斧改变工作及组织层面的因素来影响下属的公共服务动机。相比之下，微观层面的个体心理因素具有低成本性、高度可操作性、行为改变性等特点，日益成为组织行为学关注的重点。但个体心理因素能否以及如何影响公共服务动机鲜有学者探讨。此外，通过对比国内外公共服务动机影响因素研究频次不难发现，国内学者对影响公共服务动机的个体因素过于关注，且对工作和组织因素的研究表面上看似丰富，但实际上是对西方现有研究的简单复制，具有创新性且信效度较高的变量较为少见。

3. 系统完备的公共服务动机影响因素理论模型尚未呈现

从变量关系上来看，现有关于公共服务动机影响因素的研究大多选取某个或某几个变量，以致不同研究之间尚存在分歧，甚至得出完全相反的结论，这意味着变量之间的关系可能比最初预想的更为复杂和微妙。此外，与公共服务动机后果研究相比，影响因素研究不仅在数量和质量上显得尤为薄弱，更为重要的是对变量之间潜在的中介及调节效应探讨不足，缺乏对影响因素之间作用机制及边界条件的深度挖掘。这一研究的缺失造成现有变量零散分布，系统完备的公共服务动机影响因素理论模型尚未出现。

（二）研究空间

基于对现有文献的回顾与反思，笔者不禁发问：我国城市社区工作者是否具有公共服务动机？若具备，他们的公共服务动机水平是怎样的？个体心理因素能否以及如何影响他们的公共服务动机？重压之下的服务坚守是否存在一个临界点或"触发"机关？显然，现有文献无法回答上述问题。由此，本书认为现有文献存在如下两个理论空间。

1. 基于扎根理论探寻中国情境下社区工作者公共服务动机构成要件

如前文所述，基于美国社会文化背景开发的量表及理论框架可能并不适用于解释我国社会文化背景下的相似利他行为。因此，为探究中国情境下公共服务动机本源性问题，对公共服务动机的研究绝不能满足于纯粹的量化分析，更需要质化研究这种建构和细化理论的有效方法。如此，扎根理论方法在探究某类群体公共服务动机结构方面具有很大的应用空间。近年来，尽管有少量学者开始采用扎根理论方法探究中国情境下公共服务动机的结构维度，但多将研究主体聚焦于公务员群体，测量主体较为单一。基于这一现实缺陷，本书以城市社区工作者为基本分析单元，采用扎根理论三级编码探究中国情境下社区工作者公共服务动机的独特构思及本质特征，尝试开发本土化、多维度的公共服务动机量表，并以此为基础定量测度他们的公共服务动机水平，为城市社区工作者公共服务动机影响因素研究奠定基础，为中国情境下公共服务动机研究从"模仿"走向"自主"提供支持。

2. 实证探讨公共服务动机影响因素之间的作用机制及边界条件

公共服务动机是一个高度情境化和文化依赖性的概念，这意味着影响因素的选取若简单复制西方经验，势必会因中西方传统、文化、价值观、政治意识形态等方面存在的巨大差异而水土不服。正是从这个角度出发，本书在构建城市社区工作者公共服务动机影响因素理论模型过程中，依据公共服务动机过程理论，基于扎根理论的定性方式识别影响城市社区工作者公共服务动机的关键要素，即除探究传统影响因素的适应性外，还尝试嵌入"组织认同""工作获得感""心理资本""工匠精神"等个体心理变量。而在组织行为学中，个体心理因素通常作为中介及调节变量出现，这为我们提供了崭新的研究空间，即个体心理因素除能够直接影响公共服务动机外，还有可能在组织因素与公共服务动机之间起到一定的中介及调节作用。因此，本书继续采用实测数据检验模型中可能存在的中介及调节效应，尝试构建相对完备的城市社区工作者公共服务动机影响因素理论模型。

第四节　研究思路与技术路线

一、研究思路

本书遵循"公共服务动机内涵界定—维度识别—测量量表构建—量表净化—量表信效度检验—影响因素假设检验—研究发现应用"的逻辑主线，采用综合质化与量化的混合研究方法以及多数据源的设计思路，基于中国情境形成"城市社区工作者公共服务动机构思模型"与"城市社区工作者公共服务动机影响因素理论模型"。具体来说，首先，以"公共服务动机"为研究主题，将研究视野聚焦于城市社区工作者这一特定群体，以公共服务动机过程理论为理论基础，在对国内外既往文献研究成果进行细致梳理的基础上，确定研究方向。其次，通过半结构化深度访谈获取城市社区工作者为民服务的一手数据，并采用扎根理论三级编码对访谈文本中的类属关系进行归类，依据研究发现构建初始量表，并采用探索性因素分析净化初始量表形成信效度较高的正式量表。最后，通过设计抽样框对不同省份的社区工作者进行问卷调查，并借助多元统计分析方法对回收的有效问卷进行分析和检验。本书内容结构主要分为以下八章：

绪论。首先，介绍本书的研究背景及研究意义，明确本书研究主题及研究价值。其次，细致梳理与本书研究主题密切相关的国内外文献，在对研究现状进行客观评析的基础上提出研究空间所在。再次，根据研究思路绘制技术路线图。最后，概括本书研究采取的研究方法及可能的创新点。

第一章：核心概念与理论基础。首先，对社区与城市社区、城市社区工作者、公共服务动机等核心概念进行界定，进一步明确本书研究的对象与范围。其次，对公共服务动机分类学理论框架、公共服务动机过程理论及其适用性进行了详细介绍，并在此基础上构建了中国情境下城市社区工作者公共服务动机影响因素分析框架。

第二章：城市社区工作者公共服务动机结构及影响因素模型构建。遵循半结构化深度访谈与网络资料互相融合、三角验证的路径，以此获取城市社区工作者为民服务过程的第一手文本资料。采用经过发展修订的扎根理论方法系统地对文本资料进行编码、聚焦与理论抽象，从而提炼城市社区工作者公共服务动机的独特构思，识别城市社区工作者公共服务动机关键影响因素。

第三章：城市社区工作者公共服务动机量表开发与数据收集。基于第二章研究发现，依据量表开发范式构建预测量表，采用探索性因素分析对预测量表进行净化从而生成正式量表。之后，采取五阶段分层抽样方法制订抽样计划并实施正式调查。

第四章：城市社区工作者公共服务动机结构测量。在第三章调查数据收集完毕基础上,通过信效度检验对公共服务动机结构量表质量进行分析。采取独立样本T检验和方差分析方法对群体特征变量在公共服务动机各维度及其题项上可能存在的差异进行检验。

第五章:城市社区工作者公共服务动机影响因素假设检验。首先,采用验证性因素分析方法对公共服务动机影响因素量表质量进行分析。其次,采用Bootstrap检验法、潜调节结构方程法等对影响因素之间的直接效应、中介效应、调节效应、被调节的中介效应进行实证检验。

第六章:提升城市社区工作者公共服务动机水平的建议。依据实证检验结果提出能够提升社区工作者公共服务动机水平的若干有针对性、可操作性的对策建议和实操手段。

第七章:结论与展望。本章将从城市社区工作者公共服务动机结构、现状与特点、影响因素实证检验等方面总结本书的主要结论,并指出研究中的不足及未来努力的方向。

二、技术路线

本书的技术路线如图0-3所示。

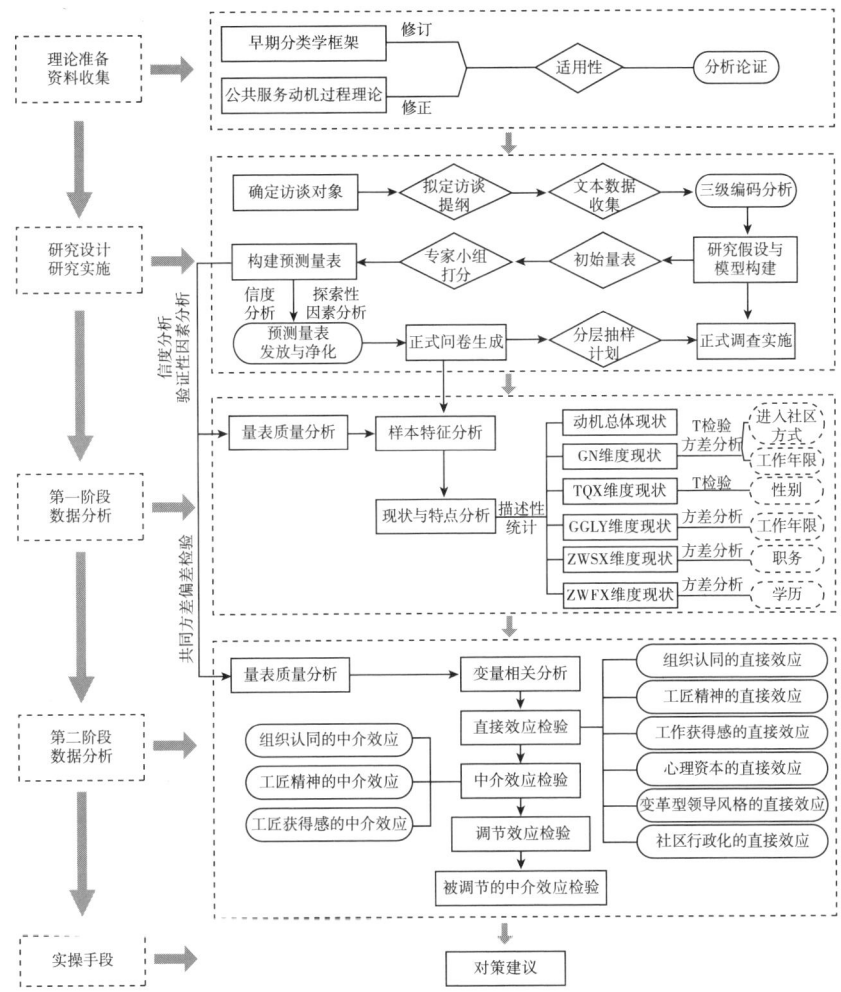

图 0-3 本书的技术路线

资料来源：笔者根据上述研究思路在 Visio 软件中绘制所得。

第五节　研究方法

一、问卷调查法

本书包括三个阶段的问卷调查。第一阶段为初始量表修订阶段，邀请政治心理学研究专家、公共服务动机研究专家、城市社区工作者等对初始量表的语言表述、陷阱题项设置、题目数量、各维度相关程度等进行审查。第二阶段为预调研阶段，借助辽宁社区工作者学院三轮培训契机共回收 209 份有效问卷，将项目分析、信度检验和效度检验作为题项是否保留的关键依据。第三阶段为正式调查阶段，采取五阶段分层抽样方法，在全国范围内抽取 10 个省（区、市），22 个地级市，共回收 2690 份有效问卷，以此作为公共服务动机结构测量及影响因素假设检验的主要数据来源。

二、半结构化深度访谈法

通过与多位社区书记及干事进行深度交流，收集他们在参与社区公共服务活动时的切身感受和真实想法，为社区工作者公共服务动机的维度划分及影响因素识别提供第一手翔实可靠的资料。根据访谈对象选取的抽样方法不同，本书的半结构化深度访谈分为两个阶段。第一阶段为目的抽样阶段，于 2020 年 7—8 月，在辽宁省沈阳市于洪区 Y 街道有针对性地选择了 6 位城市社区工作者作为第一阶段的访谈对象，寻找最可能给"城市社区工作者公共服务动机"主题带来丰富信息的社区书记（副书记）进行初步访谈。第二阶段为滚雪球抽样阶段，在第一阶段通过深度访谈和非正式交流，在与受访者建立相对紧密联系的基础上恳请他们推荐更多符合条件的受访者,以不断扩充、丰富样本量。2020年9月至2021年1月,18位城市社区工作者参与了第二阶段的访谈。

三、扎根理论研究方法

扎根理论是质性研究中一种比较科学有效的方法。层层递进的编码分析结合备忘录的撰写,也确保了质性研究的科学性。本书采用经过发展修订的程序化扎根理论方法探寻我国城市社区工作者公共服务动机结构维度及其影响因素。规范性编码有四个步骤,分别为开放式编码、主轴编码、选择性编码和理论饱和度检验。为降低主观因素对数据分析的影响,本书使用质性分析软件MAXQDA10.0来辅助完成数据的编码工作。

四、多元统计分析方法

本书将综合运用SPSS、Mplus、Amos等统计软件对基础数据进行统计分析。其中,采用描述统计分析、单样本T检验、方差分析法对城市社区工作者公共服务动机水平及群体特征差异进行分析和验证,并对正式问卷中各变量之间的相关性进行描述。采用结构方程模型和潜调节结构方程法,在控制了性别、年龄、学历等群体特征变量的基础上,对公共服务动机及其影响因素之间的直接效应、中介效应、调节效应、被调节的中介效应进行实证检验。

第六节 创新点

一、找到了依存于中国情境下公共服务动机的独特构思

为弥补公共服务动机质化研究不足的缺憾，本书通过半结构化深度访谈收集第一手资料，采用扎根理论三级编码挖掘、诠释依存于中国情境下城市社区工作者公共服务动机的理论构念。依据扎根理论编码结果编制初始量表，并通过探索性因子分析验证了社区工作者公共服务动机的结构效度，通过一阶验证性因子分析检验其聚合效度和区分效度，进一步通过二阶验证性因子分析确定城市社区工作者公共服务动机是由自我实现需要、公共利益承诺、感恩、同情心、自我奉献精神五个一阶因子构成的二阶构念。与佩里四维度进行比较发现：城市社区工作者公共服务动机不仅体现了公共服务动机的重要维度——公共利益承诺、同情心、自我奉献精神，更为重要的是找到了我国城市社区工作者公共服务动机的独特构思——自我实现需要和感恩。本书认为，基于中国情境开发的社区工作者公共服务动机多维构思更能精准地描述和测量中国情境下社区工作者的利他行为特征及为民服务倾向，有助于还原城市社区工作者公共服务动机的本质内涵。

二、发现了重要却被忽视的公共服务动机影响因素

作为一种指导、激发和维持个体做出利他行为的社会心理变量，公共服务动机影响因素以往重在考察人口统计变量、工作因素及组织因素的影响效力，尤其对人口统计变量过于关注，而个体心理因素能否以及如何影响公共服务动机鲜有学者探讨。基于此，本书尝试采用扎根理论

探寻社区工作者公共服务动机影响因素。在对访谈文本进行编码、聚焦、理论抽样的基础上结合备忘录及研究日志,发现"工作获得感""组织认同""工匠精神""心理资本"是影响社区工作者公共服务动机水平高低十分重要却一直被忽视的个体心理因素。这一研究发现不但拓宽了公共服务动机影响因素的研究范畴,还为构建相对完备的公共服务动机影响因素解释机制奠定了基础。

三、进一步打破了公共服务动机作为第一部门研究的"专利"

我国公共服务动机的研究主体大多倾向于公共部门,忽视了那些无编制的、实际又提供公共服务的群体(如志愿者、社区工作者、社会组织成员)。公共服务动机若一味地将视野聚焦于有编制的公务员群体,那么其理论价值将被这种"路径依赖"严重低估。不可否认,相较于公务员群体,那些没有较高物质激励和稳定福利保障,仅靠本真、纯粹热衷于某项公共服务的群体的公共服务动机更具有研究价值。为此,本书以城市社区工作者为研究对象,在开发具有良好信效度量表的基础上,采用五阶段分层抽样方法,在全国范围内以网络问卷形式获取2690份有效样本,通过描述性统计、独立样本T检验、方差分析等方法对城市社区工作者公共服务动机水平及特点进行分析,验证了公共服务动机理论假设在城市社区工作者群体中的适用性,进一步打破了公共服务动机作为第一部门研究"专利"的限定。

第一章　核心概念与理论基础

第一节　核心概念厘定

一、社区与城市社区

"社区"一词来源于拉丁语,意为"共同的东西"和"亲密的伙伴关系"。① 社区原本是社会学的概念,1887年,德国社会学家斐迪南·滕尼斯(Ferdinand Tönnies)出版了他的成名作《共同体与社会》,书中首次提出"共同体"即"社区"的概念。他认为,社区是人们在血缘、地缘等自然关系基础上形成的共同体和亲密的伙伴关系。② 美国社会学家查尔斯·P. 罗密斯(Charles P. Romeis)将斐迪南·滕尼斯的社区转译为英文"Community",赋予了社区地域性的新特征,即社区不仅包含社会生活共同体,还包含地域生活共同体;不仅包括传统农村社会的自然村落(乡村社区),还包括现代意义上的都市社区。③ 1917年,

---

① 汪大海. 社区管理学[M]. 北京:北京师范大学出版社,2011:2.
② [德]斐迪南·滕尼斯. 共同体与社会[M]. 林荣远,译. 北京:商务印书馆,1999:54.
③ 卢爱国. 使社区和谐起来:社区公共事务分类治理[D]. 武汉:华中师范大学,2008:33.

英国社会学家罗伯特·M. 麦基文（Robert M MacIver）在其发表的《社区：一种社会学的研究》中进一步拓展了社区的内涵，他指出，任何共同生活的领域，村镇、县市和国家都可以称为一个社区。①

1933年，我国学者费孝通在翻译美国社会学家帕克的论文时，将英文"Community"回译为"社区"，将社区一词引入中国。但从新中国成立至1999年，我国官方都没有使用现代意义上的社区概念，一直沿用居民委员会（以下简称"居委会"）之称，居委会成员就是社区工作者。直到1999年，我国开始进行城市社区建设试点工作，居委会才开始被称为社区居民委员会（以下简称"社区"）。2000年11月，中共中央办公厅、国务院办公厅在转发《民政部关于在全国推进城市社区建设的意见》（以下简称《意见》）时指出："社区是指聚居在一定地域范围内的人们所组成的社会生活共同体。② 目前城市社区的范围，一般是指经过社区体制改革后做了规模调整的居民委员会辖区。"

社区的定义纷繁复杂，从不同的角度和学科出发会有不同的概念界定。参照《意见》及学界观点，本书将城市社区界定为：在居民委员会辖区内，由拥有一定归属感与认同感的人群组成的，具有一定地域性和行政性色彩的利益生活共同体。概念中的"在居民委员会辖区内"，指经过社区体制改革后做了规模调整的居民委员会辖区。显而易见，本书所采用的社区概念如未作特殊说明，均指城市社区。

二、城市社区工作者

回溯历史，在很长的一段时间内，我国对社区工作者都没有给予足

---

① MACLVER R M. Community: A sociological study[M]. London: Macmillan Press, 1958:16.
② 民政部基层政权和社区建设司. 中国社区建设年鉴2003[M]. 北京:中国社会出版社, 2003:2.

够的重视，他们一度处于边缘地位，导致社区工作者的概念边界不清、公众对社区工作者认知模糊及社区工作者自我认同度低。为此，在开展研究前有必要厘清社区工作者这一概念。直到2000年11月，《意见》提出，"社区建设需要大批专业的社区工作者。要采取向社会公开招聘、民主选举、竞争上岗等办法，选聘社区居委会干部，努力建立一支专业化、高素质的社区工作者队伍"，社区工作者才被正式提出来并逐渐回嵌到社区工作的中心地位。

新中国成立以来，随着社区体制的变迁，社区工作者的形象也发生着嬗变。由新中国成立初期的"0号首长"，改革开放初期的"扎辫子干部"，再到21世纪初期的"小巷总理"和如今的"专业社工"。[1] 西方国家对社区工作者的身份认定较为明确，指在社区工作且受雇于志愿机构或政府部门的专业注册社会工作者。[2] 而我国目前尚未有全国性的官方文件对社区工作者做出明确界定。2014年1月，上海市委、市政府出台了《关于进一步创新社会治理加强基层建设的意见》，对社区工作者做出如下界定：在市居民区和街道、乡镇公共事务岗位直接从事社区服务和管理，由街道、乡镇承担全部经费保障和统一管理使用的就业年龄段全日制工作人员。通常中国语境下社区工作者的概念较为宽泛，有广义和狭义之分。广义的社区工作者指任何从事社区公共事务和服务的工作人员，包括居委会干部、社区专业服务人员和社区志愿者，[3] 以及民政部门、社会福利事业单位、街道主管部门的工作人员。狭义的社区工作者则特指在社区服务站从事社区建设与发展、社区事务、社区服

---

[1] 汪鸿波,费梅苹.新中国成立70年来我国城市社区工作者形象的变迁与重构:基于上海的历史考察[J].内蒙古社会科学(汉文版),2019,40(5):165.

[2] 车峰.基于胜任力模型的城市社区工作者绩效考评研究[J].华东理工大学学报(社会科学版),2017,32(2):24.

[3] 刘霞.关于我国社区工作者队伍的分析[J].云南行政学院学报,2005(2):99.

务和助人工作的专职人员。①

本书所指的社区工作者是狭义的社区工作者,并将研究主体"城市社区工作者"界定为:通过选举和公开招录等方式配备的基层政权组织管理和服务人员,主要在社区党组织、社区居委会和社区服务站(两委一站)专职从事社区管理和服务工作。他们是专职的社区工作者,但不一定都是专业注册的社会工作者。

三、公共服务动机

西方诸多公共管理领域的实践者和学者认为,公共服务是一种特殊的行业,进入这一行业的人有不同于其他行业人的一系列特征。例如,政府雇员比企业雇员更看重为大众做有意义的事情;公务人员依赖内在激励更甚于外在激励等。安东尼·唐斯(Anthony Downs)曾指出,对于政府组织的管理人员而言,政治权利、金钱收入、声望、便利、安全、忠诚、精通工作的自豪感、公共服务的愿望、对某一特定政府机构或政府计划的承诺都是其潜在的工作动机。② 后来,哈尔·G. 瑞尼在比较企业雇员和政府雇员的动机研究中率先发现公共服务动机的存在,他认为公共部门雇员比私人部门雇员具有更强的利他动机,且这种动机并不仅局限于公共部门,③ 这为公共服务动机概念的生成奠定了逻辑基础。但遗憾的是,哈尔·G. 瑞尼并未对公共服务动机的概念、性质、功能、结构等相关要素进行详细的理论解析。直到詹姆斯·L. 佩里等在1990年发表论文《公共服务的动机基础》,公共服务动机的概念才被

---

① 李芹. 职业化社区工作者与专业化社区工作者的关系[J]. 社会,2003(1):26.
② [美]安东尼·唐斯. 官僚制内幕[M]. 郭小聪,等译. 北京:中国人民大学出版社,2006:4-5.
③ RAINEY H G. Reward preferences among public and private managers: In search of the service ethic[J]. The American Review of Public Administration, 1982, 16(4): 296.

正式提出，由此开启了解读公共部门雇员行为的新视角。他们将公共服务动机描述为：个体对公共组织重要或特有目标做出敏感反映的心理倾向，[①] 并将其归纳为理性动机（对个体利益最大化的追求）、规范动机（对社会规范的遵守）和情感动机（对他人的同情与怜悯）。虽然詹姆斯·L. 佩里的这一定义被多数学者认可与采纳，但有批评者认为公共服务动机中的理性成分与利他性相悖应予以剔除，还有学者对这一定义跨文化的适配性提出了疑问。基于此，沃特·范登毕在整合多方观点后提出了一个范围更广的概念：公共服务动机关涉更大的政治实体，并且激励个体无论何时均按照恰当适应的标准行动。[②]

国内学界对公共服务动机概念与特征的争论也从未停过。在对公共服务动机进行概念诠释的过程中，国内学者基于自身所处环境和知识储备对这一概念做了基本界定。一方面，国内学者倾向于对西方公共服务动机奠基性概念的认同和沿袭，这主要体现在公共服务动机定义的维度分类与国外大致趋同，意味着公共服务动机五维视域的操作化定义具有较强的普适性，其概念内涵得以逐步清晰、正式地阐述。另一方面，国内学者对西方公共服务动机概念界定的逻辑进行了一定的延伸和发展，学者们不仅依据国情对量表进行了本土化改良，还通过各类实证调查，根据中国的实际情况和地域特色，对公共服务动机概念和理论体系进行了补充。例如，苗青认为，我国公共服务动机研究存在忽视制度变革的局限性，公共服务动机理论扎根中国情境应当基于一个新的分析框架，确立新的研究取向。在此基础上，他提出了一个更加多元的二维分析框

---

① PERRY J L, WISE L R. The motivational bases of public service[J]. Public Administration Review, 1990, 50(3): 367-373.

② VANDENABBLE W. Toward a public administration theory of public service motivation: Aninstitutional Approach[J]. Public Management Review, 2007 (9): 549.

架（如图1-1所示），① 揭示出"有奔头""有保障""有策略""有志向"四种公共服务类型及内在动机，该框架透过现象还原了公共服务动机的本质。

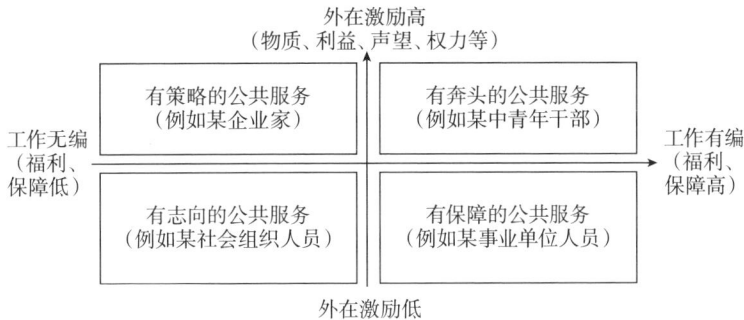

图1-1　中国情境下公共服务动机新框架

经统计，1990年至今，共39位学者先后提出了32个有关公共服务动机的概念（见表1-1）。对既有概念的关键词词频进行统计可以发现趋同的迹象。在32个概念诠释中，出现频次最高的是"公共服务"（或共同体服务、公共利益服务），累计频次为13次；"利他主义"以累计频次12次居次位；"激励"以7次的频次位居第三；"价值观"和"亲社会行为"出现的频次也较高，分别为7次和5次；此外，"内在动机"和"心理倾向"各出现4次。为找到公共服务动机内涵的深层意蕴，本书对以下关键词做了进一步规整，并总结出五个维度：将"价值观"和"心理倾向"合并为"倾向性"维度；将"利他主义"和"亲社会行为"合并为"利他性"维度；将"内在动机""公共服务"（或共同体服务、公共利益服务）和"激励"分别规范化命名为"内生性""公共性"和"效用性"维度。

---

① 苗青. 公共服务动机理论的中国场景：新框架和新议程[J]. 公共管理与政策评论，2019,8(5):20.

表1-1 国内外公共服务动机具有代表性概念的时间序列

序号	代表作者/年份	概念诠释	维度归类
1	Perry 和 Wise（1990）	公共服务动机是个体对公共组织重要或特有目标做出敏感反应的心理倾向	倾向性
2	Brewer 和 Selden（1998）	公共服务动机是一种促使个体从事有意义的公共服务活动的激励力量	效用性
3	Rainey 和 Steinbauer（1999）	公共服务动机是一种服务于团体、地方、国家或全人类利益的利他主义动机	利他性
4	Scott 和 Pandy（2005）	公共服务动机致力于公共服务的观念，目的是追求公共价值，向社会提供有价值的贡献	公共性
5	Houston（2006）	公共服务动机假设官僚具有服务公众的道德规范，他们的行为是出于对公共利益的承诺，而不仅仅是出于自身利益	利他性
6	Houston 和 Cartwright（2007）	公共服务动机是建立在仁爱、为他人服务和渴望对社会产生影响等基础上的一种道德操守	利他性
7	Kim（2006）	公共服务动机可以被描述为"依赖于内在奖励而非外在报酬"	内生性
8	Taylor（2007）	公共服务动机是激励个体做出有利于社会的行为的一种混合动机	效用性
9	Vandenabeele（2007）	公共服务动机关涉更大的政治实体，并且激励个体无论何时均按照恰当适应的标准行动	效用性
10	李小华（2007）	公共服务动机可以被描述为"依赖于内在奖励而非外在报酬"	内生性
11	Perry 和 Hondeghem（2008a）	公共服务动机是亲社会的利他动机、目标和价值观的具体表达，可以看作利他主义的一个子集	利他性
12	Liu 等（2008）	公共服务动机是一种亲社会和利他导向的动机与价值观，事实上代表了个体无论在什么情况下都倾向于做出利他主义或亲社会的行为	利他性
13	Wright 和 Pandey（2008）	公共服务动机可视为与工作相关的价值观或行为偏好，如个体帮助他人、服务社会、从事有意义的公共服务的倾向	倾向性

续表

序号	代表作者/年份	概念诠释	维度归类
14	Myers（2008）	公共服务动机因不会产生与更高动力的奖励（例如与绩效相关的报酬）相关的交易成本，而被视为提高公共服务质量与数量的一种方式	效用性
15	Perry 和 Hondeghem（2008b）	公共服务动机的宗旨在于关注公共领域的动机和行为，目的是为他人做好事，增进社会福祉	公共性
16	Stejin（2008）	公共服务动机是内在动机的一种特殊形式，强调内在心理满足感、工作带来的挑战、工作多样性等	内生性
17	Taylor（2008）	公共服务动机是一种为公共利益服务的动机、价值观和态度的集合	公共性
18	Bright（2008）	公共服务动机可以描述为一种激励个体为公共利益服务的动机	效用性
19	刘帮成（2008）	公共服务动机是对一种关爱社会、以他人为中心的动机和价值观的表述，它代表了一个人在任何情况下都会采取的利他主义或关爱社会行为的倾向	倾向性
20	叶先宝和李纡（2008）	公共服务动机旨在进一步地解释和指导公共部门人员的行为并促进对其进行更加有效的激励管理	效用性
21	Ritz（2009）	公共服务动机是由公共组织特性激活的明确动机	公共性
22	Perry 等（2010）	公共服务动机是由公共组织使命和个体价值观所激发的一种特殊形式的利他主义或亲社会动机	利他性
23	Anderfuhren-Biget（2010）	公共服务动机是公共部门雇员意愿与公共价值相一致的一种特殊需要和动力，其蕴含了对个体高层次需求的满足	效用性
24	吴绍宏（2010）	公共服务动机是员工受公共制度和组织动机驱使而表现出来的一种个人行为倾向。公务员之所以为市民提供服务，就是源于这种对政府整体的忠诚以及为公民利益服务的义务	倾向性

续表

序号	代表作者/年份	概念诠释	维度归类
25	李丹婷（2012）	公共服务动机是个体从事与公共服务相联系的行为的内在需求和价值取向，主要体现为为公共利益服务的利他动机	利他性
26	Kjeldsen（2012）	公共服务动机通常用于描述个体通过提供公共服务来奉献社会和帮助他人，不限于发生在公共部门还是私人部门	公共性
27	Andersen 和 Kjeldsen（2013）	公共服务动机是通过公共服务贡献社会的集体行为动机	公共性
28	Esteve 等（2016）	公共服务动机是个体因有利于社会或更大的公共利益而采取行动的倾向性	倾向性
29	孙珠峰和胡近（2017）	公共服务动机概念可以被理解为公共部门的一种利他和无私的动机，这种动机是不同于私人部门的	利他性
30	祝军（2017）	公共服务动机是个体自愿从事公共服务的一种内在需求和驱动力，其核心是公共服务，为公共利益服务	公共性
31	王浦劬和孙响（2018）	公共服务动机是个体基于理想信念、价值判断和偏好追求而选择从事公共服务	公共性
32	张正军和张丽君（2018）	公共服务动机多被看作关爱他人的利他主义或亲社会动机	利他性

注：每位学者对公共服务动机的定义都可能包含多个维度，笔者通过细致分析概念内涵确定其归属。

资料来源：笔者根据国内外文献整理所得。

根据表1-1，在32个定义诠释中，有9个定义被归为"利他性"维度，"公共性"维度占8个，"效用性"维度占7个，"倾向性"维度占5个，另外还有3个定义被归为"内生性"维度。由此可见，继詹姆斯·L.佩里之后，学者们主要从以下五个角度界定公共服务动机。其一,倾向性。由于动机一词来源于拉丁语,意为"趋向于",[①] 因而,早期研究文献关注更多的是其倾向性特征,即公共服务动机是对个体行为偏好的激发、维持和指引,是个体心理倾向的映射。其二,利他性(亲社会性)。继詹姆斯·L.佩里之后,更多的研究文献从利他主义和亲社会行为视角思考其内涵。以哈尔·G.瑞尼和赛拉·施泰因鲍尔(Paula Steinbauer)为代表,他们认为公共服务动机是一种服务于团体、地方、国家或全人类利益的利他主义动机,并将公共服务动机描述为利他主义的一种特殊形式,是超越自利的利他动机。[②] 其三,公共性。部分学者基于公共性视角阐明公共服务动机的基本目的。帕特里克·G.斯科特(Patrick G. Scott)和桑杰·K.潘迪认为,公共服务动机致力于公共服务的观念,目的是追求公共价值,向社会提供有价值的贡献,即提供有意义的公共服务是公共服务动机的目的所在,公共性是其概念形成的前提。[③] 其四,效用性。随着实证研究日渐丰富,学界从效用性视角入手对其概念进行考察。他们将公共服务动机视为一种激励力量,并认为它是一种特殊的需要和动机,伴随着对个体高层次需求的满足。[④][⑤] 其五,内生性。最具代表性的是桑穆克·金姆在他的研究中给公共服务动机下的定义。他认为公共服务动机依赖于内在报酬而非外在奖励,个

[①] 彭聃龄. 普通心理学[M]. 北京:北京师范大学出版社,2019:334.

[②] RAINEY H G, STEINBAUER P. Galloping elephants: Developing elements of a theory of effective government organizations [J]. Journal of Public Administration Research and Theory, 1999, 9(1): 10.

[③] SCOTT P G, PANDEY S K. Red tape and public service motivation:Findings from a national survey of managers in state health and human services agencies [J]. Review of Public Personnel Administration, 2005, 25(2): 165.

[④] BRIGHT L. Does person-organization fit mediate the relationship between public service motivation and the job performance of public employees? [J] Review of Public Personnel Administration, 2007, 27(4): 371.

[⑤] ANDERFUHREN-BIGHT S, VARONE, FRÉRÉDÉRIC, et al. Policy environment and public service motivation [J]. Public Administration, 2014, 92(4): 817.

体更看重工作带来的兴趣和挑战,因此可以把公共服务动机看作一种驱使个体做出有益于社会的行为的内生性动机。① 可见,公共服务动机是个体被公共服务本身特性吸引,进而引发的一种公共服务行为,属于内在动机的范畴。

综合既有文献,本书对公共服务动机概念做如下界定:公共服务动机可视为激励个体为公共利益服务的一种利他的、亲社会的、无私奉献的内驱力或心理倾向。依据上述概念内涵,到本书将城市社区工作者公共服务动机解释为在城市社区"两委一站"工作的专职社区工作者为辖区居民提供基本公共服务(就业、救助、社会保障、计划生育等)、便民利民服务、志愿和专业服务时的驱动因素及心理倾向。

第二节 理论基础

一、公共服务动机分类学理论框架及其适用性

(一) 公共服务动机分类学理论框架的基本内容

公共服务动机是对先前动机研究所忽视领域的有益补充,其理论构念的建构始于詹姆斯·L. 佩里等提出的早期分类学理论框架。他们在1990年提出公共服务动机这一概念的同时,根据克里斯蒂娜·怀特(Christine Wright - Isak)在组织激励系统中对个体动机的区分,② 将公共服务动机分为理性、规范、情感三种类型。理性动机即追求个人效用

---

① KIM S. Public service motivation and organizational citizenship behavior in korea [J]. International Journal of Man Power, 2006, 27(8): 726.

② WRIGHT - ISAK C. Individual motives and organizational incentive systems[J]. Research in the Sociology of Organizations, 1982, 1(2): 244.

最大化。效用最大化的理性动机是人类的主导动机，最有效的理性行为是成本收益的计算。但詹姆斯·L. 佩里认为，公共服务动机中的理性成分与一般的个人追求不同，其更强调公共政策参与对个体的吸引，以及出于个人认同而支持某个公共项目，在被吸引和认同的过程中满足了个体对权力或自尊的需求，最终达到满足个体自我实现需要的目的。规范动机是公共服务动机的认知成分，詹姆斯·L. 佩里认为，对规范的遵从结合了个体意愿与规范内化而来的集体精神，如为公共利益服务的愿望、对国家的忠诚等。情感动机始于一般利他性的情绪诉求，体现了个体对组织或团体的依赖。詹姆斯·L. 佩里认为，情感动机是个体在特定社会历史背景下的情感反应，例如对政体价值的热爱和对他人的同情等，也是一种公共行为的驱动力量。

尽管詹姆斯·L. 佩里提出的分类框架有助于更好地理解公共服务动机的构成要素与核心概念，但有学者指出这一分类框架的局限在于理性动机的概念过于宽泛，而且规范和情感动机可能存在重叠，难以区分。[①] 出于上述考虑，桑穆克·金姆和沃特·范登毕对詹姆斯·L. 佩里的分类框架进行了修订。他们建议采用工具性动机（代表行为方式）、价值观动机（代表价值观）、认同性动机（代表态度）代替理性动机、规范动机、情感动机。[②] 工具性动机刻画了个体为实现公共利益而采取的手段，例如进入公共部门工作、参与政策制定等，目的在于通过这样的途径做有益于人民的事。价值观动机侧重个体价值观和伦理层面，强调个体愿意内化公共价值观，公共服务动机高的个体总是把公共价值观

[①] WRIGHT B E, PANDEY S K. Public service motivation and the assumption of person—organization fit: Testing the mediating effect of value congruence[J]. Administration and Society, 2008, 40(5): 511.

[②] KIM S, VANGENABEELE W. A strategy for building public service motivation research internationally[J]. Public Administration Review, 2010, 70(5): 707.

置于个体价值观之前考虑。认同性动机侧重个体的态度层面，强调为他人服务的基础是情感纽带，认同性动机高的个体容易认同弱势群体。在对詹姆斯·L. 佩里早期分类学理论框架进行修订的基础上，桑穆克·金姆和沃特·范登毕还将测量维度与理论分类进行整合，形成了公共服务动机三成分四维度理论框架（见图1-2）。

工具性动机	价值观动机	认同性动机
公共参与	公共利益承诺	同情怜悯
自我奉献精神 （基础成分）		

图1-2 新分类学理论框架中理论分类与测量维度的整合
资料来源：笔者自制。

（二）公共服务动机分类学理论框架对本书研究的适用性

1. 早期分类学理论框架的适用性

仔细对比新旧分类框架可以发现，框架中的成分来源基本一致。例如，新框架中的工具性动机只是将早期分类框架理性动机中的"利己"成分排除，而价值观动机对应规范动机，认同性动机对应情感动机。本书研究认为，虽然利他性是公共服务动机的核心属性，但无法排除理性经济人对个人利益的追逐，即利他性绝不是公共服务动机的唯一构成要素。社区工作者之所以选择从事公共服务并坚持下去，必须承认他们拥有基于自我效用性的理性考量。考虑到对公共服务动机概念的界定及研究主体的特殊性，本书将公共服务动机置于混合动机模型之下来探讨。因此，本书在扎根理论三级编码的选择性编码阶段，不采纳新框架认为的公共服务动机包括工具性动机、价值观动机、认同性动机的分类，而继续沿用詹姆斯·L. 佩里原有的理性动机、规范动机、情感动机划分标准。

2. 新分类学理论框架的适用性

与早期分类框架相比，新分类框架的主要贡献在于对个体行为、价值观和态度的关注。具体来看，新分类框架对本书研究的指导意义主要体现在以下三个方面。首先，新分类框架提醒我们，价值观动机的测量题目表述应避免与自我奉献精神维度重叠。因此，为保证量表具有更好的区分效度，本书在初始量表"规范动机"题目的设计过程中突出了个人追求公共价值观的倾向，并邀请专家对维度的相关程度进行审查，以解决维度重叠问题。其次，新分类框架呼吁认同性动机应新增适当题目，侧重个体与其所认同组织之间的情感联结，以体现情感动机的独特性。因此，本书在设计访谈提纲时增加了能够展现社区工作者情感色彩的题目，并在访谈过程中对受访者的情感表达进行了重点追问。最后，新分类框架提倡将个体的自我奉献精神视为公共服务动机其他三个成分的基础成分。本书采纳新框架将自我奉献精神作为基础成分的判定，并将其作为一个基础的操作性维度。同时，为避免重叠，在设计"自我奉献精神"维度题目时，保留"奉献""牺牲""不计回报"等与自我奉献精神核心内涵高度相关的题项，删除詹姆斯·L. 佩里原量表中与同情心、公共利益承诺等规范或情感意涵相近的题项。

二、公共服务动机过程理论及其适用性

（一）公共服务动机过程理论的基本内容

目前，有关动机的理论可分为内容型动机理论和过程型动机理论两大类，其中内容型动机理论（如需要层次理论、双因素理论、成就需要

理论、自我决定理论等)针对动机产生的内在需要;过程型动机理论(如期望效价理论、公平理论、目标设置理论等)则强调动机产生的外部诱因。

1998年,基恩·A. 布鲁尔在实证研究的基础上,构建了公共服务动机过程模型(见图1-3)。作为首次对公共服务动机理论进行构建的尝试,该模型虽然比较简单,却得到了许多学者的肯定,并在后续被很多实证研究证实和进一步完善。2000年,詹姆斯·L. 佩里开始通过在分类框架中加入社会历史背景变量来从更宏观的立场对公共服务动机的影响因素进行考察,并建构了公共服务动机过程理论模型。① 在这一理论中,他提出了四条前提假设。

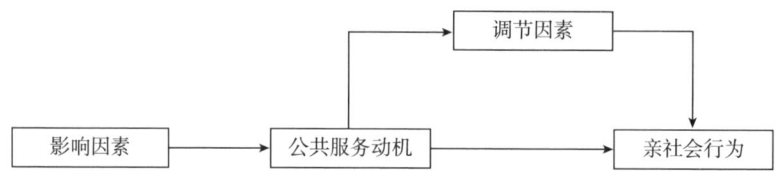

图1-3 基恩·A. 布鲁尔首次构建的公共服务动机过程模型
资料来源:笔者根据"Whistle blowers in the federal civil service: New evidence of the public service ethic"研究结论自行绘制。

假设1:个体动机存在理性、规范、情感三种过程。这三个动机过程整合在一个理论框架中,体现了一种多元动机的假设。

假设2:个体行为受自我建构的概念所驱动。这一假设建立在詹姆斯·G. 马尔什(James G. March)等提出的"后果逻辑"和"恰当逻辑"两种动机模型基础之上。② 后果逻辑指个体在做行为决策时,考虑的重点在于行为结果是否合意;而恰当逻辑则指个体在做行为决策时,

---

① PERRY J L. Bringing society in: Toward a theory of public-service motivation[J]. Journal of Public Administration Research and Theory, 2000(2): 477.
② MARCH J G, OLSEN I P. Rediscovering institutions: The organizational basis of politics [M]. New York: Free Press, 1989: 16.

更多的是考虑怎么做最恰当。这两个逻辑的核心区分点就是个体的自我概念，是组织中非常重要的一种激励方式。

假设3：个体价值观和偏好是内源性的。不同于以往的研究结论，詹姆斯·L. 佩里将个体的价值观和偏好视为内源性的，即来自所处系统的内部，并认为个体的价值观、需要、动机、期望、信念都要与所在的环境保持一致。[①]

假设4：偏好是在社会化过程中习得的。詹姆斯·L. 佩里同意文化认同理论和社会学习理论的观点并认为，个体的偏好不是凭空而来的，而是在社会化过程中习得的，这样的偏好或规范会直接影响个体的行为动机。

在上述四条前提假设下，詹姆斯·L. 佩里构建了第一个与公共服务动机直接相关的，能够较好解释公共组织和非营利组织成员行为的理论框架——公共服务动机过程理论框架（见图1-4）。该理论包括四个关键领域：社会历史背景、动机语境、个体特征与个体行为。首先，社会历史背景是个体偏好和价值观形成的关键环境变量，主要包括教育（职业训练、教育水平）、社会化（宗教、父母关系）以及生活事件（经验观察、模仿）。其次，动机语境具体指能够对个体行为产生影响的组织情境因素（即制度因素）。一方面，组织的价值观、意识形态对个体行为产生直接影响，另一方面，也考虑了组织激励、工作特征、工作环境等因素的影响效应。再次，个体特征包含自我概念（价值观、个性）、个人能力、自我调节过程三部分。詹姆斯·L. 佩里认为，自我概念和个人能力也是公共服务动机的影响因素，它们形成于个体的社会化过程之中，即社会历史背景下的教育、宗教、家庭观念等带来的具有某种价值观的社会结构，不仅能够指导个体行为的规范性，还能转化为个

---

① PERRY J L. Antecedents of public service motivation[J]. Journal of Public Administration Research and Theory, 1997, 7(2): 189.

体的某种偏好和价值观。最后，根据自我调节的不同类型，个体会生成不同的逻辑，或考虑后果，或考虑恰当性，即个体行为可以从后果逻辑和恰当性逻辑生成，使个体行为的来源呈现多样化特征，如基于理性的选择行为、规则约束行为、责任行为等。

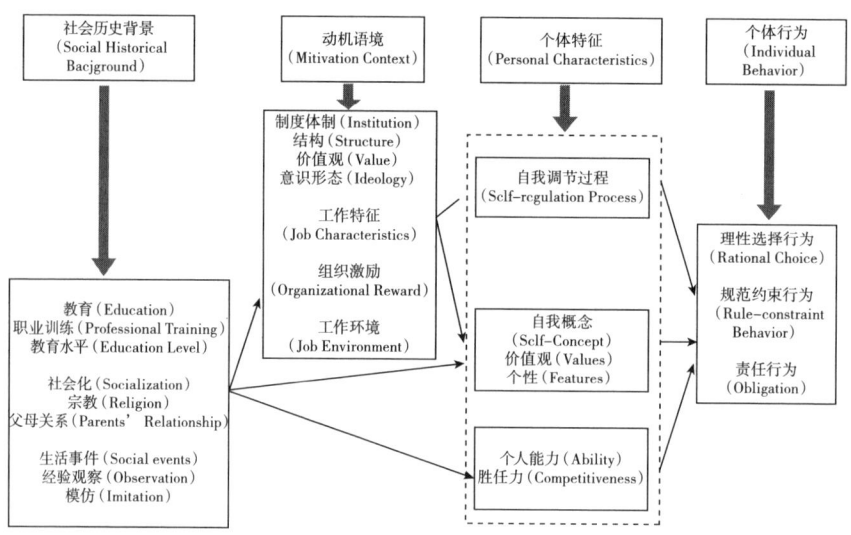

图1-4　詹姆斯·L.佩里构建的公共服务动机过程理论框架

资料来源：笔者根据文献"Bringing society in: Toward a theory of public service motivation"研究结论自行绘制。

尽管詹姆斯·L.佩里构建的过程理论表面上看起来已趋于完善，但由于自我概念的不确定性和实现的困难性，这一模型至今仍处于理论研究中，难以付诸实践。2008年，沃特·范登毕和詹姆斯·L.佩里在学界对利他和亲社会行为研究的基础上对过程理论做了进一步修正（见图1-5），并将新的理论模型称作动机的"行为动力理论"。[①] 他们认为，体制中与公共服务相关的内容是公共服务动机的源头，而且公共内

---

① VANDENABEELE W, PERRY J L. Behavioral dynamics: Institutions, identities and self-regulation, in: Motivation in public management: The call of public service[M]. Oxford: Oxford University Press, 2008: 33.

容通过传递机制转化为个体的意识,因而形成命题一:体制规定了个体允许和禁止的行为范围,体制的公共内容因社会而异,也与个体和体制的接触状况有关。此外,根据自我概念中的自我认同在体制与公共服务动机之间起着重要的作用,詹姆斯·L. 佩里又推演出命题二:若某些认同能够使个体关注到体制中的公共内容,那么个体的行为表现主要是恰当逻辑,相反则是后果逻辑。

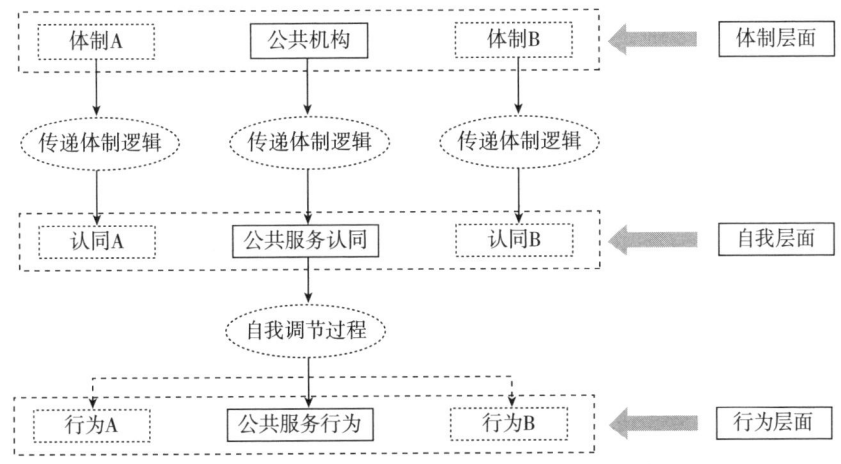

图 1-5　沃特·范登毕和詹姆斯·L. 佩里对公共服务动机过程理论的修改和完善

资料来源:笔者根据文献"Behavioral dynamics: Institutions, identities and self-regulation"研究结论自行绘制。

由于个体对公共服务认同的过程属于自我调节过程,詹姆斯·L. 佩里等通过借鉴阿尔伯特·班杜拉(Albert Bandura)的社会认知理论、爱德华·L. 德西(Edward L. Deci)和理查德·M. 赖安(Richard M. Ryan)的自我决定理论、盖瑞·莱瑟姆(Gary Latham)和艾德文·洛克(Edwin Locke)的目标设置理论等理论中有关自我调节的观点,又衍生出了一些命题,为公共服务动机过程理论提供了微观解释。首先,由社会认知理论可知,个体会根据自身行为与其价值观一致与否来调节行为。① 根据这一点，詹姆斯·L. 佩里得到命题三：若个体行为的判断标准与公共体制认同相一致，那么个体行为可能受公共服务动机支配。其次，自我决定理论认为，动机来源于个体价值观内化为认同的过程，如果环境满足了个体的基本需求，认同内化的程度越高，对行为的调节效应越强。② 基于此，詹姆斯·L. 佩里得到命题四：公共服务动机能否支配个体行为取决于公共认同是否被控制。再次，依据倾向—机会理论，只有激励机制与个体动机相匹配时，个体才表现出较高的组织承诺水平。③ 据此，詹姆斯·L. 佩里得到命题五：当组织激励与个体倾向匹配时，自我调节过程才更可能发生。最后，由目标设置理论可知，明确且具有挑战性的目标能提高个体的动机水平，目标承诺与体制和个体认同直接相关。④ 由此，詹姆斯·L. 佩里得到命题六：具有较强公共认同的个体更重视公共服务的目标及承诺。

总之，詹姆斯·L. 佩里等构建的公共服务动机过程理论及行为动力理论主要从动机语境中的"制度体制"出发，尝试采用心理动力学的观点探究公共服务动机是如何从体制内容中产生的，又是怎样通过自我概念和自我调节过程使个体产生行为的。

（二）公共服务动机过程理论对本书的适用性

本研究以公共服务动机过程理论为理论基础和研究工具，在参考其中部分变量的基础上赋予其具有中国特色的变量解释，以期对我国城市

---

① BANDURA A. Social cognitive theory of self-regulation[J]. Organizational Behavior and Human Decision Processes, 1991, 50(2): 267.
② DECI E L, RYAN R M. Handbook of delf-determination research[M]. Rochester, NY: University of Rochester Press, 2004: 3.
③ KNOKE D, WRIGHT-ISAK C. Individual motives and organizational incentive systems[J]. Research in the Sociology of Organizations, 1982, 1(2): 229.
④ LATHAM G, LOCKE E. Self-regulation through goal setting[J]. Organizational Behavoir and Human Decision Process, 1991, 50(1): 230.

社区工作者公共服务行为有更加深刻的预测和洞察力。该理论对本书的适用性主要体现在以下三个方面。

1. 公共服务动机过程理论具有一定跨文化适用性

作为解释和探索个体公共服务动机产生根源的理论之一，公共服务动机过程理论是詹姆斯·L. 佩里基于美国制度及文化背景提出的，具有一定的情境敏感性。但近年来越来越多的国内学者发现这一理论中的诸多变量在中国情境下同样能够对个体的公共服务动机产生显著影响。例如，刘帮成等以387名公共管理专业在职研究生（MPA）为被试，经研究后发现，作为一种特殊的人力资源管理实践，高承诺工作系统（High Commitment Work System）对公共服务动机具有显著的正效应。孟凡蓉和张玲研究发现清晰合理的绩效目标设置将使个体更加明确自己的工作方向和具体职责，对上级设置的工作目标产生极强的归属感，进而激发个体的公共服务动机，且"基本心理需要"在绩效目标设置对公共服务动机的影响中起到完全中介的作用。寸晓刚在对大学生群体公共服务动机影响因素的研究中发现，有社团管理者角色体验群体的公共服务动机及各维度均高于没有社团管理者角色体验群体的公共服务动机。上述提及的变量均是詹姆斯·L. 佩里公共服务动机过程理论中涉及的社会历史背景因素及动机语境因素。可以说，公共服务动机过程理论的跨文化适用性较强，可以借鉴这一理论来探究中国本土行为主体公共服务动机的形成机制。

2. 公共服务动机过程理论对中介效应的关注与本书重点相契合

根据公共服务动机过程理论，体制可以理解为浸润着价值观和规则的某种社会结构，体制不仅塑造了个体的偏好，还决定了个体的行为选择。也就是说，公共服务动机过程理论中的社会历史背景因素及动机语境中涉及的变量不仅直接影响个体的公共服务动机，还能通过个体特征因素中的"自我概念"和"自我调节过程"对公共服务动机产生间接影响，即个体特征在社会历史背景因素、动机语境因素与公共服务动机之间起到一定的中介作用。本书在前文绪论的基础上提出，对公共服务动机中介及调节变量的挖掘具有很大的研究空间，同时对作用机制及边界条件的探讨也是本书的重点所在。公共服务动机过程理论一方面为本书在访谈提纲的设计上指明了方向，为编码过程中介变量的筛选提供了标准；另一方面也为研究假设的提出提供了理论依据。

3. 公共服务动机过程理论能够用于解释广泛的利他行为

詹姆斯·L. 佩里在四条假设的前提下指出，公共服务动机过程理论不仅适用于研究公共部门中个体的利他行为，其构建的框架对于非营利组织中个体的公共服务行为同样能够提供较好的理论解释。社区是开展社会治理的重要场所和基本单元，是不以营利为目的的群众性自治组织。因此，以公共服务动机过程理论为指导进行城市社区工作者公共服务动机相关研究具有一定的适切性。公共服务动机过程理论在社区层面的演化，是根据社区特性对原有模型变量进行增减，以及通过数据测定确定变量间新的相关关系的行为，进而构建中国特色的城市社区工作者公共服务动机影响因素理论模型，并应用此结论成果解决我国实际社会问题。这一理论在研究方法和结论上是否具有普遍性虽然还需要进一步探讨，但已经显示出对公共服务行为解释的合理性，并为公共部门及非营利部门的行为激励结构设计提供新的思想源泉。

三、中国情境下城市社区工作者公共服务动机影响因素分析框架构建

詹姆斯·L. 佩里的公共服务动机过程理论是一个相对完整和全面的解释模型，自提出以来在西方乃至中国公共部门的利他动机研究

中得到了较为广泛的应用。但公共服务动机是一个高度情境化和有文化依赖性的概念，关键变量的选取若简单复制西方经验，势必会因中西方传统、文化、价值观、政治意识形态等方面存在的巨大差异而"水土不服"。此外，社区工作者不同于公务员、事业单位人员等具有国家统一的体制性身份，社区也不能像其他营利性部门那样可以灵活地采取多种经济措施来对社区工作者进行激励。而现有的理论框架能否精准识别重压工作场景下编外群体不同层面的关键因素还不得而知。鉴于上述差异，亟须构建一种扎根中国情境的、符合新时代背景下社区工作者实际的公共服务动机影响因素理论框架。为此，本书以分类学理论框架和公共服务动机过程理论为基础，结合学界关于公共服务动机的最新研究成果，提出了中国情境下城市社区工作者公共服务动机影响因素分析框架（见图1-6）。

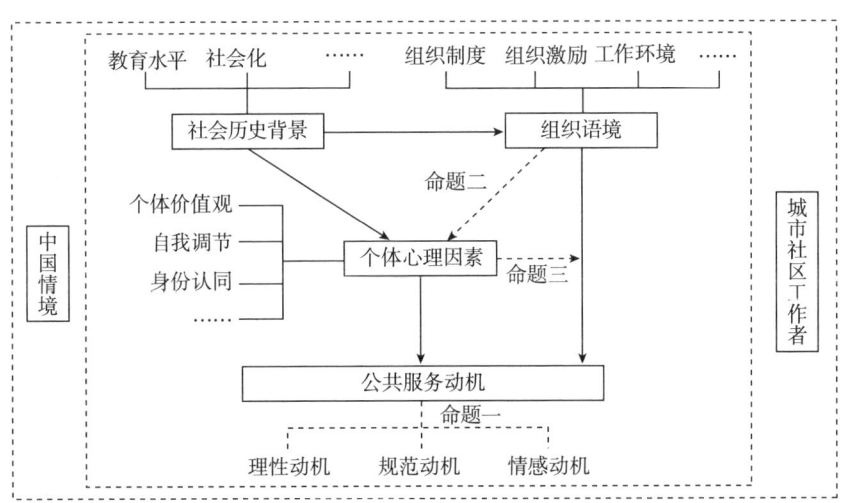

图1-6 中国情境下城市社区工作者公共服务动机影响因素分析框架

与公共服务动机过程理论相比，该框架主要有三个方面的拓展，本书据此提出三个有待验证的命题。

命题一：我国城市社区工作者公共服务动机包括理性、规范、情感三种类型。正如前文所述，考虑到对公共服务动机概念的界定及研究主体的特殊性，本书将公共服务动机置于"混合动机模型"之下进行探讨。因此，采纳詹姆斯·L. 佩里原有的理性、规范、情感三种类型划分标准。但值得注意的是，作为基层群众性自治组织，詹姆斯·L. 佩里四维度中的"政策制定吸引力"显然不是那些没有执法权和仲裁权的社区工作者的理性动机来源，那么他们为民服务的理性成分缘起于何处？社区工作者扎根社区，为辖区居民提供方方面面的服务，在"关系取向"作为中国人际互动主要运作方式的文化背景之下，社区工作者除"同情心"外，是否还受到其他更深层次的情感驱动？以及其他一些问题，这些都是有待深入探讨的命题。

命题二：组织语境能够通过个体心理因素间接影响公共服务动机。詹姆斯·L. 佩里的公共服务动机过程理论认为，个体特质是公共服务动机的主要影响因素，同时又受到组织语境的影响。沃特·范登毕在此基础上加入了"自我认同"这一个体心理变量并对模型进行了修订。本书认为，上述判断同样适用于社区工作者群体。前文已详细综述了公务员公共服务动机的研究涉及领导风格、组织环境、组织信任等前因变量。不过，对于社区工作者这一特殊群体，学界尚未开展深入研究。已有关于社区工作者动机的研究主要集中于胜任力提升、工作投入、志愿服务激励等。总之，这一论断在中国城市社区工作者群体中是否以及如何成立仍需开展更多的实证研究。

命题三：个体心理因素能够调节组织语境与公共服务动机之间的关系。无论是布鲁尔首次构建的公共服务动机过程理论，还是詹姆斯·L. 佩里和沃特·范登毕的补充版本，均忽视了影响因素与公共服务动机之间可能存在的调节变量对模型整体的影响。在"组织—个体—动机"的影响链条中，"个体"毫无疑问是最有可能充当调节变量的。此外，近年来越来越多的研究发现，个体心理因素更多地在情境变量与结果变量之间发挥缓冲作用。那么，哪些个体心理因素能够在组织语境与公共服务动机之间起到调节作用，其调节效应形态又是怎样的？这是本书重点探讨的问题。

在分析框架构建基础之上，为克服以往研究过度依赖量化测量导致理论深度不足的缺陷，本书将采用综合质化与量化的混合研究方法对社区工作者公共服务动机结构及其影响因素进行开发与识别。首先，采用扎根理论方法，运用建构性思维分析开放性质化数据，以探索不同层面影响因素并建构理论模型；其次，通过量化分析检验理论模型，提高质化研究发现的可靠性和深入性。

第二章　城市社区工作者公共服务动机结构及影响因素模型构建

在保持公共服务动机各维度核心内涵的同时，反思其跨文化的适应性并结合研究对象的实际情况进行调适是做好公共服务动机研究的必要环节。[①] 考虑到当前尚未有成熟的社区工作者公共服务动机研究框架的现状，本章将研究主题设定为"城市社区工作者公共服务动机结构及影响因素模型构建"。本章将遵循半结构化深度访谈与网络资料互相融合、三角验证的路径，以此获取城市社区工作者为民服务过程的第一手文本资料。本章将采用经过发展修订的扎根理论方法系统地对文本资料进行编码、聚焦与理论抽象，从而提炼城市社区工作者公共服务动机的独特构思，识别城市社区工作者公共服务动机关键影响因素，并为影响因素解释模型的构建提供初步的理论框架。

---

① 张平,刘伟民,崔子傲.街道治理能力提升的困境与进路:基于公共服务动机的视角[J].治理研究,2021,37(2):74.

第二章 城市社区工作者公共服务动机结构及影响因素模型构建

第一节 研究方法与研究设计

一、研究方法

为揭示中国情境下公共服务动机的本质,对公共服务动机的研究绝不能满足于纯粹的量化分析,更需要质化研究这种建构和细化理论的有效方法,通过与研究对象互动来对其行为和意义建构获得解释性理解。[①] 质化研究的目的在于识别现实生活中社会现象的本质和特征,它允许选取相对较小的样本量,这使得研究者能够集中精力对受访者进行深度剖析,进而更加细致地挖掘社区工作者群体日常的工作细节和工作表现,有助于深入了解他们为民服务的初心以及分析出影响其公共服务动机水平高低的关键因素。按照研究策略可以将质性研究分为六种类型:现象学、民族志、扎根理论、言语分析法、参与性观察和质的生态学。[②] 其中,扎根理论被认为是质性研究中一种比较科学有效的方法,因其细致的建构过程、持续比较方法等使理论建构成为一个严谨而精确的过程。[③] 可见,扎根理论方法非常适用于研究公共服务动机这一内涵与外延尚不太明确的理论概念。

1967 年,美国学者格拉泽(Glaser)与施特劳斯(Strauss)出版了《发现扎根理论:质性研究的策略》一书,把"扎根理论"这一新词带

[①] 陈向明. 旅居者与外国人:留美中国学生跨文化人际交往研究[M]. 北京:教育科学出版社,2004:31.

[②] [英]凯西·卡麦兹. 建构扎根理论:质性研究实践指南[M]. 边国英,译. 重庆:重庆大学出版社,2009:7.

[③] CHARMAZ K. Constructing grounded theory: A practical guide through qualitative analysis [J]. Thousand Okas, CA: Sage. 2006 (46): 113.

入社会科学研究中,① 经典扎根理论主要包含两个编码步骤:实质编码和理论编码,其中实质编码又包括开放式编码和选择编码两个子步骤。但经典扎根理论在初期繁荣背后也浮现出了严重问题,即该套扎根流程存在相当强的不确定性,特别是编码过程表现出高度的主观性特征。为了消除这种不确定性问题,科宾(Corbin)等对经典扎根理论进行了修订,于1988年提出了一种编码过程更加系统严格的"程序化扎根理论",其编码步骤分为开放式编码、主轴编码和选择性编码。层层递进的编码流程配合备忘录的撰写,体现了经验数据如何经过逐步打散、重组、归纳、精练,最终形成理论的逻辑过程,从而保证质性研究的科学性。② 正是这些优势的加持使得程序化扎根理论得到了学界最为广泛的认可和应用。因此,本书采用经过发展修订的程序化扎根理论方法探寻我国城市社区工作者公共服务动机结构维度及其影响因素。为了实现分析过程的系统化,降低主观因素对数据分析的影响,使用质性分析软件MAXQDA10.0来辅助完成数据的编码工作。

二、研究设计

(一) 确定访谈对象

在访谈对象的选取方面,本书经历了两个调研阶段。第一阶段:目的抽样法,即研究者依据对研究目的的判断,选择最有效或最具有代表性受访者的一种非概率抽样方法。该阶段的重点是通过深度访谈和直接观察的形式走近受访者,进而获得与研究主题和研究目的更为贴近和翔实的第一手数据,因此这一阶段选择的访谈对象的数量不必过多。基于

---

① 吴肃然,李名荟. 扎根理论的历史与逻辑[J]. 社会学研究,2020,35(2):88.
② 何蓓婷,安然. 高压之下缘何坚守? 中方外派人员的工作:家庭平衡机理研究[J]. 南开管理评论,2020,23(3):147.

此,研究者于 2020 年 7—8 月,在辽宁省沈阳市于洪区 Y 街道有针对性地选择了 6 位城市社区工作者作为第一阶段的访谈对象,寻找最有可能给"城市社区工作者公共服务动机"主题带来丰富信息的社区书记(副书记)进行了初步访谈,并对其中部分社区工作者的日常为民服务工作(窗口服务和下网格服务)进行了直接观察。第一阶段受访者的基本情况如表 2-1 所示。选择 Y 街道的原因在于,该街道所辖的社区类型最丰富,既有全物业管理的商品房小区,也有老旧型的弃管小区,同时还包括村改居型小区和混合型小区。

表 2-1 第一阶段目的抽样选择的受访者的基本情况

访谈社区简称	受访者编号	年龄/岁	职务	工作年限/年	学历	政治面貌
K 社区@	F1	48	社区书记	18	大专	党员
A 社区*	F2	31	社区副书记	9	本科	党员
D 社区@	F3	36	社区副书记	12	本科	党员
S 社区#	F4	52	社区书记	20	大专	党员
W 社区&	F5	53	社区书记	20	大专	党员
X 社区&	F6	49	社区书记	19	大专	党员

注:为保护受访者隐私,一律采取匿名方式(编号:M=男,F=女)。*表示该社区为老旧型小区;&表示该社区为商品房小区;#表示该社区为村改居型小区;@表示该社区为混合型小区。

第二阶段:滚雪球抽样法,即在第一阶段通过深度访谈和非正式交流与受访者建立相对紧密联系的基础上找出其他受访者,不断扩充、丰富样本量的一种有效的抽样方法。本书的具体做法是:在第一阶段访谈结束后,研究者与 6 位受访者互加微信,并恳请他们推荐更多符合条件的受访者。关于访谈样本数量,研究者判断的依据是"在一般的访谈研究中,被试人数往往在 15±10 人左右"。[①] 为确保数据资料的完整性,

---

① [丹麦]斯丹纳·苟费尔,斯文·布林克曼. 质性研究访谈[M]. 范丽恒,译. 北京:世界图书出版有限公司,2013:122.

在综合考虑可用时间、可用资源等因素的基础上，本书将两阶段访谈样本数量确定为 20~30 人，即第二阶段的受访者数量应该为 14~24 人。此外，根据理论饱和原则，在访谈进入最后阶段时，研究者如发现新的数据未产生新的见解和类属关系时，即可停止深度访谈的数据收集工作，第二阶段受访者的基本情况如表 2-2 所示。

表 2-2 第二阶段滚雪球抽样选择的受访者的基本情况

访谈社区简称	受访者编号	年龄/岁	职务	工作年限/年	学历	政治面貌
Y 社区&	F7	38	社区书记	16	硕士	党员
	F8	32	社区副书记	7	本科	党员
	M1	28	社区干事（主要负责综治及退伍军人登记）	4	本科	群众
B 社区#	F9	46	社区书记	20	大专	党员
	F10	48	社区干事（主要负责低保）	17	大专	党员
	F11	39	社区干事（主要负责计生）	11	大专	党员
	F12	39	社区干事（主要负责失业）	17	本科	党员
	F13	43	社区委员（主要负责残疾人）	18	大专	党员
H 社区&	F14	39	社区书记	11	硕士	党员
	F15	41	社区干事（主要负责医疗保险）	11	专科	党员
	F16	35	社区委员（主要负责低保）	12	本科	党员
	F17	49	社区干事（主要负责残疾人）	13	本科	党员
	F18	43	社区委员（主要负责失业）	8	专科	群众
Z 社区@	F19	40	社区书记	15	本科	党员
	F20	48	社区副主任	18	本科	党员
	F21	48	社区干事（主要负责矛盾协调）	15	本科	党员
	M2	39	社区委员（主要负责综治维稳）	16	本科	党员
	F22	40	社区委员（主要负责住房保障）	12	本科	党员

注：为保护受访者隐私，一律采取匿名方式（编号：M = 男，F = 女）。& 表示该社区为商品房小区；# 表示该社区为村改居型小区；@ 表示该社区为混合型小区。

第二阶段访谈从 2020 年 9 月开始，至 2021 年 1 月结束，其间共联系了25位城市社区工作者，其中有5位社区工作者以时间紧、工作忙为由拒绝深度访谈，2位社区工作者在得知需要录音后拒绝接受访谈。最终，18位城市社区工作者（见表2-2）参与第二阶段访谈。其中，既包括在社区工作年限长达20年且具有丰富为民服务经验的社区书记，还包括进入社区工作时间不足5年的年轻社区干事。总体来看，第二阶段受访者具有以下特点：男女比例悬殊，男性仅占11.1%；平均年龄为41岁；职务级别不等，包括4位社区书记，2位副书记（主任），12位社区干事（委员）；工作年限普遍较长，扎根社区工作逾10年的占比为83.3%。

（二）拟定访谈提纲

依据扎根理论要求，围绕"城市社区工作者公共服务动机结构及其影响因素"这一研究方向拟定访谈提纲。初次拟定的访谈提纲包括四类问题19个条目。然而当访谈员进入实地开展深度访谈时却发现，受访者对某些条目的提问难以理解，或在回答问题时出现偏差，甚至有受访者认为某些条目的表述与社区工作实际不符。因此，在整个访谈过程中，研究者对访谈提纲进行了多次的迭代设计（见表2-3），即在后续访谈中针对受访者提出的建议，我们对初始访谈提纲进行了多次的修改和增删（前后共修改了3个条目，增加了3个条目，删除了4个条目）。这不仅提高了受访者给出自发、出乎意料回答的可能性，提升了访谈的效率和效果，还促进了访谈员与受访者之间的良性互动。另外，考虑到社区工作者身份所隐含的伦理规范和社区规章制度的硬性约束，可能会使某些社区工作者在接受访谈的过程中极力掩盖自身的真实偏好和服务动机，造成印象粉饰后的动机水平虚高，研究者在访谈过程中避免出现"公共服务动机"的字眼，而用"公共服务动力""工作积极性"等相似概念代替。最终的访谈提纲见附录A。

表 2-3 访谈提纲的多次迭代设计

类别	研究者问题	访谈员问题	备注
第一类	受访者基本情况	方便透露您的年龄吗	
		您的受教育程度是	
		您从事社区工作的年限是	
		您的政治面貌是	
		您的职务是？（重点负责哪个窗口的工作）	
第二类	走近受访者	您从事社区工作之前有做过其他方面的工作吗？（有过类似志愿服务的经历吗）	修改
		谈谈您最初选择进入社区工作的原因	
		家人、亲戚或朋友有在社区工作的吗？他们对您的职业选择是否产生一定影响	修改
		社区工作至今，您是否觉得自己"大材小用"？有考虑过换工作吗	删除
第三类	公共服务动机结构	谈谈您对"为人民服务"的理解	
		您努力工作的原因是为了实现自我价值吗	删除
		工作中若集体利益与个人利益发生冲突，您会如何选择和解决	
		社区工作者直接服务辖区弱势群体，您在接触这些群体的过程中是一种怎样的感受	
		请您回忆一下近几年您为辖区居民服务过程中印象深刻或感动的几件事	新增
		您对社区和辖区居民是一种怎样的感情	新增
		您认为一名合格的社区工作者应该具备哪些特质	
第四类	公共服务动机影响因素	您认为哪些因素会降低（提高）您的工作积极性	
		您工作中主要的压力源有哪些	
		疫情高压之下您有过辞职的想法吗	新增
		您认为工作和家庭之间有冲突吗？应该如何平衡	删除
		您认为社区信息化水平的提升对您工作有哪些影响	删除
		咱们社区的氛围如何？您认为什么因素对工作氛围起着决定性作用	修改

第一类是关于"受访者基本情况"的问题。作为访谈提纲的第一部分，采集基本信息主要是为了统计受访者的人口统计特征，询问前会告知受访者我们会保护他们的隐私，信息仅用于学术研究，不做他用。这一阶段的访谈时间控制在 10 分钟以内。第二类问题"走近受访者"旨在建立访谈员与受访者之间相互信赖的感情联结，为访谈过程中的自然互动以及受访者能够展现真情实感创造条件。例如询问受访者"谈谈您最初选择进入社区工作的原因"，通过洞察社区工作者岗位与受访者之间"吸引—选择"路径实现背后的逻辑，为后续公共服务动机结构及其影响因素的访谈提供更为精确的指引。该阶段的访谈时间控制在 15 分钟左右。第三类问题围绕"公共服务动机结构"展开，这一阶段的目的在于检验詹姆斯·L. 佩里构建的公共服务动机四维结构框架的适用性，以及深度挖掘依存于中国情境下城市社区工作者公共服务动机的特有维度。例如，"请您回忆一下近几年您为辖区居民服务过程中印象深刻或感动的几件事"，借由这一问题的发问将受访者带入日常为民服务的真实情境中，研究者可以通过受访者陈述的行为事件探究其行为背后的心理机制。由于公共服务动机结构是本书研究的重要环节，因此这一阶段的访谈时间不做控制。第四类问题围绕"公共服务动机影响因素"展开，这一阶段重在探求影响城市社区工作者公共服务动机的个体心理及组织因素有哪些，以及影响因素之间的作用机制和边界条件是怎样的。此外，为在不做任何假设和预判的情况下获取更为翔实的数据资料，在本阶段的访谈过程中，研究者还会视情况就访谈中涌现的新概念、新主题进一步追踪提问。作为本书研究的重要组成部分，这一阶段的访谈时间同样不做控制。

（三）数据搜集

综合考虑本书对公共服务动机内涵的界定，以及城市社区工作者的工作特性等，在第一手资料获取方面本书决定以半结构化深度访谈法为主。如上文所述，本书于2020年7月至2021年1月完成了对24位城市社区工作者的深度访谈（在后续数据分析阶段根据研究需要对部分受访者进行了回访）。受疫情影响，2名受访者借助微信视频进行访谈，其余22名受访者均采用面对面访谈形式。访谈时长从41分到2小时42分不等。每次访谈完成后立即进入文本转录工作，为提高转录效率，本书使用搜狗录音笔自带的转录功能对24份访谈文本逐一转录，并在此基础上进行"语音—文字"的逐句逐段对照核对。转录过程中若出现模糊、矛盾的情况及时与受访者确认。最终24份访谈文本共转录了28万余字，最短的为4857个字，最长的为28974个字（如表2-4所示）。为补充完善一手资料，本书研究依托辽宁社区工作者学院培训契机，于2020年12月至2021年1月组织了3场共30位城市社区工作者参与的焦点团体访谈。这些受访者来自辽宁省不同城市，焦点团体访谈可以帮助研究者获得更加丰富或意想不到的信息。

表2-4 深度访谈的具体实施及文本转录

受访者编号	访谈时间/年-月-日	访谈时长/时:分:秒	访谈方式	文本转录/字
F1	2020-07-03	59:20	面对面访谈	6229
F2	2020-07-06	01:03:40	面对面访谈	7218
F3	2020-07-18	50:29	面对面访谈	5914
F4	2020-07-25	55:00	面对面访谈	6701
F5	2020-08-09	01:03:04	面对面访谈	8019
F6	2020-08-30	01:57:03	面对面访谈	14528
F7	2020-09-04	01:51:45	面对面访谈	14576
F8	2020-09-04	42:18	面对面访谈	5067
M1	2020-09-15	01:02:55	面对面访谈	12919
F9	2020-10-03	02:42:39	微信视频访谈	28974
F10	2020-10-03	46:07	面对面访谈	5288
F11	2020-10-19	41:52	面对面访谈	4857

续表

受访者编号	访谈时间/年-月-日	访谈时长/时：分：秒	访谈方式	文本转录/字
F12	2020-10-27	01：23：47	面对面访谈	19918
F13	2020-10-27	01：35：44	面对面访谈	14101
F14	2020-11-05	02：20：09	微信视频访谈	23482
F15	2020-11-05	51：23	面对面访谈	7697
F16	2020-11-25	41：56	面对面访谈	6370
F17	2020-11-25	49：27	面对面访谈	6277
F18	2020-11-31	45：03	面对面访谈	11333
F19	2020-12-17	01：31：09	面对面访谈	18226
F20	2020-12-26	01：01：37	面对面访谈	14865
F21	2021-01-04	57：43	面对面访谈	9524
M2	2021-01-04	01：05：48	面对面访谈	15750
F22	2021-01-18	01：44：24	面对面访谈	16410

除深度访谈和焦点团体访谈外，本书还通过网络搜索与城市社区工作者相关的视频资料、新闻报道、网站信息等，以更加完整地搜集整理关于社区工作者公共服务动机的所有数据。整理这些二手资料以查验是否有新的范畴和类属关系出现，以保证理论逻辑严密。二手资料来源主要分为三类：第一类是"最美城乡社区工作者"评选活动。该活动由中央宣传部、民政部共同开展，每两年评选一次，目前已举办两届，共评选出20位优秀的城乡社区工作者，其中包含12位城市社区工作者和8位农村社区工作者，本书将发布仪式现场与12位城市社区工作者相关的优秀事迹和口述内容转录成文字，作为后续三角验证的资料来源。第二类是"小巷总理"相关报道和访谈。在"社区制"背景下，部分社区工作者由社区居民直接选举产生，他们对社区情况熟悉程度较高，

被居民称为"小巷总理"。① 时至今日,"小巷总理"已成为优秀社区工作者的代名词。本书以"小巷总理"为关键词进行网络搜索,最终确定以13位极具代表性的城市社区工作者的报道和访谈作为本书研究的二手资料来源。第三类是在本书研究整个数据搜集阶段,访谈者还坚持撰写研究日志和备忘录进行微分析以增强与受访者之间的互动。本书将所有资料整理、建档,数据来源基本情况见表2-5。

表2-5 扎根理论数据来源统计表

数据类型	涉及主题	资料数量	整理字数	
深度访谈	社区工作者公共服务动机结构及其影响因素	24份	结构	约9.7万字
			影响因素	约18.7万字
焦点团体访谈	社区工作者公共服务动机结构及其影响因素	3份	结构	约1.9万字
			影响因素	约2.7万字
"最美城乡社区工作者"评选活动	社区工作者公共服务动机结构及其影响因素	12份	结构	约1.3万字
			影响因素	约0.8万字
"小巷总理"相关报道和访谈	社区工作者公共服务动机结构	13篇	约2.9万字	
研究日志及备忘录	数据编码、理论建构	23篇	约1.8万字	

三、研究伦理与信度

本书严格遵循质化研究伦理原则,向每名受访者解释研究主题,保证他们完全自愿参与,有权随时中断或退出研究;访谈时间、地点的选择均与受访者协商,充分尊重他们的意见;录音设备的使用征得了受访者同意;研究中涉及个人隐私之处均已匿名处理。

本书遵循受访者检验和三角验证两种标准确保研究信度。①受访者检验。每次访谈结束后,与受访者互加微信,并迅速整理归纳访谈内

---

① 汪鸿波,费梅苹.新中国成立70年来我国城市社区工作者形象的变迁与重构:基于上海的历史考察[J].内蒙古社会科学(汉文版),2019,40(5):165.

容,将核心观点反馈给受访者,与其确认,保证信息准确有效。②三角验证。本书运用多种资料来源方式进行三角验证。根据研究目的,除整理 24 份访谈资料外,本书还整理了多种类型的二手资料以查验是否有新的范畴出现,以保证理论逻辑严密。

第二节 城市社区工作者公共服务动机结构开发:基于扎根理论三级编码

数据搜集完成后,采用 MAXQDA 软件对"公共服务动机结构"访谈文本进行三级编码,致力于挖掘诠释中国情境下城市社区工作者的公共服务动机的独特构思,尝试回答中国情境下城市社区工作者公共服务动机的本源性问题。

一、三级编码结果与理论饱和检验

遵照经过发展修订的扎根理论方法的规范性编码步骤,本书的质化数据分析主要分为四步,第一步为开放式编码:将原始访谈资料打散并赋予概念,通过持续比较进行归类,使蕴含在资料中的观点和意义涌现出来,最终将其范畴化。第二步为主轴编码:通过"因果关系—现象—脉络—中介条件—行动或者互动策略—结果"的编码范畴,将开放编码得出的各个范畴联结在一起,识别公共服务动机的主范畴(一级维度)。第三步为选择性编码:在主轴编码的基础上系统挖掘核心范畴,梳理核心范畴与主范畴及其他范畴之间的联结,并以"故事线"的形式描绘整体行为现象,让它们之间的关系变得具体化。第四步为理论饱和度检验:对预留数据进行分析再检验,以保证分析结论的完整性。

（一）开放式编码

开放式编码是选择原始数据的一部分，从中提取能够代表这部分数据的概念。本书采取"逐句""逐段"混合编码方式进行初始编码，进一步归类，提炼"次范畴"。最终抽象出 298 个初始编码，共聚合为 29 个有关公共服务动机结构的次范畴。为了清晰地说明开放编码过程，举例如表 2-6 所示。

表 2-6　开放式编码：初始编码和范畴化举例（公共服务动机结构）

部分原始资料	初步概念化/AX	次范畴/BX
F5：人这一生，不管你是做什么的，都要体现你的价值，你得有点儿影响力（A1） F14：工作中为老百姓实实在在做一些善事，在群众口中能有个好口碑，"金杯银杯不如老百姓口碑"真是这么回事（A2） F3：我没有什么很大的追求，等我退休的时候，不用居民说我好，就说我"还行"这两个字我就满足了（A3）	A1. 比较看重个人的影响力 A2. 努力工作为了有个好口碑 A3. 希望得到他人的认可	B1. 对个人口碑的追求
F1：我觉得我非常适合社区工作，其他工作可能并不适合我，为什么这么说呢，我性格外向，喜欢和别人沟通，恰好社区工作正需要我这样的人，我能从这份工作中找到一份属于我自己的快乐，同时也是对我自己工作能力的一个交代吧（A4） F3：我们社区工作者的工资是区里的民政局发的，你得对得起这份工资，最起码每个月领工资的时候，我脸不发烧，我的能力、我的付出值得我拿这些钱（A5）	A4. 对自己能力有个交代 A5. 获得与自身能力相匹配的工资	B2. 自身能力的展现
F18：街道的一些政策是需要我们社区层面去宣传的，所以把老百姓服务好，他们满意了，就是我最大的动力（A6） F6：老百姓的事儿不能拖，不能等，群众利益无小事（A7），必须尽快帮他们解决。有时候就算解决不了，但是我们在他们身边他们就很安心（A8）	A6. 居民满意是最大的动力 A7. 心系居民 A8. 以民为本	B3. 利国利民的家国情怀

第二章　城市社区工作者公共服务动机结构及影响因素模型构建

续表

部分原始资料	初步概念化/AX	次范畴/BX
F8：当你接触了这份工作后，你就会有这种感觉，可恨的人让人恨得咬牙切齿，可怜的人你会想办法尽自己所能去帮助她一下（A9） F4：我们社区有一个孩子重病几乎起不来床，他们家就他姥姥照顾他，挺困难的，我们社区这边有什么救助的就主动给他申请，能帮就帮呗（A10）	A9. 对弱势群体伸出援手 A10. 关注他人物质需求的捐献意向	B4. 物质援助
F11：我们社区老年人多，所以有时候交各种费用的时候都是用现金，我看到那些老人来社区办业务颤颤巍巍的，我心里就不是滋味（A11） F10：这次疫情阶段，经常会想起辖区的一些老年人，空巢独居老人还有残疾人，他们不方便出门，很不容易，就想主动为他们做点什么（A12）	A11. 对他人不幸的关切 A12. 对他人不幸的担心	B5. 应答担心
F15：你也知道社区活动很难搞，居民都不喜欢参加，我们社区有一些居民非常支持我们的工作，每次举办活动都来，说心里话我很感激他们（A13），无以为报（A14） F16：有的时候我很感谢一些身边的领路人（A15），不仅是同事还有领导，就是你会发现很多人都能给你一个引领或者给你带去正能量 M1：去年端午节辖区居民送我的礼物是一针一线为我做的，这份礼物虽然不贵重但是让我感受到的是鞭策，让我很坚定地在为人民服务的道路上一直走下去（A16）	A13. 简单感激 A14. 回报行为 A15. 感谢他人 A16. 知足、珍惜	B6. 事件层次的情境性感恩
F6：居民对我来说比我父母做的都多，这是我非常感恩的，人得知道感恩。我当年从社保干事竞争副主任的时候是老百姓一张张选票给我选上来的，这口饭是老百姓给的，我就要对得起他们。"吃水不忘挖井人"，这是我这么多年的一个宗旨（A17） M2：说个题外话，虽然我是负责残疾人口的，但我自身也是残疾人，我和我的爱人就是辖区居民帮忙介绍的，没有他们的介绍可能我现在还是单身，是他们给我的缘分，我得到了实惠，那我就要回报他们（A18）	A17. 对自然、社会、他人恩惠的感知体验 A18. 对自然、社会、他人恩惠的感恩表达	B7. 个体层次的持续性感恩

续表

部分原始资料	初步概念化/AX	次范畴/BX
F21：社区工作者首先得有担当，有责任心，或者说有一些奉献精神吧，社区工作者想要朝九晚五的生活是绝对不可以的（A19） F3：我搭点儿就搭点儿，就当是我自己吃了喝了，只要我这一点付出你能稍微得点儿利，我觉得就是值得的（A20）	A19. 甘于奉献 A20. 乐于奉献且不计较	B8. 多奉献少索取
总计	298	29

注：开放式编码涉及大量的分析表格，由于篇幅所限，这里只截取部分表格作为例证。

资料来源：笔者自制。

（二）主轴编码

主轴编码旨在寻找、发现并建立范畴之间的逻辑关系。本书借鉴公共服务动机分类学理论框架，并基于以往文献对公共服务动机结构维度的划分与界定，对开放式编码获得的29个次范畴进行筛选、剖析、合并与分类，识别出城市社区工作者公共服务动机的一级维度。经过反复推敲，本书最终提炼出五个公共服务动机的价值维度（主范畴）（见表2-7）。

表2-7 主轴编码形成的维度（公共服务动机结构）

次范畴/BX	再次范畴化/BBX	主范畴/CX	联结
B1. 对个人口碑的追求	BB1. 成就需要 （7，26）	C1. 自我实现需要 （16，56）	公共服务动机结构 （23，298）
B2. 对个人形象的追求			
B3. 对个人名誉（声望）的追求			
B4. 掌控工作的一种体验	BB2. 胜任需要 （10，30）		
B5. 自身能力的展现			
B6. 意向符合社会总体价值规范	BB3. 遵守社会规范 （13，29）	C2. 公共利益承诺 （18，69）	
B7. 个人利益服从集体利益			
B8. 天下为公	BB4. 为公共利益服务的愿望 （15，40）		
B9. 利国利民的家国情怀			
B10. 帮助别人快乐自己			

续表

次范畴/BX	再次范畴化/BBX	主范畴/CX	联结
B11. 应答担心	BB5. 同情体验 (9, 26)	C3. 同情心 (18, 72)	公共服务动机结构 (23, 298)
B12. 平行苦痛			
B13. 角色理解	BB6. 同情理解 (11, 17)		
B14. 情绪理解			
B15. 心理援助	BB7. 同情意向 (8, 29)		
B16. 物质援助			
B17. 感谢他人	BB8. 状态感恩 (8, 22)	C4. 感恩 (14, 42)	
B18. 即时的感恩心境			
B19. 事件层次的情境性感恩			
B20. 感恩表达	BB9. 特质感恩 (10, 20)		
B21. 感恩体验			
B22. 个体层次的持续性感恩			
B23. 责任重于泰山	BB10. 奉献意识 (16, 40)	C5. 自我奉献精神 (18, 59)	
B24. 即使无偿也乐意服务			
B25. 愿意承担风险			
B26. 多奉献少索取			
B27. 甘愿牺牲个人利益			
B28. 物质付出意向	BB11. 奉献意向 (6, 19)		
B29. 精神付出意向			

注：括号内前面数字代表提及该编码的受访者人数，后面的数字代表编码频次。

（三）选择性编码

在与原始数据比较互动的基础上，通过整理备忘录构建"城市社区工作者公共服务动机构思模型"（见图 2-1）。"自我奉献精神""公共利益承诺""同情心""感恩""自我实现需要"五个核心范畴共同构成中心范畴——城市社区工作者公共服务动机的五维结构。其中，"自我奉献精神"选择性编码为"基础成分"；"公共利益承诺"选择性编码为"规范成分"；"感恩"和"同情心"选择性编码为"情感成分"；"自我实现需要"选择性编码为"理性成分"。值得注意的是，本书提出的动机成分与詹姆斯·L. 佩里提出的动机结构并不完全一致，而是基于中国情境和研究对象对其进行了重新框定。

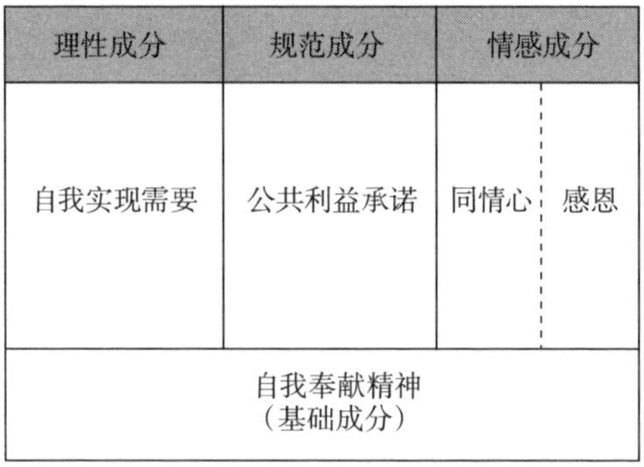

理性成分	规范成分	情感成分	
自我实现需要	公共利益承诺	同情心	感恩
自我奉献精神 （基础成分）			

图 2 - 1　城市社区工作者公共服务动机构思模型

资料来源：笔者根据研究发现自制。

首先，"自我奉献精神"是社区工作者利他的高层境界，指他们愿意为居民服务且不计较个人利益得失的意向，是一个与公共服务整体相关联的独立维度，代表了公共服务动机利他性、亲社会性的基本属性，构成了公共服务动机的基础成分，主要包括奉献意识和奉献意向两个维度。其次，"公共利益承诺"是基于社会公平正义、社会责任感等公共价值观履行社会义务或某种标准的愿望。具体到本书研究场域，指社区工作者维护辖区居民利益，愿意为居民提供有意义的公共服务，并在提供利他服务的过程中努力遵守社会规范时产生的一种规范动机，主要包括遵守社会规范、为公共利益服务的愿望两个维度。再次，社区工作者公共服务动机的情感成分由"同情心"和"感恩"共同构成。"同情心"是一种对他人的不幸遭遇和痛苦情绪状态产生共鸣及对其行动的关心、赞成、支持的情感和由此诱发的"助人为乐""伸张正义"的动机与行为。① 社区工作者的同情心体现了他们对辖区居民尤其是弱势群体的关爱与怜悯之情，主要包括同情体验、同情理解和同情意向三个维度。"感恩"指个体源于积极主观经历而诱发的积极情绪②和因他人帮助而获得的积极认知和积极人格。③ 社区工作者的感恩是社区工作者从居民、领导或同事给予的恩惠中获益而体验到的感激之情，主要包括状态感恩和特质感恩两个维度。最后，社区工作者公共服务动机的理性成分源自对其自我实现需要的满足，体现出他们在为民服务过程中基于目标最优化和效益最大化的理性思考，如对个人形象和口碑的追求、掌控工作的一种体验等，是服务公共利益和兼顾个人利益的综合展现。主要包括成就需要和胜任需要两个维度。

（四）理论饱和度检验

本书坚持数据收集与分析同步进行，当搜集到的新数据不再产生新的理论见解时停止数据收集。公共服务动机结构可用的编码数据主要有24份深度访谈文本、3份焦点团体访谈文本、12份"最美城乡社区工作者"评选活动记录文本，以及12篇与"小巷总理"相关的报道和访谈文本。在数据分析阶段，为验证公共服务动机结构的完整性，本书先随机抽取21名受访者的语料用于扎根分析，之后再对预留的3份深度访谈文本及3份焦点团体访谈文本进行重新编码分析，并且对补充收集的二手资料进行三角验证，上述过程均未产生新的概念及类属关系。因

---

① 李幼穗,周坤. 同情心培养对幼儿典型亲社会行为影响的研究[J]. 心理科学,2010,33(2):342.
② FROU J J, FAN J, EMMONS R A, et al. Measuring gratitude in youth: Assessing the psychometric properties of adult gratitude scales in children and Adolescents[J]. Psychological Assessment, 2011, 23(2): 319.
③ EMMONS R A, MCCULLOUGH M E. Counting blessings versus burdens: An experimental investigation of gratitude and subjective well-being in daily Life. [J]. Journal of Personality and Social Psychology, 2003, 84(2): 385.

此，可以判定，本书建构的公共服务动机五维结构在理论上是饱和的。

二、城市社区工作者公共服务动机结构的中国特色

本书基于扎根理论分析，证实了社区工作者的公共服务动机是一个多维度的复杂构思。其中公共利益承诺、同情心、自我奉献精神这三个维度与詹姆斯·L. 佩里的研究是相似的，而感恩、自我实现需要维度属于我国城市社区工作者公共服务动机的特有维度。具体来看，与传统和经典的佩里四维量表相比，我国城市社区工作者的公共服务动机具有以下三方面特色。

（一）社区工作者没有显著的"政策制定吸引力"动机

在詹姆斯·L. 佩里看来，"政策制定吸引力"属于公共服务动机中的唯一理性成分，即制定公共政策对个体有很大的吸引力，获得参与公共政策规划的机会是推动个体从事公共服务的理性动机。随着研究对象的日益广泛，越来越多的学者注意到这一维度仅存在于公务员群体当中。例如，在刘帮成、大卫·H. 库西等关于公共服务动机的研究中，他们均将"政策制定吸引力"这一维度剔除，因为他们发现这一维度与志愿者和社会工作者毫无关联。[①②] 当前社区承担了许多应由政府承担的职能，社区行政化倾向越来越严重，但根据《中华人民共和国城市居民委员会组织法》的规定，作为基层群众性自治组织，城市社区在日常公共事务管理中没有实际的执法权和仲裁权。访谈中，不少社区工作者表示，"说白了我们就是传话筒，我们是没有行政执法权的，我们都

---

① COURSEY D H, PERRY J L, BRUDNEY J L, et al. Psychometric verification of perry's public service motivation instrument: Results for volunteer exemplars[J]. Review of Public Personnel Administration, 2008, 28(1): 85.

② LIU B C. Evidence of public service motivation of social workers in China [J]. International Review of Administrative Science, 2009, 75(2): 360.

听街道的,街道让我们怎么弄我们就怎么弄"(F8),"决策那都是街道办、区政府这些上级部门的事儿,我们根本做不来,就算提意见也没人听"(F21)。可以看出,社区工作者没有制定政策、影响决策的机会和心理倾向,他们更多扮演的是一种纯粹参与和追随的角色。

(二)"自我实现需要"动机是社区工作者世俗一面的体现

动机的心理过程是主观的,它和人们的需要紧密相连,可以说需要是个体动机产生的基础和根源。本书发现,社区工作者公共服务动机的理性成分源自对其"自我实现需要"的满足。这一维度在李小华和舒全峰的研究中虽有所提及,但不同之处在于,李小华提出的"自我实现"维度侧重价值导向,而舒全峰新增的"声誉需求"维度则侧重功利导向。通过整理备忘录发现,社区工作者为民服务的理性动机较为复杂,既包括想要证明自己能力、实现自我价值的"胜任需要",还包括渴望获取领导赏识、组织提拔机会、个人良好形象及口碑的"成就需要"。这些需要对社区工作者来说更具吸引力,也体现出他们在为民服务过程中基于目标最优化和效益最大化的理性思考。例如,曾获得许多国家级及省级荣誉和称号的W社区书记F5谈道:"人这一生,不管你是做什么的,都要体现你的价值,你得有点儿影响力。俗话说得好'人过留名,雁过留声',你为居民做了一件不起眼的事儿,这件事就会在整个社区传下去,他们就会说你看这书记多管事儿。我可不想等我退休了居民戳我脊梁骨唾弃我,所以说口碑很重要。"

可见,公共服务动机是一种自我决定的混合动机,既有利他的一面,又有利己的一面;既有感性的表达,也有理性的思考。因此,无论赋予社区工作者多么崇高的职业伦理,也无法摆脱其"世俗性"的一面,即他们在从事利他服务过程中也有利己性的考量。我们对他们的要求只是在组织利益和个人利益发生冲突时,个人利益能够服从组织利益，而不是否认或排除他们的个人需要。①

（三）"感恩"是社区工作者公共服务动机情感成分的核心来源之一

心理学普遍认为，"感恩"是一种情感，指个体受到他人恩惠而体验到的一种感激之情。研究发现，感恩是社区工作者公共服务动机的特有维度，是其情感成分的核心来源之一，包括"特质感恩"和"状态感恩"两种感恩体验。特质感恩指个体从他人给予的恩惠中获益而产生感激之情的稳定倾向，②是个体层次的持续性感恩。访谈过程中我们观察到，社区委员及工作年限较长的社区工作者往往具有较高的特质感恩水平。有着19年工龄的X社区书记F6深有感触地说："居民对我来说比我父母做的都多，这是我非常感恩的，人得知道感恩。我当年从社保干事竞争副主任的时候是老百姓一张张选票给我选上来的，这口饭是老百姓给的，我就要对得起他们。'吃水不忘挖井人'，这是我这么多年的一个宗旨。"状态感恩指个体体验到他人带来的利益时，对其进行积极归因而产生的暂时的感恩情绪和感恩心境，是事件层次的情境性感恩。状态感恩的来源多种多样且存在于每一位社区工作者身上，包括来自居民的感恩、领导的感恩、同事的感恩甚至自身的感恩。其中最主要的来源是辖区居民对其工作的支持和认可而带来的感恩体验以及辖区居民的关心和爱戴而产生的感恩情绪。Z社区住房保障委员F22谈道："疫情期间我们在小区门口站岗，路过的居民很多都不认识，有的居民就说太辛苦了别冻着，有的给送加热垫，有的给送热水等，当时那一瞬间我老感动了。回家我就和家里人说，我也没有什么能回报他们的，只

---

① 竺乾威.公共行政的改革、创新与现代化[M].上海:复旦大学出版社,2018:57.
② 刘军,朱征,王琦琦,等.工作场所感恩研究述评与展望[J].外国经济与管理,2019,41(9):68.

有好好为他们服务了。"

感恩对回报的驱动作用在中西方文化背景下存在差异。西方文化将感恩视作美德之源,强调感恩通过对等的道德责任驱动回报。然而,关系取向是中国文化的显著特点,在中国社会"人情"和"面子"的影响下,感恩具有道德和情感的双重内涵,更强调回报的时机和非对等的回报,例如"滴水之恩,当涌泉相报""无以为报"等。社区工作者对居民的感恩表达亦是如此,当他们感受到来自居民的恩惠时,会产生一种想要回报居民的情感驱动,最终以全心全意服务这种"厚报"的形式回馈他们。

第三节 城市社区工作者公共服务动机影响因素识别与假设提出:基于理论与现实素材

采用 MAXQDA 软件对"公共服务动机影响因素"访谈文本进行三级编码,找寻影响城市社区工作者公共服务动机水平高低的因素,尤其是个体心理因素有哪些,并通过深描影响因素之间的作用机制及边界条件,构建城市社区工作者公共服务动机影响因素解释模型。

一、三级编码结果与理论饱和检验

(一)开放式编码

开放式编码是选择原始数据的一部分,从中提取能够代表这部分数据的概念。仍然采取"逐句""逐段"混合编码方式进行初始编码,进一步归类,提炼"次范畴"。最终抽象出 475 个初始编码,共聚合为 38 个有关公共服务动机影响因素的次范畴。为了清晰地说明开放编码过程,举例见表 2-8。

表2-8 开放式编码：初始编码和范畴化举例（公共服务动机影响因素）

部分原始资料	初步概念化/AX	次范畴/BX
F9：很多居民太不拿社区当回事了，他们认为社区工作者应该24小时待命，随叫随到，而且反映的问题得第一时间解决，部分居民很不尊重我们的工作（A1） F18：获得认可其实就是我们社区工作者辛勤付出的回报，其中最主要的认可还是居民的认可，他们能够理解我们的不容易，我们就很开心（A2）	A1. 居民的不尊重 A2. 居民的认可与理解	B1. 居民的尊重与认可
……	……	……
F10：虽然我们这份工作很普通，可能不像其他职业对社会贡献那么大，但是我上一天班就做好一天的工作，得有干一行爱一行的热情，我得对得起这份薪水（A3） M1：做好自己的本职工作，不给社区添麻烦，也不给领导添麻烦。责任心很重要，你要是有责任心的话，这个活儿你能好好干，要是没有责任心，那一天混混就过去了（A4）	A3. 干一行爱一行 A4. 责任担当	B2. 敬业担当
……	……	……
F1：刚到社区入户的时候居民都不让我进门，他们跟我说你什么时候把环境搞好了再来找我们。后来我带着我们社区工作者除渣土，给下水道清掏等。我们做的这些居民都看在眼里。后来我入户的时候，就没吃过闭门羹（A5） F9：面对无法完成的任务，每个人都会有负面情绪的时候，这个时候就要坐下来自我调节了，啥事儿往开了想，别钻牛角尖，这条道儿不通我们再想想别的办法呗，车到山前必有路嘛（A6）	A5. 被问题困扰时能持之以恒 A6. 逆境时自我调节	B3. 身处逆境迅速复原
……	……	……
F7：我们社区书记性格比较外向也很善解人意，对我们每个人都关心得很到位，所以我们家里有什么事的时候也都愿意和她说（A7） F8：我们社区书记对我们一点也不苛刻，是属于比较温柔的那种，比如我们工作上出了差错，她第一时间不是责备我们，而是帮助我们解决困难，她就像我们的大家长一样（A8）	A7. 领导关心下属的生活情况 A8. 领导关心下属的工作情况	B4. 关心考虑下属的实际情况

第二章 城市社区工作者公共服务动机结构及影响因素模型构建

续表

部分原始资料	初步概念化/AX	次范畴/BX
……	……	……
F13：我每换一个社区都是一次成长，它是一个一个阶梯，一步一步的，每个社区的领导、同事和居民都不一样，会给你带来不一样的感觉。社区工作特别磨炼人，这么多年我成长了许多，我现在既能和年龄大的打交道，又能和脾气不好的打交道（A9） F3：没来社区之前我不会这么细声细语这么有耐心地说话办事，刚开始工作居民不理解的时候也觉得很委屈，现在回想起来有的时候是自己解决方法不对，而且办事态度这块也挺重要的（A10）	A9. 善于处理各类复杂的人际关系 A10. 注重人际交往的技巧和方法	B5. 人际交往能力提升
……	……	……
F13：社区能开的证明就是最基本的居住证明，但是现在挺多不应该社区开的证明居民都跑到社区来开，比如无前科劣迹证明、亲子证明等，这些证明都不应该在我们这里开（A11） F3：其实社区是可以拒绝很多活儿的，职能部门的活儿为什么让社区来干，但是现在这种状态改变不了，去街道开会的时候发发牢骚就完事了，回来以后该干还是得干（A12）	A11. 工作负荷过重 A12. 不合理的工作要求	B6. 角色超载
……	……	……
F6：现在感觉特别累，我们就像提线木偶一样，上边哪个口都想牵扯着我们给我们社区派活儿（A13） F7：居民以为社区权力很大，啥事都能办，其实我们社区是自治组织，是没有行政执法权的，但是现在所有的责任压力都是社区的（A14）	A13. 相互矛盾的角色期望 A14. 权责不对称	B7. 角色冲突
……	……	……
F21：基层减负这个上边的意思是好的，但是并没有做到真正的减负，什么以表格会表格啊，文山会海啊还是和以前一样的，工作压力已经变成另一种形式了，让我们基层任务更重、更累，表格越来越多（A15） F3：这次疫情我们更累了，同样的报表我们要报好几遍，报好几个人，报好几个口，他们之间的资源是不会共享的，工作效率特别低（A16） F9：现在微信有各种群，回复晚了还不行，要求我们第一时间回复，每天把精力都放在这些无用的事上了，也没有过多时间组织一些志愿活动或者文化活动（A17）	A15. 报表任务繁多 A16. 机械刻板的任务降低工作效率 A17. 工作处处留痕损耗精力	B8. 高文牍化缺乏有效性

续表

部分原始资料	初步概念化/AX	次范畴/BX
……	……	……
总计	475	38

注：开放式编码涉及大量的分析表格，由于篇幅所限，这里只截取部分表格作为例证。

（二）主轴编码

主轴编码旨在寻找、发现并建立范畴之间的逻辑关系。本书在借鉴公共服务动机过程理论的基础上，基于以往文献研究成果，对开放式编码获得的38个次范畴进行筛选、剖析、合并与分类，识别出城市社区工作者公共服务动机影响因素的一级维度。经过反复推敲，最终提炼出6个公共服务动机影响因素（主范畴）（见表2-9）。

表2-9 主轴编码形成的维度（公共服务动机影响因素）

次范畴/BX	再次范畴化/BBX	主范畴/CX	联结
B1. 分析解决问题能力提升	BB1. 技能提升感（8，29）	个体心理因素（23，328）	公共服务动机影响因素（24，475）
B2. 人际交往能力提升			
B3. 薪资水平	BB2. 薪酬满足感（12，38）	C1. 工作获得感（20，115）	
B4. 付出与回报			
B5. 居民的尊重与认可	BB3. 职业尊严感（20，48）		
B6. 领导的尊重与认可			
B7. 工作成就感			
B8. 组织成员感	BB4. 价值观一致感（11，26）	C2. 组织认同（15，57）	
B9. 观念、行为与社区保持一致			
B10. 对社区的依赖	BB5. 情感归属感（13，31）		
B11. 对社区的忠诚			

续表

次范畴/BX	再次范畴化/BBX	主范畴/CX	联结
B12. 专注	BB6. 爱岗敬业 (17, 38)	C3. 工匠精神 (20, 73)	公共服务动机影响因素 (24, 475)
B13. 愿干、能干			
B14. 敬业担当			
B15. 追求完美	BB7. 精益求精 (6, 12)		
B16. 精雕细琢			
B17. 分享	BB8. 团结协作 (15, 23)		
B18. 协作			
B19. 自信	BB9. 自我效能感 (6, 11)	C4. 心理资本 (14, 83)	
B20. 充满正能量	BB10. 乐观 (8, 17)		
B21. 积极归因			
B22. 换位思考	BB11. 希望 (10, 29)		
B23. 多部门联动			
B24. 招商引资			
B25. 身处逆境迅速复原	BB12. 韧性 (11, 26)		
B26. 镇定克服工作压力			
B27. 关注下属的需要和能力	BB13. 个性化关怀 (9, 20)	C5. 变革型领导风格 (16, 90)	组织因素 (20, 147)
B28. 关心考虑下属的实际情况			
B29. 榜样示范	BB14. 德行垂范 (11, 28)		
B30. 愿景构建	BB15. 愿景激励 (6, 13)		
B31. 言语激励			
B32. 公正透明	BB16. 领导魅力 (14, 29)		
B33. 雷厉风行			
B34. 工作充满激情			
B35. 角色超载	BB17. 角色压力 (9, 23)	C6. 社区行政化 (13, 57)	
B36. 角色冲突			
B37. 高形式化的规则与程序	BB18. 繁文缛节 (8, 34)		
B38. 高文牍化缺乏有效性			

注：括号内前面数字代表提及该编码的受访者人数，后面的数字代表编码频次。

(三) 选择性编码

在与原始数据比较互动的基础上，笔者通过整理备忘录发现了影响因素之间典型的关系结构及内涵（见表2-10），并整理出一条清晰的故事线：社区工作者在压力型体制的行政环境下依旧坚守为民服务初心得益于心理资本的缓和作用。从整体来看，社区工作者公共服务动机水平的高低是个体心理因素和组织因素共同作用的结果。就个体心理因素而言，组织认同、工匠精神、工作获得感和心理资本构成了主要因素；就组织因素而言，变革型领导风格和社区行政化都是重要的影响因素。总体而言，上述因素都能对社区工作者的公共服务动机产生直接影响，同时组织因素还有可能通过个体心理因素对公共服务动机产生间接影响，及个体心理因素在组织因素与公共服务动机之间可能存在一定的中介效应。从影响效应上看，变革型领导风格、组织认同、工匠精神、工作获得感和心理资本对社区工作者公共服务动机水平提升具有一定的促进作用，且变革型领导风格还能强化社区工作者的组织认同和工匠精神，是他们面临高压力依旧坚守服务初心的主要动力来源；然而，社区行政化带来的角色压力和繁文缛节是模型中唯一能够对社区工作者公共服务动机产生负向影响的阻碍因素，它不仅直接损耗社区工作者的公共服务动机，还可能通过挫伤其工作获得感进而对动机产生间接的负面影响。而心理资本作为一种有效的心理资源，能够在社区行政化与工作获得感和公共服务动机之间起到调节作用，很大程度上缓和了社区行政化带来的负面压力。

第二章 城市社区工作者公共服务动机结构及影响因素模型构建

表 2-10　城市社区工作者公共服务动机影响因素间典型关系结构及内涵

效应类型	典型关系结构	关系结构内涵
直接效应	组织认同→公共服务动机	社区工作者对其工作所在社区的情感归属感和价值观上的一致感，能够对其公共服务动机水平的提升起到有效的促进作用
	工匠精神→公共服务动机	工匠精神（爱岗敬业、精益求精、团结协作）能够激发社区工作者积极的工作情绪和利他助人的行为倾向，是提升其公共服务动机水平的关键个体心理因素
	工作获得感→公共服务动机	工作中的情感体验和得失感知（薪酬满足感、技能提升感、职业尊严感）是促进社区工作者公共服务动机水平提升的关键个体心理因素
	心理资本→公共服务动机	具有自信、乐观、充满希望、韧性强等心理品质的社区工作者，对其公共服务动机的培育具有积极影响
	变革型领导风格→公共服务动机	具有个性化关怀、德行垂范、愿景激励、领导魅力等特质的领导能够不断激发和强化社区工作者的公共服务动机
	社区行政化→公共服务动机	社区行政化带来的角色压力和繁文缛节是阻碍社区工作者公共服务动机水平提升的桎梏
中介效应	组织认同 ↗　　↘ 变革型领导风格→公共服务动机	①变革型领导风格对社区工作者的组织认同水平具有一定的强化作用。②变革型领导风格可能会通过影响社区工作者的组织认同进而提升其公共服务动机水平，即组织认同在变革型领导风格与公共服务动机之间可能起到一定的中介作用
	工匠精神 ↗　　↘ 变革型领导风格→公共服务动机	①变革型领导风格对社区工作者的工匠精神具有一定的强化作用。②变革型领导风格可能会通过影响社区工作者的工匠精神进而提升其公共服务动机水平，即工匠精神在变革型领导风格与公共服务动机之间可能起到一定的中介作用
	工作获得感 ↗　　↘ 社区行政化→公共服务动机	①社区行政化程度越高，社区工作者的工作获得感越低。②社区行政化可能会挫伤社区工作者的工作获得感进而降低其公共服务动机水平，即工作获得感在社区行政化与公共服务动机之间可能起到一定的中介作用

续表

效应类型	典型关系结构	关系结构内涵
调节效应	心理资本 ↓ 社区行政化→公共服务动机	心理资本负向调节了社区行政化与公共服务动机间的关系，即心理资本越丰富的个体，社区行政化对其公共服务动机的影响越弱；反之，则越强
被调节的中介效应	心理资本 ↓ 社区行政化→工作获得感→公共服务动机	心理资本调节了工作获得感在社区行政化与公共服务动机关系间的中介效应，即心理资本越丰富的社区工作者，工作获得感的中介效应越强

资料来源：笔者自制。

（四）理论饱和度检验

理论饱和是一个主观的概念，本书采用与公共服务动机结构相似的方法对公共服务动机影响因素的理论饱和度进行检验。公共服务动机影响因素可用的编码数据主要有：24份深度访谈文本、3份焦点团体访谈文本，以及12份"最美城乡社区工作者"评选活动记录文本。在数据分析阶段，为验证公共服务动机影响因素的完整性，本书先随机抽取21位受访者的语料用于扎根分析，之后再对预留的3份深度访谈文本及3份焦点团体访谈文本进行重新编码分析，并且对补充收集的12份"最美城乡社区工作者"评选活动记录文本等二手资料进行三角验证，上述过程均未产生新的概念及类属关系。因此，可以判定，本书建构的公共服务动机影响因素的典型关系结构在理论上是饱和的。下面列举四条原始语句作为举证。

文本1：工作累不可怕，再累我能干明白也行。但是现在很多时候"上挤下压"，上面硬性指派一个活儿，也没交代明白，我们也不知道怎么办，我们又没有执法权，但是到最后责任还都是我们的，这让我们太心累了。居民再不配合我们，我们就更不想工作了（F17）。符合路径"社区行政化→工作获得感→公共服务动机"。

文本2：居民对社区从不认可到认可是有个过程的，这个过程很有意思。当居民不尊重我或者说不理解我的时候，我尽量不想丑陋的一面，往好的地方想。我们也出去办事，很多时候换位思考一下可能就理解居民了。接触时间长了会发现居民还是很可爱的（F9）。符合路径"心理资本→公共服务动机"。

文本3：我们书记（社区书记）属于那种和蔼可亲的，对我们要求不严，不像有的领导要求可多了。只要我们按照要求做好，她也不会额外要求啥的。所以我们整个社区氛围都很团结，我们每天中午都一起做饭，社区就像自己家一样（M2）。符合路径"变革型领导风格→组织认同→公共服务动机"。

文本4：并不像外界说的社区是提前退休的地方，如果是那样我可能坚持不到今天，支撑我这么长时间的动力主要是在社区工作我能找到一份快乐和价值感，就是有点存在感的感觉（F22）。符合路径"工作获得感→公共服务动机"。

二、城市社区工作者公共服务动机影响因素研究假设

通过访谈与扎根理论编码我们发现，社区工作者公共服务动机的影响因素包括个体心理因素（组织认同、工匠精神、工作获得感、心理资本）和组织因素（变革型领导风格、社区行政化）两大类。结合理论与现实素材，我们将深入探讨上述因素与公共服务动机之间的关系、作用机制与边界条件，进一步建构城市社区工作者公共服务动机影响因素理论模型。

（一）组织认同与公共服务动机

组织认同指个体根据某一特定的组织成员身份对自我进行认定和识别的过程，或是一种归属于群体的知觉状态。本书发现，社区工作者的

组织认同主要包括个体依附于社区组织成员身份而产生的价值观上的一致感和情感上的归属感。组织认同超越了员工与组织之间简单的交换关系，这种基于个人—组织的关联所建立起来的特殊身份会使员工对组织形成较强的心理联结和情感归属。大量研究表明，组织认同对个体工作态度和行为具有非常重要的影响。[1] 显然，公共服务动机作为一种亲社会的心理倾向，必然和表征个体与组织心理联结程度的认知变量——组织认同有着密不可分的联系。这意味着，组织认同会影响公共服务动机，组织认同感越高的社区工作者，其为辖区居民提供服务的热情越高。B 社区计生专干 F11 概括了其在社区 11 年来的工作体验："我每天在社区的时间比我在家里的时间要久，和同事相处的时间比和家人相处的时间要长，在这里我有一种归属感，只有把社区当作自己第二个家来看待，为居民服务才更有动力。"此外，依据社会认同理论可知，个体在对自我组织成员身份认定的过程中会与组织之间产生价值观上的一致感，会主动做到在行为上与组织要求保持一致。[2] 由此本书认为，在高组织认同条件下，社区工作者在价值观一致性的驱使下，会将社区的整体目标视为自身目标，做出符合社区利益的决策行为，并在为民服务过程中坚定自己对责任的理解和对服务的信念，展现真挚情感。Y 社区书记 F7 对此有深刻体会："服务居民过程中我也有过抵触的想法，但只是一瞬间，因为我不能给我们社区丢脸，我不能让社区因为我受到损失，可以说社区的形象就是我的形象，为了社区的形象着想我也必须把居民服务好。"

基于以上内容，本书提出如下假设：

H1：组织认同对社区工作者的公共服务动机具有直接正向影响。

---

[1] 张淑华,刘兆延. 组织认同与离职意向关系的元分析[J]. 心理学报,2016,48(12):1566.

[2] 唐秀丽,辜应康. 强颜欢笑还是真情实意:组织认同、基于组织的自尊对服务人员情绪劳动的影响[J]. 旅游学刊,2016,31(1):71.

(二) 工匠精神与公共服务动机

工匠精神与时俱进，有着时代的特质和内涵。新时代背景下，工匠精神蕴含着更加丰富的内容，具体指凝结在人身上的一种工作态度和工作价值观，是重要的组织资本。以往研究表明，公共服务动机需要得到其工作价值观的引导。作为一种内在的工作价值观，工匠精神更能激发个体的内在动机，满足自主和胜任等基本心理需要，从而表现出活力、奉献和专注等代表工作投入的情感—认知状态。[①] 换句话说，工匠精神在理论上能够激发个体积极的工作情绪和利他助人的行为倾向，从而对社区工作者公共服务动机水平提升起到有效的促进作用。

本书发现，社区工作者的工匠精神主要由爱岗敬业、精益求精和团结协作三个维度构成，这与工作价值观的三种类型——对应。例如，爱岗敬业对应于认知型工作价值观，爱岗敬业的职业信念有助于激发社区工作者发自内心地热爱社区工作，用富有责任感的态度服务辖区居民群众，并在为民服务过程中展现较为强烈的奉献精神，强化社区工作者的成就感和对公共利益的认知；精益求精对应于权力型工作价值观，具有这种价值观的社区工作者注重个人技能的提升和潜能的激发，以及由此获得的声誉和影响力，即为民服务易于让社区工作者得到成就需要和胜任需要的初步满足，激发他们强烈的自我实现需要动机；而团结协作作为一种人际型工作价值观，能够通过建立良好的人际互动关系来构建支持型和关爱型的组织环境，进而引导社区工作者乐于关怀和主动帮助他人。正如 H 社区残疾人专干 F17 所述："虽然社区工作很平凡，但必须得有干一行爱一行的热情，而且既然做了就要做到完美，这样还能得到

[①] SXHAUFELI W B, SALANOYA M, GONZALEZ – ROMA V, et al. The measurement of engagement and burnout: A two aample confirmatory factor analytic approach[J]. Journal of Happiness Studies, 2002, 3(1):80.

上级领导的表扬,多好啊。要是没有这样的态度和热情,在居民来办事或者下网格的时候很难对居民有爱心。"

基于上述内容,本书提出如下假设:

H2:工匠精神对社区工作者的公共服务动机具有直接正向影响。

(三) 工作获得感与公共服务动机

"获得感"一词首次进入人们的视野,源于2015年2月中央全面深化改革领导小组会议上习近平总书记的讲话。[①] 所谓获得感,是指多元利益主体在社会改革和发展客观过程中对自身实际所得的主观认知、情感体验和行为经验的综合反应。[②] 作为获得感的重要面向之一,工作获得感是指建立在客观实际获得基础之上的个体在工作中的情感体验和得失感知。从积极组织行为学视角来看,积极、正向的情感体验会促使员工承担更多的责任和义务,拥有更多的组织责任感与使命感。[③] 根据本书研究可知,薪酬满足感、技能提升感和职业尊严感能够对社区工作者的公共服务动机产生影响。首先,薪酬满足感是社区工作者工作获得感产生的物质基础。社区工作者按照客观收入和主观期望给出"满意"评价有助于唤醒他们内心的自觉和认同,激发他们为民服务的毅力与决心;否则,会消解他们寻求挑战和实现公共利益的热情。B社区低保专干F10曾感言:"社区待遇一天天变好了,和2000年相比工资翻了好几番,而且办公环境也改善了不少。作为一个女同志,一个月将近4000元的工资可以了,人得学会知足,所以没有特殊情况的话我还是希望能

---

① 谭旭运,董洪杰,张跃,等. 获得感的概念内涵、结构及其对生活满意度的影响[J]. 社会学研究,2020,35(5):206.

② 王浦劬,季程远. 新时代国家治理的良政基准与善治标尺:人民获得感的意蕴和量度[J]. 中国行政管理,2018(1):9.

③ CHEN Z X, ARYEE S. Delegation and employee work outcomes: An examination of the cultural context of mediating process in China[J]. Academy of Management Journal, 2007, 50(1): 230.

第二章 城市社区工作者公共服务动机结构及影响因素模型构建

在社区退休的。"

其次,技能提升感是社区工作者在职业发展层面获得感的体现。当社区工作者在为民服务中感知到自身的各项能力有所提升、获得了服务经验时,便会获得个人职业成长的喜悦,这种力量会让社区工作者体会到社区工作为民服务的重要意义,促使他们以有利于他人和社会的方式行事,进而增强其为民服务的意愿。Z 社区住房保障委员 F22 深有感触地说:"12 年的社区工作使我成长了许多,我以前和陌生人说话都脸红,现在不一样了,下网格调解居民矛盾还有平时社区的各种业务我都能处理得很好,这种成长对于我来说是一种获得感,而且是受益一生的,我很珍惜,我愿意一辈子都在社区工作。"

最后,职业尊严感是社区工作者工作获得感产生的心理基础。以往研究指出,获得受助者的尊重与认可是施助者利他动机形成的必要条件。[1] 社区工作者直接面对和服务居民,在与居民互动过程中若感知到积极的反馈,便会在从事高利他工作过程中保持较高为人民服务的意愿。更为重要的是,来自居民的支持和认可还能增强社区工作者的感恩体验、缓解工作压力。否则,会使社区工作者产生心理落差,侵蚀其责任心、奉献精神、同情心等精神动力。诚如 Y 社区综治及退伍军人登记干事 M1 所言:"这次疫情让社区和居民联系更紧密了,多数居民也都看到了我们的工作状态,都理解了我们社区工作者的不容易,只要居民认可,我觉得再累也值了。"

基于上述内容,本书提出如下假设:

H3:工作获得感对社区工作者的公共服务动机具有直接正向影响。

---

[1] CHARLES M. Indirect reciprocity and reputation management: Interdisciplinary findings from evolutionary biology and economics[J]. Public Relations Review, 2018, 44: 466.

(四) 心理资本与公共服务动机

心理资本反映个人心理潜能和竞争优势，是超越经济资本、社会资本和人力资本的一种积极心理品质。以往研究发现，心理资本对个体敬业度、组织承诺、组织公民行为等能够产生积极影响。[①] 根据本书研究可知，社区工作者的心理资本由自我效能感、乐观、希望和韧性四种积极心理因素构成，共同提升其公共服务动机水平。首先，自我效能感高的社区工作者在工作中充满自信，尤其在完成富有挑战性的任务时，仍能保持高水平的为民服务热情；其次，乐观的社区工作者倾向于采用积极的归因方式应对困难，"面对居民的刁难和不理解往往看到的是积极与美好的一面"（F9），愿意为居民提供帮助和为他人争取利益；再次，希望水平高的社区工作者针对为民服务情境中的各式问题会尽力想出多种解决途径，例如"换位思考、招商引资、多部门联动等"（F12）是他们在服务居民过程中习得的常用办法；最后，韧性水平高的社区工作者对负面的事件（如新冠疫情）有更好的免疫力，善于挖掘自身的积极情绪以更好地应对逆境和挫折，而韧性水平低的社区工作者身处逆境时可能产生"做一天和尚撞一天钟"（F16）的心态，置居民群众利益于不顾，在行为上表现出"不作为"的职业倦怠现象。

基于上述内容，本书提出如下假设：

H4：心理资本对社区工作者的公共服务动机具有直接正向影响。

(五) 变革型领导风格与公共服务动机

作为组织环境中一个重要的要素，领导在下属工作动机的形成与激发方面扮演着重要角色。以往研究发现，领导风格会影响集体成员对事

---

① 任皓,温忠麟,陈启山,等. 工作团队领导心理资本对成员组织公民行为的影响机制：多层次模型[J]. 心理学报,2013,45(1):89.

务的认知,进而影响其公共服务动机的变化。① 其中,变革型领导因具有激发下属高层次需求、强化组织使命、超越自身利益等内在特征,并且与公共服务动机的核心理念相契合,通常被视为影响公共服务动机的重要变量,现有研究大体证实了二者之间的正相关关系。

结合访谈资料及现有文献,本书将社区工作者提及的能够对其公共服务动机水平产生影响的变革型领导风格总结为以下四点。一是个性化关怀。变革型领导重视每名下属的个性与需求,"无论是在工作还是生活中,都能够关注到每位下属的情绪"(M1),给予个性化的指导和支持,通过建立互相信任的组织氛围,让下属在关心他人利益、服务公共利益的过程中感受到领导的认可与关注,使自身的成就需要得到满足,不断激发和强化下属的公共服务动机。二是德行垂范。变革型领导通过树立较高的道德标准、伦理规范和扮演亲社会的榜样来强化下属服务他人和社会的倾向。根据社会学习理论,在领导牺牲自我、表达感恩、服务他人的榜样示范下,社区工作者会受到感染,吸引他们主动模仿领导行为,习得领导的亲社会价值观,进而提升自身公共服务动机水平。H社区医疗保险专干F15表示:"疫情排查期间,我们领导像打了鸡血一样带头冲上去,她的责任心、她的奉献精神很影响我。"三是领导魅力。变革型领导通过强调个人付出实现公共价值来激发下属的自我牺牲行为,通过展现其"充满激情、性格刚毅、公正透明、雷厉风行"(F12)的个人魅力,影响和改变下属对公共利益的认知,激发他们为民服务的潜能。同时,这些魅力特质也会影响下属对领导者的信任程度,乐意主动追随并投身于领导所构建的组织愿景中,提升其为了集体利益而牺牲个人利益的理解和认同。四是愿景激励。变革型领导能够为追随者勾画

---

① 舒全峰.领导力、公共服务动机与中国农村集体行动[M].北京:清华大学出版社,2020:162.

清晰的愿景，并用愿景来激励追随者，① 即领导者通过愿景构建和言语激励激发员工的工作热情，员工的工作情绪和积极情感都会由此增强，从而增强自身的工作投入。

结合上述内容，本书提出如下假设：

H5：变革型领导风格对下属公共服务动机具有直接正向影响。

作为一种有效的领导风格，变革型领导能够通过影响下属的情感、认知、工作价值观等进而激发其工作热情。② 结合现有文献及访谈资料，本书认为，变革型领导风格可能会通过强化社区工作者的组织认同和工匠精神进而提升其公共服务动机水平。一方面，组织认同的产生源于领导赋予员工的归属感和认同感。③ 在组织认同的影响因素研究中，变革型领导风格的正向预测作用早已被证实，④ 即具有个性化关怀、领导魅力、德行垂范等特质的变革型领导有益于将组织目标内化于社区工作者的个人目标之中，增强社区对他们的吸引力，强化社区工作者对社区的心理依附。另一方面，变革型领导关注下属需求、倾听下属观点并以身作则。社区工作者通过解读变革型领导风格，感知到领导传递出关心、支持、认可等信号，则表现出爱岗敬业、精益求精的工匠行为以回报社区。同时，变革型领导自带的关怀下属的特质也有助于营造和谐信任的氛围，为社区工作者之间团结协作提供了平台和条件。以往研究发

---

① 李超平,毛凯贤.变革型领导对新员工敬业度的影响:认同视角下的研究[J].管理评论,2018,30(7):140.

② 田虹,田佳卉.环境变革型领导对员工绿色创造力的作用机制研究[J].管理学报,2020,17(11):1691.

③ MAEL F, AAHFORTH B E. Alumni and their alma mater: A partial test of the reformulated model of organizational identification[J]. Journal of Organizational Behavior, 1992, 13(2): 114.

④ 王林雪,卓娜.领导风格、组织认同对创新型人才创新能力的影响研究[J].科学管理研究,2014,32(5):103.

现,变革型领导对员工敬业度有正向影响作用。①②③ 也就是说,变革型领导风格越明显,社区工作者爱岗敬业、精益求精、团结协作的理念越突出。对此,B社区失业专干F12的观点很能说明问题:"我们社区都是没有物业的弃管小区,非常难管理。我们书记在整个街道都是很有名的,我们看起来很麻烦的事,她几句话就解决了,她的处事方式让我们学到了很多,我们都很佩服她,也很信任她。虽然我们社区活儿比较多,但是让我离开去别的社区,我还真舍不得。"

由于组织认同、工匠精神在变革型领导风格与公共服务动机之间的理论模型属于完全中介模型,但考虑到H5,即变革型领导风格可能直接对公共服务动机产生影响作用,因此本书建立部分中介模型,并结合H1和H2提出如下假设:

H6:组织认同在变革型领导风格与公共服务动机之间起部分中介作用。

H7:工匠精神在变革型领导风格与公共服务动机之间起部分中介作用。

(六) 社区行政化与公共服务动机

我国城市社区既是法律规定的代表社区居民行使自治权利,实现居民自我管理、自我教育、自我服务的群众性自治组织;又是国家属地管理末端即行政管理的代理人,具有"自治"与"行政"的二元属性。④

---

① 王桢,陈乐妮,李旭培. 变革型领导与工作投入:基于情感视角的调节中介模型[J]. 管理评论,2015,27(9):121.
② ZHU W, AVOLIO B J, WALUMBWA F O, et al. Moderating role of follower characteristics with transformational leadership and follower work engagement[J]. Group and Organization Management, 2009, 34(5): 607.
③ GOZUKARA I, SIMSEK O F. Linking transformational leadership to work engagement and the mediator effect of Job autonomy: A study in a Turkish Private Non-Profit University[J]. Procedia - Social and Behavioral Sciences, 2015, 195: 967.
④ 孙柏瑛. 城市社区居委会"去行政化"何以可能?[J]. 南京社会科学,2016(7):53.

城市社区的双重身份使社区工作者在日常工作和为民服务体验中面临巨大的角色压力，主要表现为"上级各部门派发的工作任务超出社区工作者能力范围"（F16）而引发的角色超载，以及居民和上级领导对社区工作者存在不同甚至对立的角色期望或要求时产生的角色冲突。访谈中发现，面对上级行政任务的下压，社区工作者并不是完全被动接受，而是"根据任务的轻、重、缓、急选择不同的应付策略"（F9）来转嫁压力以实现自我减负。当笔者进一步追问具体采取哪些应付策略时，这名社区工作者以"这是个秘密"（F9）为由拒绝回答并试图转移话题。实际上，社区工作者以应付的方式来抵触上级政府超负荷压力的做法已然是"公开的秘密"，甚至被认为是"不可避免的"。杨爱平和余雁鸿在长达半年多的跟踪调研中发现，社区会有选择性地采取弄虚作假、搞形式主义乃至欺骗的办法应对上级派发的各种工作所带来的压力。[①]"选择性应付"体现了社区工作者的精神面貌，更是他们日常行为取向的显要表征。长此以往，这种得过且过、随便应付的心态不仅容易使社区工作者滋生懈怠和反感心理、漠视居民利益诉求，还会对自我价值和胜任能力产生怀疑。根据自我决定理论，当外部控制损害了个体的自主需求和能力需求，使个体产生被控制和无能感时，会降低其内部动机。[②] 总之，社区过度行政化带来的角色压力会对社区工作者公共服务动机的培育和提升产生一定的消极影响。

社区行政化带来的另一诟病是高形式化、高文牍化的规则和程序，即繁文缛节。一般而言，繁文缛节是政府系统内部运转流程烦琐、规则过多导致运作效率低下的现象。已有研究发现，繁文缛节对公务员过度

---

① 杨爱平,余雁鸿. 选择性应付:社区居委会行动逻辑的组织分析——以G市L社区为例[J]. 社会学研究,2012,27(4):118.
② 赵燕梅,张正堂,刘宁,等. 自我决定理论的新发展述评[J]. 管理学报,2016,13(7):1101.

第二章 城市社区工作者公共服务动机结构及影响因素模型构建

束缚所带来的资源、精力的消耗会挫伤他们的公共服务动机。① 随着社区行政化的愈演愈烈，社区工作者身份趋于公职化，城市社区逐渐演变为"类行政组织"。在此过程中，社区承担了大量诸如考核评比、建立档案、制作台账等形式化的文书工作，"指标多、报表多、会议多、迎检多、证明多已成为社区工作常态"（F17）。这不仅浪费了行政资源，也占据了社区工作者大量的时间和精力。访谈结果统计显示，近半数的社区工作者对重复琐碎的填表任务以及工作处处留痕的形式主义怨声载道，尤其新冠疫情暴发初期，重复繁重的填表和签到任务更是让他们不堪重负。繁文缛节对社区工作者时间和精力的无效损耗，直接造成其对自身开展的工作以及居民求助的各项服务无暇顾及，"甚至连下网格的时间和精力都没有，还要随时迎接来自上级部门各式各样的检查和问责"（F20）。可见，繁文缛节影响了社区服务功能的有效发挥，降低了社区工作者与居民的接触频率，使其与居民之间的共情能力日益锐减，是阻碍社区工作者公共服务动机水平提升的桎梏。

基于上述内容，本书提出如下假设：

H8：社区行政化对社区工作者公共服务动机具有直接负向影响。

在整理和分析备忘录时我们察觉到，社区行政化不仅直接影响社区工作者的公共服务动机，还可能通过三条路径挫伤其工作获得感进而对动机产生负面影响。其一，"尽管近几年社区工作者的薪酬待遇有所提升，但与承担的工作量相比，二者是不匹配的"（F22），即繁重琐碎的行政任务造成社区工作者的期望物质回报与付出不对等。根据心理契约理论，当感知到无法获得所期望的支持时，社区工作者的心理契约就会"破裂"，不但大幅削弱其工作积极性，还可能促使离职倾向生成。其

---

① MOYNIHAN D P, PANDEY S K. The role of organizations in fostering public service motivation[J]. Public Administration Review, 2007, 67(1): 47.

二，社区工作者"每天将大把的时间和精力花在如何应对无用的形式化任务上，很难有作为"（F11），即冗余重复的行政任务使社区工作者分身乏术，丧失从服务居民中获取成功经验的机会，造成其人际交往能力和为民服务能力停滞不前。其三，"在居民眼中，社区是他们身边的政府"（F12）；而在社区工作者眼中，"社区仅仅是政府在社区的腿"（F12）。旁观者与行动者之间存在的视差造成"居民诉求一旦无法得到及时解决，就会对社区产生不满和误解，最后将怨气都撒向社区"（F7）。当社区工作者遭受居民呵斥时，便是对其职业价值的否定及不平等对待，社区工作者"服务为民"的职业荣光荡然无存。

基于上述内容，并结合 H3 和 H8，本书提出如下假设：

H9：工作获得感在社区行政化与公共服务动机之间起部分中介作用。

面对超负荷、高压力，不少受访者表达了对社区过度和不合理行政化的厌恶与无奈。然而，当追问是否有离职倾向时，受访者均给出了否定的回答。刚开始我们对这样的回答很不理解，直到 B 社区两名工作人员的一番话解开了我们的疑惑，"为了不把负面情绪带给居民，社区工作者必须保持乐观开朗，必须学会自我调节，自己劝自己，可以做一些自己喜欢的事儿转移一下注意力。不进行自我调节的话在社区工作时间长了容易得抑郁症，说好听点儿叫抑郁症，说不好听的那就是精神病。社区工作虽然累，但是现在回忆起来还挺有乐趣的，体制内的都不一定有我们快乐"（F13），"面对无法完成的任务，每个人都会有负面情绪的时候，这个时候就要坐下来自我调节了，啥事儿往开了想，别钻牛角尖，这条道儿不通我们再想想别的办法呗，车到山前必有路嘛。你看我们社区的女同志现在一个个都跟女汉子一样，抗压能力很强。所以街道临时下发一个任务还有居民谩骂的时候我们已经有这个心理素质承受了，都适应了"（F9）。

通过上面两则案例可以清楚地看出，心理资本能够对社区工作者的心理状态和行为产生影响，是缓和社区行政化带来负面压力的有效心理资源。根据工作要求—资源模型，社区行政化可以看作上级行政部门对社区工作者具有限制作用的工作要求。与之相对应，心理资本往往被认为是个体心理资源，它能够为个体提供必要的心理支持。进一步地，该模型强调工作资源能够减少工作要求对个体所产生的消极影响。[①] 具体而言，高心理资本存量的社区工作者能够将个体的自信、乐观、希望、韧性等因素充分调动起来，面对压力时拥有更好的心理感受，即"累并快乐着"（F21），降低行政任务带来的负面感知，并有足够的心理资源进行情绪调节，从而缓和了社区行政化对公共服务动机和工作获得感的负面影响。一项心理资本的元分析也表明，心理资本水平高的个体更容易适应有压力的环境，并以积极的心理状态来应对此环境。[②] 更有研究表明，心理资本在工作压力与不同心理感知间具有显著的调节作用。[③] 相反，低心理资本存量的社区工作者因缺乏足够的心理资源导致他们的释压能力和抗逆力均较弱，在行政任务的应对方式上表现出消极、无助、脆弱等病理性特征，社区行政化减弱了他们工作场所情境下的获得感和工作热情。

基于上述内容，本书提出如下假设：

H10：心理资本在社区行政化对公共服务动机的影响过程中具有显著负向调节作用。

[①] BAKKER A B, DEMEROUTI E. The job demands – resources model: State of the art[J]. Journal of Managerial Psychology, 2007, 22(3): 321.

[②] AVER J B, REICHARE R J, LUTHANS F, et al. Meta – analysis of the impact of positive psychological capital on employee attitudes, behaviors, and performance[J]. Human Resource Development Quarterly, 2011, 22(2): 136.

[③] 孟林,杨慧. 心理资本对大学生学习压力的调节作用:学习压力对大学生心理焦虑、心理抑郁与主观幸福感的影响[J]. 河南大学学报(社会科学版),2012,52(3):147.

综合上述中介调节关系及访谈文本，本书进一步提出了一个被调节的中介效应模型，即社区行政化通过工作获得感间接影响社区工作者的公共服务动机，且第一阶段间接影响的强弱受到个体心理资本的影响。具体而言，当社区工作者的心理资本越丰富时，社区行政化、工作获得感、公共服务动机三者之间的中介效应越弱。由此，本书提出如下假设：

H11：心理资本在以工作获得感为中介的社区行政化与公共服务动机的影响关系中具有显著负向调节作用。

（七）总结

综合上述分析，所有研究假设汇总如表2-11所示，并进一步建构了基于扎根理论的城市社区工作者公共服务动机影响因素理论模型（见图2-2）。该模型包含了本节所有的研究假设，既汲取了以往公共服务动机影响因素研究理论成果，同时也包含了新发现的范畴和关系。

表2-11 城市社区工作者公共服务动机影响因素研究假设

序号	研究假设	验证方式
H1	组织认同对社区工作者的公共服务动机具有直接正向影响	路径系数>0；$p<0.05$
H2	工匠精神对社区工作者的公共服务动机具有直接正向影响	路径系数>0；$p<0.05$
H3	工作获得感对社区工作者的公共服务动机具有直接正向影响	路径系数>0；$p<0.05$
H4	心理资本对社区工作者的公共服务动机具有直接正向影响	路径系数>0；$p<0.05$
H5	变革型领导风格对下属公共服务动机具有直接正向影响	路径系数>0；$p<0.05$
H6	组织认同在变革型领导风格与公共服务动机之间起部分中介作用	①直接效应显著（路径系数>0；$p<0.05$）；②间接效应显著（$p<0.05$），且95%置信区间不包含0
H7	工匠精神在变革型领导风格与公共服务动机之间起部分中介作用	①直接效应显著（路径系数>0；$p<0.05$）；②间接效应显著（$p<0.05$），且95%置信区间不包含0

续表

序号	研究假设	验证方式
H8	社区行政化对社区工作者公共服务动机具有直接负向影响	路径系数 <0；$p<0.05$
H9	工作获得感在社区行政化与公共服务动机之间起部分中介作用	①直接效应显著（路径系数 <0；$p<0.05$）；②间接效应显著（$p<0.05$），且95%置信区间不包含0
H10	心理资本在社区行政化对公共服务动机的影响过程中具有显著负向调节作用	①直接效应显著（路径系数 <0；$p<0.05$）；②交互项对公共服务动机影响显著（$p<0.05$）；③绘制交互作用图进行简单斜率检验
H11	心理资本在以工作获得感为中介的社区行政化与公共服务动机的影响关系中具有显著负向调节作用	①模型1的拟合度高于模型0；②条件间接效应显著（路径系数>0；$p<0.05$）；③间接效应差异显著且95%置信区间不包含0

注：模型0为不包含潜调节（交互）项的基准模型；将潜调节（交互）项"心理资本×社区行政化"加入模型中，构成模型1。

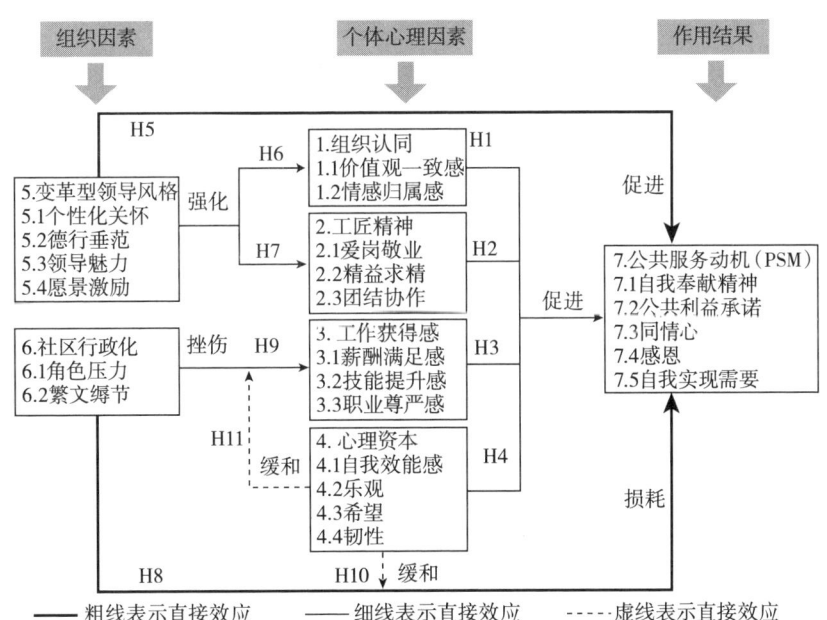

图2-2 基于扎根理论的城市社区工作者公共服务动机影响因素理论模型

资料来源：笔者根据研究假设自制。

第三章　城市社区工作者公共服务动机量表开发与数据收集

前文已经通过半结构化深度访谈以及扎根理论三级编码工作发现了依存于中国情境下城市社区工作者公共服务动机的独特构思及其影响因素，阐释了相关变量的概念内涵，并初步建构了城市社区工作者公共服务动机影响因素理论模型。如果该模型仅用于城市社区工作者日常工作的管理与激励，那么其表面效度已经足够。然而，想要使该模型能够进一步成为城市社区工作者招聘、甄选、培训等层面的理论依据，则缺乏相关数据的实证检验。也就是说，数据的分析与验证对于该模型的修订与优化是极其必要的。因此，本章基于第二章的研究发现，遵循"量表开发—量表净化—量表信效度检验"的逻辑主线生成正式量表，并采取五阶段分层抽样方法，拟在全国范围内抽取10个省（区、市），22个地级市，3000名社区工作者为被试，以此作为后续公共服务动机结构测量及影响因素假设检验的主要数据来源。

第一节　量表开发步骤与预测量表构成

一、量表开发步骤

量表开发是获取第一手数据和后续实证研究的首要环节，基于测量问卷科学性、严谨性、全面性的考虑，本书的量表开发包含以下三个关键步骤：

第一步，文献回顾。公共服务动机、工作获得感、组织认同、工匠精神、心理资本、变革型领导风格、社区行政化是本书研究的主要变量。其中，公共服务动机、组织认同、工匠精神、心理资本和变革型领导风格有一定的成熟量表可以参考，但是对于城市社区工作者这一群体的适用性如何还不得而知；而工作获得感和社区行政化这两个变量的相关量表非常少。通常来说，能够搜集到的量表只是部分适用而不是完全符合研究需求，因而以往量表只能作为自行编制量表的参考，而不宜直接引用。[1] 基于此，本书以现有较为完整的且效度、信度考验完备的量表作为参考借鉴，而问卷题目主要来源于半结构访谈资料中的初始编码，并根据扎根理论三级编码结果频次的大小对分量表题目的数量进行了初始设置。

第二步，项目归类。在文献回顾、初始编码整理等工作的基础上，本书将访谈过程中获得的最为丰富的项目描述与以往成熟量表进行多次比照和筛选，对其中较为相似的表述进行整合，进而编制初始量表。此外，问卷调查获取的数据容易包含较多的测量误差，在这些误差中，"不认真作答"是既常见又往往因难以处理而被忽视的因素之一，[2] 会"污染"数据结果，大大降低数据的真实性，如不加处理，可能会产生虚假结果。[3] 因此，本书在问卷设计过程中采取事前控制和事后识别两种方法尽量避免虚假动机的生成。其中，事前控制主要采用调整问卷表

---

[1] 孙仲山. 社会行为科学研究[M]. 台湾人力资源与发展协会,2017:109.
[2] 钟晓钰,李铭尧,李凌艳. 问卷调查中被试不认真作答的控制与识别[J]. 心理科学进展,2021,29(2):229.
[3] CURRAN P G. Methods for the detection of carelessly invalid responses in survey data[J]. Journal of Experimental Social Psychology, 2016, 66: 6.

述与长度以降低任务难度,以及施加外部奖励提高作答动机两种方式。而事后识别主要采用嵌入"陷阱题"的方式来反映被试不认真作答的程度。最终,本书基于扎根理论编制了包含60道题目的初始量表。

第三步,专家审核。为确保初始量表的内容效度,本书邀请了政治心理学研究专家、公共服务动机研究专家对预测量表的语言表述、陷阱题项设置、题目数量、各维度相关程度等进行审查,以此获得专业性的修改完善意见。此外,考虑到本书的施测对象为城市社区工作者,为保证问卷条目的语言表述符合社区工作的实际情况,本书还访谈了4位社区工作经验丰富且从业年限梯度明显的城市社区工作者,并逐一对预测量表的行为条目进行了中国情境下的实践认证(专家信息见表3-1)。专家小组讨论(讨论结果见附件B)认为题目"我认为追求名誉是天经地义的"与其他条目不相关,不适合作为"自我实现需要"这一核心维度的行为条目;以及"当谈起我所在社区时,我经常说'我们'"这道题目的表述不清晰,建议删除。本书通过面对面以及线上访谈的形式对初始量表进行了多次的修改及删减(共删除了2道题目,修改完善了20道题目)。由此,编制的城市社区公共服务动机结构及影响因素预测量表共包含58道题目(人口统计信息调查题目除外)。

表3-1 初始量表修订阶段专家信息一览表

序号	专家类型	性别	职称/从业年限	形式
1	政治心理学研究专家	女	教授	面对面访谈
2	公共服务动机研究专家	男	副教授	邮件+微信语音访谈
3	公共服务动机研究专家	女	讲师	面对面访谈
4	社区书记	女	20年	面对面访谈
5	社区书记	女	19年	面对面访谈
6	社区干事	女	11年	微信语音访谈
7	社区干事	女	8年	面对面访谈

二、预测量表构成

本书的预测量表由四部分构成,分别为公共服务动机结构量表、陷阱题、公共服务动机影响因素量表、基本信息,共69道题目。在题项填答方式上,除人口统计信息外,其余部分均采取李克特五点自评量表法,每一道题项分别设计"非常不同意""不太同意""不确定""比较同意"和"非常同意"五个选项,并分别记为1分、2分、3分、4分、5分。

(一) 公共服务动机结构量表

依据扎根理论三级编码结果,城市社区工作者公共服务动机结构量表由自我实现需要、公共利益承诺、同情心、感恩、自我奉献精神五个子问卷构成,共19道题目(见表3-2)。其中,"公共利益承诺"子量表(4道)、"同情心"子量表(3道)、"自我奉献精神"子量表(4道)参考了受到多数学者认可的詹姆斯·L. 佩里于1996年编制的公共服务动机测量量表,[①]并在对原量表进行翻译和回译的基础上做到测量的本土化;"自我实现需要"子量表(4道)参考编码结果将其分为成就需要和胜任需要两个维度,其中,成就需要借鉴舒全峰关于村民公共服务动机中的"声誉需求"维度并进行了题项修订,[②] 而胜任需求由研究者根据访谈资料自行编写;"感恩"子量表(4道)是以道德情感理论为基础,借鉴卡因(Cain)等的工作场所感恩量表[③]以及斯宾塞(Spence)等的

[①] PERRY J L. Measuring public service motivation:An assessment of construct reliability and validity [J]. Journal of Public Administration Research and Theory, 1996, 6(1): 11.

[②] 舒全峰. 领导力、公共服务动机与中国农村集体行动[M]. 北京:清华大学出版社, 2020:203.

[③] CAIN I H, ATHENA C, MOLLY D, et al. Measuring gratitude at work[J]. Journal of Positive Psychology, 2018, 14(4): 6.

状态感恩量表①中的表述，结合初始编码进行编制。

表3-2 城市社区工作者公共服务动机结构预测量表

一级指标	二级指标	编号	操作性题目
公共服务动机	自我实现需要	ZWSX1	1. 我希望别人看到我为社区付出的努力
		ZWSX2	2. 对我来说，追求个人口碑是重要的
		ZWSX3	3. 为了成为一名称职的社区工作者，我努力工作
		ZWSX4	4. 我认为社区工作体现了我的工作能力
	公共利益承诺	GGLY1	5. 我认为参与公共服务是每个公民应尽的义务
		GGLY2	6. 当公共利益和个人利益发生冲突时，我会毫不犹豫地捍卫公共利益
		GGLY3	7. 对我来说，为辖区居民做善事是有意义的
		GGLY4	8. 我把为辖区居民提供服务看作自己的天职
	同情心	TQX1	9. 当看到弱势群体时，我想伸出援手
		TQX2	10. 我认为人与人之间相互扶持是很平常的事情
		TQX3	11. 即便是身陷困境的陌生人，也会激发我的同情心
	感恩	GN1	12. 别人给我的微小帮助，我都心存感激
		GN2	13. 我时常感激帮助过自己的领导、同事和辖区居民
		GN3	14. 很长时间以后，我仍然感激那些帮助过我的人
		GN4	15. 对于真正帮助过我的人，我总是想方设法去报答他
	自我奉献精神	ZWFX1	16. 即便没有报酬，我也乐意为辖区居民服务
		ZWFX2	17. 我认为应该多奉献少索取
		ZWFX3	18. 我做的很多事都不只是为了我自己
		ZWFX4	19. 为了帮助别人，我愿意牺牲自己的利益

（二）陷阱题

为提高研究信度，避免形成随机数据或奇异值，本书通过嵌入"陷阱题"的方式来识别与剔除不认真作答的问卷。陷阱题即正确答案显而

---

① SPENCE J R, BROWN D J, KEEPING L M, et al. Helpful today, but not tomorrow? Feeling grateful as a predictor of daily organizational citizenship behaviors[J]. Personnel Psychology, 2014, 67(3): 721.

易见的题目,该题虽然与周围题目一样采取李克特五点计分形式收集被试的同意程度,但仅有"非常不同意"是正确选项。一般而言,若被试在该题选择其他选项,则被认为是不认真作答。本书将陷阱题设置为"社区居委会是政府机关"置于公共服务动机结构问卷之后,并借助辽宁社区工作者学院培训契机将陷阱题发放给60位城市社区工作者。其中有52位社区工作者选择了"非常不同意"选项,3位社区工作者选择了"不太同意"选项,另有5位社区工作者表示"不确定",现场作答并没有受访者选择"非常同意"或"比较同意"选项。随后研究者随机对被试进行了访谈以了解他们在回答陷阱题时的真实想法。多数受访者表示:"只要是在社区工作过的人都知道社区根本不是政府机关,这道题的说法肯定是错误的。""社区怎么能是政府机关呢,我们是没有编制的。"但也有少量受访者表达了他们的困惑:"现在社区干的活比较杂,很多都是政府该做的,我们有时候也不知道自己的工作性质到底是什么,所以我选择了不确定。""我第一眼觉得这个说法肯定是错误的,但我自己也模棱两可的,最后选了不太同意。"可见,即便是在现场认真作答的被试也存在不同的答题倾向。因而,为避免丢失大量有效数据,在后续的实际操作中,本书仅将陷阱题选择"非常同意"和"比较同意"的问卷视为不认真作答问卷予以剔除。

(三) 公共服务动机影响因素量表

第三部分是城市社区工作者公共服务动机影响因素量表,主要包括心理资本、变革型领导风格、工作获得感、工匠精神、组织认同、社区行政化六个子问卷,共38道题目(见表3-3)。其中,工匠精神子量表（6道）基于价值观理论并延续部分学者观点，[①][②] 具体编制中主要参考段升森等在工匠精神对组织韧性研究中经过验证的"爱岗敬业、精益求精、团结协作"三维度以及题目表述。[③] 变革型领导风格子量表（8道）参考了李超平和时勘依据中国情境开发的具有良好信效度的变革型领导风格量表。[④] 心理资本子量表（8道）依据编码结果以及积极组织行为学的标准，沿袭了以往国内外学者研究证实的"四维结构说"，[⑤][⑥] 分别从自我效能感、乐观、希望、韧性四个维度对城市社区工作者的心理资本进行测量。工作获得感子量表（8道）依据编码结果分为技能提升感、薪酬满足感、工作尊严感三个维度，其中工作尊严感和薪酬满足感维度参考周海涛等、[⑦] 杨金龙和王桂玲[⑧]关于工作获得感的研究，而技能提升感维度的题项设置则来源于访谈素材。组织认同子量表（4道）采用梅尔（Male）和阿什福思（Ashforth）开发的经过验证的组织认同一维量表，[⑨] 借鉴了与访谈编码非常契合的三项并自行编制

---

① PAANAKKER H L. Values of public craftsmanship: The mismatch between street – level ideals and institutional facilitation in the prison sector[J]. The American Review of Public Administration, 2019, 49(8): 890.

② 高中华,赵晨,付悦. 工匠精神的概念、边界及研究展望[J]. 经济管理, 2020(6):199.

③ 段升森,迟冬梅,张玉明. 信念的力量:工匠精神对组织韧性的影响研究[J]. 外国经济与管理, 2021, 43(3):65.

④ 李超平,时勘. 变革型领导与领导有效性之间关系的研究[J]. 心理科学, 2003(1):111.

⑤ LUTHANS F, AVOLIO B J, WALUMBWA F O, et al. The psychological capital of chinese workers: Exploring the relationship with performance[J]. Management and Organization Review, 2005, 1(2):266.

⑥ 赵富强,陈耘,胡伟. 中国情境下 WFB – HRP 对工作绩效的影响研究:家庭—工作促进与心理资本的作用[J]. 南开管理评论, 2019, 22(6):171.

⑦ 周海涛,张墨涵,罗炜. 我国民办高校学生获得感的调查与分析[J]. 高等教育研究, 2016, 37(9):58.

⑧ 杨金龙,王桂玲. 农民工工作获得感:理论构建与实证检验[J]. 农业经济问题, 2019(9):112.

⑨ MEAL F, ASHFORTH B E. Alumni and their alma mater: A partial test of the reformulated model of organizational identification[J]. Journal of Organizational Behavior, 1992, 13(2):117.

一项，在此基础上根据研究需要和我国城市社区这一特定语境对题目的语言表达进行了本土化修正。社区行政化子量表（4道）由研究者完全根据访谈编码结果自行设计4道题目，包括角色压力和繁文缛节两个维度。

表3-3 城市社区工作者公共服务动机影响因素预测量表

一级指标	二级指标	编号	操作性题目
心理资本	自我效能感	XLZB1	1. 在为民服务过程中，我有自信能够帮助他们解决问题
	乐观	XLZB2	2. 面对居民的刁难和不理解，我认为这只是暂时的，是有办法解决的
		XLZB3	3. 工作中，我相信"黑暗的背后就是阳光，不用悲观"
		XLZB4	4. 工作中我正能量十足
	希望	XLZB5	5. 即使情绪低落，我也能坚持自己的工作目标
		XLZB6	6. 我可以想出很多办法来实现我的工作目标
	韧性	XLZB7	7. 我能迅速地从工作挫败中恢复并继续努力
		XLZB8	8. 我能镇定地克服工作中的压力
变革型领导风格	个性化关怀	LDFG1	9. 我的直属领导关心我的工作、生活情况
		LDFG2	10. 在与直属领导打交道的过程中，他会考虑到我个人的实际情况
	德行垂范	LDFG3	11. 我的直属领导廉洁奉公、不图私利
		LDFG4	12. 我的直属领导能够做到亲力亲为，是我们的榜样
	愿景激励	LDFG5	13. 我的直属领导能让大家了解社区治理的理念和长远意义
		LDFG6	14. 我的直属领导会向大家指明社区未来的发展前景
	领导魅力	LDFG7	15. 我的直属领导全身心投入工作，始终保持饱满的工作热情
		LDFG8	16. 我认为我的直属领导是一位有魄力的人

续表

一级指标	二级指标	编号	操作性题目
工作获得感	技能提升感	GZHD1	17. 多年来的社区工作经历提高了我分析和解决问题的能力
		GZHD2	18. 随着工作年限的增加,我的人际交往能力有所提升
	薪酬满足感	GZHD3	19. 我认为,我的工资是符合预期的
		GZHD4	20. 我认为,我的薪资待遇是合理的
		GZHD5	21. 工作中,我的付出和回报是成正比的
	工作尊严感	GZHD6	22. 我认为,我的工作得到了领导的尊重和认可
		GZHD7	23. 我认为,我的工作得到了居民的尊重和认可
		GZHD8	24. 在社区工作,我成就感十足
工匠精神	爱岗敬业	GJJS1	25. 我有"干一行爱一行"的热情
		GJJS2	26. 对待工作,我从来不应付
		GJJS3	27. 工作中,我是一个勇担责任、敢作敢当的人
	团结协作	GJJS4	28. 我愿意与同事分享我的工作经验和服务技巧
		GJJS5	29. 我认为,同事之间互帮互助是必要的
	精益求精	GJJS6	30. 工作中我是一个追求完美的人
组织认同	情感归属感	ZZRT1	31. 我想知道别人是如何评价我所在社区的
		ZZRT2	32. 我所在社区的形象就是我的形象
	价值观一致感	ZZRT3	33. 当听到别人批评我所在社区时,我感觉就像在批评我
		ZZRT4	34. 当听到别人称赞我所在社区时,我感觉就像在称赞我
社区行政化	角色压力	XZH1	35. 我认为,社区承担了过多政府的行政性事务
		XZH2	36. 工作中,我会因社区"权力小,责任大"感到困扰
	繁文缛节	XZH3	37. 形式化的报表、指标等工作任务使我心力交瘁
		XZH4	38. 工作处处留痕非常烦琐,降低了我的工作效率

(四)基本信息

预测问卷的最后一部分为基本信息,包括被试人口统计信息和所在社区情况两个方面。被试人口统计信息包括性别、年龄、政治面貌、最高学历、工作年限、工资水平、职务、进入社区方式等；所在社区情况包括社区名称、社区所在地、社区类型等。

第二节 预调研量表发放与净化

一、预调研量表的发放

在预测量表初步建立后，为检验量表的信度、效度，以及语言表述是否合理，本章先进行小样本的预调研阶段。该阶段借助辽宁社区工作者学院三轮培训契机，通过现场发放纸质问卷的形式完成数据收集工作。预调研问卷于2021年6月25日发放，至2021年7月13日18时共回收问卷238份。为保证数据的有效性，本章对238份问卷进行了筛查：根据陷阱题对不认真作答的被试进行识别，共剔除了22份无效问卷（其中19名被试在陷阱题的作答上选择了"非常同意"，3名被试选择了"比较同意"）。此外，本章还将"直线作答""作答呈规律性"等问卷做了无效处理，共剔除7份无效问卷。最终，本章预调研阶段的有效问卷为209份，问卷有效率为87.8%。依据统计分析的一般要求，预调研问卷数量应为问卷中最大量表题项数的5倍以上，本章预调研问卷中题项数最大的问卷为公共服务动机结构问卷，共有19道题目，因此，本章的预调研问卷数量符合统计分析要求。

二、预调研量表的净化

在预调研量表编制并施测以后，为检验量表质量以及题目的适切性，本章采用SPSS 20.0软件通过项目分析、信度检验和效度检验判断题项是否保留。

（一）项目分析

对于自行开发的量表，对其进行项目分析是必不可少的。临界比值法和同质性检验法是项目分析的主要检验方法，本章采用最常用的临界比值法来探究不同得分的受访者在各题项上的差异。对于项目分析的判断标准，本章将临界比值 t 统计量的标准值设定为 3.0（即若 t 统计量 <3.0，表明该题项的区分度较差，予以剔除）；将显著性水平 p 设定为 0.05（即若 $p \geqslant 0.05$，表明临界比值未达到显著水平，考虑剔除）。

采用 SPSS 软件对预调研数据进行汇总、分组以及独立样本 T 检验，结果如表 3-4 所示。分析结果发现，公共服务动机结构量表中感恩子量表的第四道题目"对于真正帮助过我的人，我总是想方设法去报答他"（GN4）的 t 值小于 3，且未达到显著性水平（$p=0.489>0.05$）。根据上述判断标准，此题项高低分组的差异不具备一定的区分度，因此本章将这一题项删除。除此之外，预调研量表中其余 56 个题项高低分组的差异均显著（$t>3$，$p<0.05$），即具备一定的区分度，予以保留。

表 3-4　公共服务动机结构及影响因素题项的临界比值结构表（$N=209$）

题项	t	p	题项	t	p
ZWSX1	-5.379	0.000	LDFG3	-8.012	0.000
ZWSX2	-6.387	0.000	LDFG4	-8.238	0.000
ZWSX3	-5.093	0.000	LDFG5	-9.204	0.000
ZWSX4	-9.693	0.000	LDFG6	-7.172	0.000
GGLY1	-6.397	0.000	LDFG7	-7.716	0.000
GGLY2	-11.748	0.000	LDFG8	-7.755	0.000
GGLY3	-5.209	0.000	GZHD1	-7.046	0.000
GGLY4	-7.086	0.000	GZHD2	-10.069	0.000
TQX1	-9.551	0.000	GZHD3	-8.400	0.000
TQX2	-8.086	0.000	GZHD4	-9.399	0.000

续表

题项	t	p	题项	t	p
TQX3	-6.043	0.000	GZHD5	-11.601	0.000
GN1	-5.584	0.000	GZHD6	-14.857	0.000
GN2	-3.999	0.000	GZHD7	-12.902	0.000
GN3	-4.946	0.000	GZHD8	-8.190	0.000
GN4	-2.482	0.489	GJJS1	-8.340	0.000
ZWFX1	-9.004	0.000	GJJS2	-6.604	0.000
ZWFX2	-11.171	0.000	GJJS3	-4.975	0.000
ZWFX3	-11.201	0.000	GJJS4	-12.311	0.000
ZWFX4	-13.473	0.000	GJJS5	-10.157	0.000
XLZB1	-11.954	0.000	GJJS6	-9.982	0.000
XLZB2	-10.341	0.000	ZZRT1	-7.443	0.000
XLZB3	-11.177	0.000	ZZRT2	-7.967	0.000
XLZB4	-11.910	0.000	ZZRT3	-7.617	0.000
XLZB5	-12.803	0.000	ZZRT4	-7.584	0.007
XLZB6	-11.304	0.000	XZH1	-3.857	0.000
XLZB7	-10.941	0.000	XZH2	-3.201	0.004
XLZB8	-9.383	0.000	XZH3	-3.981	0.002
LDFG1	-8.863	0.000	XZH4	-3.862	0.006
LDFG2	-6.788	0.000			

注：ZWSX＝自我实现需要；GGLY＝公共利益承诺；TQX＝同情心；GN＝感恩；ZWFX＝自我奉献精神；XLZB＝心理资本；LDFG＝变革型领导风格；GZHD＝工作获得感；GJJS＝工匠精神；ZZRT＝组织认同；XZH＝社区行政化。

（二）效度分析

在项目分析删除不符合统计学判断准则的题目后，为检验量表的实测结果与所要测查结果之间的吻合程度，需要对量表进行效度分析。效度分析主要用于探究内在因素结构的有效性，一般包括内容效度、结构效度和预测效度三种类型。其中，内容效度和结构效度是效度分析中最为常见的两种类型。内容效度又称表面效度，指测量题项多大程度上代表了施测者要测量的概念,目前多采用定性的主观方法进行检验,定性评价的重点在于检验题项是否具有代表性,以及维度是否囊括了研究对象的理论边界等。本章在制定"城市社区工作者公共服务动机结构及影响因素"初始量表时,不仅充分借鉴了国内外的相关理论和学术成果,还广泛征求了专家和社区工作者的意见,对有歧义或模糊不清的题项进行了多次的删除和修改,这些前期工作在一定程度上保证了量表具有良好的内容效度。结构效度又称建构效度,指测量结果体现出来的某种结构与测值之间的对应程度,① 目的在于检验量表结构与理论设想的契合程度,通常运用因子分析进行检验。首先,需要通过 KMO 检验和 Bartlett 球形检验进行探索性因子分析的适合度检测。依据凯瑟(Kaiser)的观点,在执行因子分析程序时,KMO 值越接近于 1 表明越适合进行因子分析;0.9 以上代表"极佳";0.8~0.9 代表"良好";0.7~0.8 代表"适中";0.6~0.7 代表"普通";0.5~0.6 代表"欠佳";而 0.5 以下则表示"无法接受"。其次,选取适当的探索性因子分析方法。由于本章的主要目的在于探索城市社区工作者公共服务动机结构和影响因素的理论构思,考虑到研究结果与实际情况,② 尝试采用"主成分—直角旋转—最大方差法"和"主轴—斜交转轴法"两种方法,累计解释变异量越高,说明量表的结构效度越好。在社会科学领域,累计解释变异量通常要达到 60% 以上才能被接受,低于 60% 时往往考虑删除或增加题项。最后,抽取因素与因素命名。通过删除在所有因子上的荷重低于 0.40 以及交叉负荷在 0.35 的题项,③ 进一步简化因子结构。

---

① 范如国,张宏娟.民生福祉评价模型及增进策略:基于信度、结构效度分析和结构方程模型[J].经济管理,2012,34(9):166.
② 吴明隆.问卷统计分析实务[M].重庆:重庆大学出版社,2010:56.
③ 杨静,王重鸣.女性创业型领导:多维度结构与多水平影响效应[J].管理世界,2013(9):110.

1. 公共服务动机结构量表的结构效度分析

因子分析前,需要借助 KMO 值和 Bartlett 球形检验考察因子分析的适应性,检验结果如表 3-5 所示,公共服务动机结构量表的 KMO 值为 0.801;Bartllet 球形检验近似卡方值为 793.953,表明样本数据适合进行因子分析。

表 3-5 公共服务动机结构量表的 **KMO** 检验和 **Bartlett** 球形检验结果

指标		值
KMO 检验	测量取样适切性	0.801
Bartlett 的球形度检验	近似卡方	793.953
	df	136
	显著性	0.000

进一步,采用"主成分—直角旋转—最大方差法"从城市社区工作者公共服务动机结构量表的 18 道题项中抽取特征值大于 1 的因素,共抽取了 6 个因子,能够解释总体变异的 67.653%,经过 6 次汇聚旋转后,得出成分矩阵。而采用"主轴—斜交转轴法"分析,不但存在有交叉载荷的题项,且抽取的 6 个因子仅解释了总体变异的 57.924%,低于 60%。这表明,本章不适合采用"主轴—斜交转轴法",而应选择"主成分—直角旋转—最大方差法"。抽取的 6 个因子中,第 6 个因子仅有一道题目,即"我把为辖区居民提供服务看作自己的天职"(GGLY4),理论构想中这道题目属于公共利益承诺维度,将这道题目删除后发现,公共利益承诺维度的可靠性系数由 0.899 上升至 0.921。因此,本章将这一题目删除。删除该题后,公共服务动机结构量表由 5 个因子组成。为简化因子结构,本章对各题项的因子载荷系数进行审查,发现大多数题项都在一个因子上有较高的载荷,但自我奉献精神维度的题项"我做的很多事都不只是为了我自己"(ZWFX3)在所有因子上的载荷系数绝对值均小于 0.30,表明该题项与 5 个因子的关系都不是

很强。因此，在正式问卷中将这一题项删除。

在第一次因子分析删除两道题目后，本章重新采用"主成分—直角旋转—最大方差法"进行分析（见表3-6），共抽取5个共同因子，每个共同因子的解释变异量分别为28.038%、13.128%、12.887%、8.545%和8.333%，这5个因子解释总体变异的62.931%。从旋转成分矩阵可见，城市社区工作者公共服务动机是一个五因子结构。其中因子1包含GN1、GN2和GN3 3题；因子2包含TQX1、TQX2和TQX3 3题；因子3包含GGLY1、GGLY2和GGLY3 3题；因子4包含ZWSX1、ZWSX2、ZWSX3和ZWSX4 4题；因子5包含ZWFX1、ZWFX2和ZWFX4 3题。每个题项的因子载荷为0.557~0.887，表明因子结构较为理想。参考本章的假设框架以及各个因子的题项构成，将5个因子分别命名为：感恩、同情心、公共利益承诺、自我实现需要、自我奉献精神。

表3-6 公共服务动机结构量表的旋转成分矩阵（$N=209$）

题项	成分				
	因子1	因子2	因子3	因子4	因子5
GN1	0.821	0.310	0.116	0.190	-0.060
GN2	0.816	0.011	0.190	-0.143	0320
GN3	0.810	0.068	-0.039	0.373	0.006
TQX1	0.172	0.791	0.155	-0.021	-0.033
TQX2	0.232	0.770	0.208	0.038	-0.047
TQX3	0.060	0.704	0.072	0.401	0.262
GGLY1	0.109	0.066	0.696	0.129	0.078
GGLY2	0.269	0.132	0.771	0.101	0.044
GGLY3	0.062	0.058	0.712	-0.159	0.124
ZWSX1	0.420	0.557	-0.072	0.557	0.279
ZWSX2	0.329	0.364	0.348	0.828	0.273
ZWSX3	0.172	0.136	0.001	0.790	-0.160
ZWSX4	-0.024	0.222	0.133	0.746	0.005

续表

题项	成分				
	因子1	因子2	因子3	因子4	因子5
ZWFX1	0.342	-0.202	0.048	0.217	0.887
ZWFX2	0.214	-0.008	0.150	0.084	0.819
ZWFX4	0.128	0.050	-0.075	0.165	0.634
特征值	6.339	1.828	1.699	1.190	1.002
解释变异量/%	28.038	13.128	12.887	8.545	8.333
解释累计变异量/%	28.038	41.166	54.053	62.598	62.931

2. 公共服务动机影响因素量表的结构效度分析

如前文所述，本章应用 SPSS 软件对公共服务动机影响因素量表的因子分析适应性做了检测。检测结果如表 3-7 所示。公共服务动机影响因素量表的 KMO 值为 0.766；Bartllet 球形检验近似卡方值为 9113.147，表明样本数据适合进行因子分析。

表 3-7　公共服务动机影响因素量表的 KMO 检验和 Bartlett 球形检验结果

指标		值
KMO 检验	测量取样适切性	0.766
Bartlett 的球形度检验	近似卡方	9113.147
	df	630
	显著性	0.000

采用"主成分—直角旋转—最大方差法"从城市社区工作者公共服务动机影响因素量表的 38 道题项中抽取特征值大于 1 的因素，共抽取了 7 个因子，能够解释总体变异的 76.865%，经过 9 次汇聚旋转后，得到成分矩阵。而采用"主轴—斜交转轴法"分析，抽取的 7 个因子解释了总体变异的 71.623%，虽然高于 60% 的临界值，但结果不收敛无法获得旋转成分矩阵。因此因子分析方法仍然选择"主成分—直角旋转—最大方差法"。抽取的 7 个因子中，第 6 个因子仅有一道题目，即

"工作中，我相信'黑暗的背后就是阳光，不用悲观'"（XLZB3），理论构想中这道题目属于心理资本子量表，将这道题目删除后发现，心理资本子量表的可靠性系数由 0.911 上升至 0.934。因此，本章将这一题目删除。删除该题后，公共服务动机影响因素量表由 6 个因子组成。为简化因子结构，本章对各题项的因子载荷系数进行审查，发现工匠精神子量表的 6 道题目明显归属于第 1 因子和第 3 因子，其中有 5 道题目归于第 1 因子，而题项"我有'干一行爱一行'的热情"（GJJS1）在第 1 因子和第 3 因子中都有较高的载荷系数（在第 1 因子中的载荷系数为 0.683，在第 3 因子中的载荷系数为 0.621），而且第 3 因子中其余的 8 道题目均来源于变革型领导风格子量表。因此，本章将题目 GJJS1 归于第 1 因子。

在第一次因子分析删除 1 道题目后，本章重新采用"主成分—直角旋转—最大方差法"进行分析（见表 3-8），共抽取 6 个共同因子，每个共同因子的解释变异量分别为 19.853%、17.276%、13.043%、9.164%、8.863% 和 2.960%，这 6 个因子解释总体变异的 71.159%。从旋转成分矩阵可见，城市社区工作者公共服务动机影响因素是一个 6 因子结构。其中因子 1 包含 GJJS1、GJJS2、GJJS3、GJJS4、GJJS5 和 GJJS6 6 题；因子 2 包含 ZZRT1、ZZRT2、ZZRT3 和 ZZRT4 4 题；因子 3 包含 LDFG1、LDFG2、LDFG3、LDFG4、LDFG5、LDFG6、LDFG7 和 LDFG8 8 题；因子 4 包含 XLZB1、XLZB2、XLZB4、XLZB5、XLZB6、XLZB7、XLZB8 7 题；因子 5 包含 GZHD1、GZHD2、GZHD3、GZHD4、GZHD5、GZHD6、GZHD7 和 GZHD8 8 题；因子 6 包含 XZH1、XZH2、XZH3 和 XZH4 4 题。每个题项的因子载荷为 0.530~0.874，表明因子结构较为理想。参考本书的假设框架以及各个因子的题项构成，将 6 个因子分别命名为工匠精神、组织认同、变革型领导风格、心理资本、工作获得感和社区行政化。

表 3-8 公共服务动机影响因素量表的旋转成分矩阵（$N=209$）

题项	成分					
	因子 1	因子 2	因子 3	因子 4	因子 5	因子 6
GJJS1	0.683	0.337	0.621	0.006	0.079	0.024
GJJS2	0.739	0.169	0.281	0.109	0.106	0.197
GJJS3	0.726	0.439	0.137	0.098	0.145	0.046
GJJS4	0.726	0.219	0.029	0.319	0.232	0.125
GJJS5	0.708	0.241	0.467	0.071	0.162	0.196
GJJS6	0.697	0.349	0.150	0.111	0.005	0.057
ZZRT1	0.107	0.679	0.278	0.155	0.279	0.299
ZZRT2	0.334	0.671	0.435	-0.119	0.033	0.055
ZZRT3	0.274	0.649	0.340	0.148	0.196	0.215
ZZRT4	0.235	0.595	0.123	0.288	-0.010	0.06
LDFG1	-0.006	0.137	0.776	0.247	0.407	0.164
LDFG2	0.200	0.214	0.840	0.021	0.001	0.154
LDFG3	0.301	0.258	0.837	0.132	-0.009	-0.052
LDFG4	0.242	0.002	0.814	0.268	0.175	0.156
LDFG5	0.330	0.184	0.796	0.308	0.046	0.016
LDFG6	0.115	0.747	0.709	0.127	-0.035	0.024
LDFG7	0.291	0.262	0.648	-0.067	-0.054	0.275
LDFG8	0.482	0.228	0.751	0.087	0.113	-0.010
XLZB1	0.234	0.079	0.160	0.530	0.008	0.005
XLZB2	0.284	0.209	0.075	0.543	0.061	0.010
XLZB4	0.238	0.325	-0.001	0.564	0.027	0.395
XLZB5	0.341	0.317	0.323	0.559	0.090	0.037
XLZB6	0.239	0.115	0.377	0.615	0.321	0.402
XLZB7	0.370	0.089	0.372	0.839	-0.098	0.109
XLZB8	0.064	0.341	0.098	0.805	0.235	0.165
GZHD1	0.109	0.031	0.025	0.014	0.617	0.081
GZHD2	0.031	0.116	0.266	0.064	0.639	0.151

续表

题项	成分					
	因子1	因子2	因子3	因子4	因子5	因子6
GZHD3	0.242	0.418	0.142	0.198	0.874	0.180
GZHD4	0.391	0.273	0.367	0.494	0.782	0.175
GZHD5	0.454	0.399	0.309	0.458	0.550	-0.019
GZHD6	0.159	-0.063	-0.039	0.082	0.607	-0.037
GZHD7	0.125	0.049	0.205	0.013	0.721	-0.074
GZHD8	0.044	0.068	0.023	-0.038	0.664	0.100
XZH1	0.478	-0.031	0.038	-0.028	0.124	0.787
XZH2	0.285	0.366	0.166	0.187	-0.011	0.869
XZH3	0.203	0.194	0.279	0.085	0.083	0.841
XZH4	0.098	0.271	0.356	-0.003	0.075	0.595
特征值	16.152	3.366	2.451	1.953	1.654	1.027
解释变异量/%	19.853	17.276	13.043	9.164	8.863	2.960
解释累计变异量/%	19.853	37.129	50.172	59.336	68.199	71.159

（三）信度分析

信度是心理测量学的基本概念，指测验的可靠程度，它表现为测验结果的一贯性、一致性和稳定性。① 信度是反映测验结果受到随机误差影响程度的指标，是评价测验质量最基本的指标之一。② 本章采用外在信度和内在信度两个指标进行信度检验。问卷的外在信度方面，主要采用校正项总体相关系数（Corrected Item - Total Correlation，CITC）进行评估，根据吉·W. 博克（Gee W. Bock）等的观点，CITC 值大于 0.5

---

① 黎红艳,徐建平,陈基越,等. 大五人格问卷(BFI-44)信度元分析:基于信度概化方法[J]. 心理科学进展,2015,23(5):762.
② 张力为. 信度的正用与误用[J]. 北京体育大学学报,2002(3):349.

表明题项的外在信度通过检验;① 而问卷的内在信度方面,学界常用内部一致性信度(Cronbach's α 系数)进行检验,α 系数介于 0 到 1 之间,系数越大说明题项或量表的内在信度越高。学界比较认可的检验标准如下:α 系数 ≥0.9,表示内在信度很高;0.8≤α 系数 <0.9,表示内在信度较高;0.7≤α 系数 <0.8,表示内在信度在可接受的范围内;α 系数 <0.7,则表示内在信度未通过检验,需要重新编制或修正量表。

1. 公共服务动机结构量表的信度分析

表 3-9 为公共服务动机结构量表的信度检验结果。从检验结果来看,感恩维度 3 个测量题项的 CITC 值分别为 0.756、0.802 和 0.806,均超过 0.5 的临界值,且 α 系数为 0.892,介于 0.8 到 0.9 之间,表明感恩维度测量题项具有较高的信度;同情心维度 3 个测量题项的 CITC 值分别为 0.669、0.637 和 0.701,均超过 0.5 的临界值,且 α 系数为 0.815,介于 0.8 到 0.9 之间,表明同情心维度测量题项具有较高的信度;公共利益承诺维度 3 个测量题项的 CITC 值分别为 0.519、0.616 和 0.597,均超过 0.5 的临界值,且 α 系数为 0.703,大于 0.7 的最低标准,表明公共利益承诺维度测量题项的信度在可接受范围内;自我实现需要维度 4 个测量题项的 CITC 值分别为 0.518、0.591、0.569 和 0.516,均超过 0.5 的临界值,且 α 系数为 0.702,大于 0.7 的最低标准,表明自我实现需要维度测量题项的信度在可接受范围内;自我奉献精神维度 3 个测量题项的 CICT 值分别为 0.552、0.656 和 0.525,均超过 0.5 的临界值,且 α 系数为 0.744,大于 0.7 的最低标准,表明自我奉献精神维度测量题项的信度在可接受范围内。从公共服务动机结构量

---

① 郭安元. 基于扎根理论的心理契约违背的影响因素及其作用机制研究[D]. 武汉:武汉大学,2015:42.

表整体来看，其 α 系数为 0.857，介于 0.8 到 0.9 之间，表明该量表在本次测量中具有较高的信度。因此，公共服务动机结构量表中的 16 道题目全部保留作为正式调查问卷使用。

表 3-9 公共服务动机结构量表信度检验结果

变量与维度	测量题项	CITC	删除该题后的 Cronbach's α 系数	Cronbach's α 系数
感恩	GN1	0.756	0.873	0.892
	GN2	0.802	0.833	
	GN3	0.806	0.831	
同情心	TQX1	0.669	0.748	0.815
	TQX2	0.637	0.777	
	TQX3	0.701	0.710	
公共利益承诺	GGLY1	0.519	0.619	0.703
	GGLY2	0.616	0.489	
	GGLY3	0.597	0.679	
自我实现需要	ZWSX1	0.518	0.380	0.702
	ZWSX2	0.591	0.486	
	ZWSX3	0.569	0.460	
	ZWSX4	0.516	0.409	
自我奉献精神	ZWFX1	0.552	0.691	0.744
	ZWFX2	0.656	0.551	
	ZWFX4	0.525	0.719	
总计				0.857

2. 公共服务动机影响因素量表的信度分析

表 3-10 为公共服务动机影响因素量表的信度检验结果。从检验结果来看，工匠精神子量表 6 个测量题项的 CITC 值分别为 0.727、0.796、0.858、0.752、0.635 和 0.807，均超过 0.5 的临界值，且 α 系数为 0.912>0.9，表明该子量表测量题项具有很高的信度；组织认同子量表 4 个测量题项的 CITC 值分别为 0.713、0.822、0.734 和 0.815，均超过

0.5 的临界值,且 α 系数为 0.893,介于 0.8 与 0.9 之间,表明该子量表测量题项具有较高的信度;变革型领导风格子量表 8 个测量题项的 CITC 值分别为 0.667、0.764、0.812、0.740、0.853、0.806、0.806 和 0.819,均超过 0.5 的临界值,且 α 系数为 0.937>0.9,表明该子量表测量题项的信度很高;心理资本子量表 7 个测量题项的 CITC 值分别为 0.540、0.731、0.725、0.716、0.708、0.727 和 0.743,均超过 0.5 的临界值,且 α 系数为 0.897,介于 0.8 到 0.9 之间,表明该子量表测量题项的信度较高;工作获得感子量表 8 个测量题项的 CITC 值分别为 0.539、0.535、0.610、0.577、0.700、0.754、0.668 和 0.665,均超过 0.5 的临界值,且 α 系数为 0.839,介于 0.8 到 0.9 之间,表明该子量表测量题项的信度较高;社区行政化子量表 4 个测量题项的 CITC 值分别为 0.540、0.795、0.812 和 0.669,均超过 0.5 的临界值,且 α 系数为 0.873,介于 0.8 到 0.9 之间,表明该子量表测量题项的信度较高。从公共服务动机影响因素量表整体来看,其 α 系数为 0.956>0.9,表明该量表在本次测量中具有很高的信度。因此,公共服务动机影响因素量表中的 37 道题目全部保留作为正式调查问卷使用。

表 3-10　公共服务动机影响因素量表信度检验结果

变量	测量题项	CITC	删除该题后的 Cronbach's α 系数	Cronbach's α 系数
工匠精神	GJJS1	0.727	0.901	0.912
	GJJS2	0.796	0.890	
	GJJS3	0.858	0.882	
	GJJS4	0.752	0.899	
	GJJS5	0.635	0.911	
	GJJS6	0.807	0.888	

续表

变量	测量题项	CITC	删除该题后的 Cronbach's α 系数	Cronbach's α 系数
组织认同	ZZRT1	0.713	0.885	0.893
	ZZRT2	0.822	0.840	
	ZZRT3	0.734	0.875	
	ZZRT4	0.815	0.846	
变革型领导风格	LDFG1	0.667	0.937	0.937
	LDFG2	0.764	0.930	
	LDFG3	0.812	0.926	
	LDFG4	0.740	0.931	
	LDFG5	0.853	0.923	
	LDFG6	0.806	0.928	
	LDFG7	0.806	0.927	
	LDFG8	0.819	0.925	
心理资本	XLZB1	0.540	0.894	0.897
	XLZB2	0.731	0.875	
	XLZB4	0.725	0.875	
	XLZB5	0.716	0.876	
	XLZB6	0.708	0.877	
	XLZB7	0.727	0.876	
	XLZB8	0.743	0.874	
工作获得感	GZHD1	0.539	0.832	0.839
	GZHD2	0.535	0.828	
	GZHD3	0.610	0.820	
	GZHD4	0.577	0.831	
	GZHD5	0.700	0.800	
	GZHD6	0.754	0.800	
	GZHD7	0.668	0.808	
	GZHD8	0.665	0.806	

续表

变量	测量题项	CITC	删除该题后的 Cronbach's α 系数	Cronbach's α 系数
社区行政化	XZH1	0.540	0.854	0.873
	XZH2	0.795	0.770	
	XZH3	0.812	0.763	
	XZH4	0.669	0.832	
总计				0.956

综上所述，本章预调研量表涉及的公共服务动机结构量表和公共服务动机影响因素量表的 α 系数均在 0.8 以上，说明量表整体信度良好，可以作为正式问卷使用。至此，经过项目分析、效度分析和信度分析，本章在预调研量表的基础上删除了 4 道题目，最终正式问卷保留了 54 道题目（人口统计信息调查除外）。正式调查问卷见附录 C。

第三节　正式调查抽样设计及实施

一、正式调查抽样范围及方法

本书将城市社区工作者界定为在地级市和直辖市直接从事社区服务和管理，由街道承担全部经费保障和统一管理使用的全日制工作人员。因而，研究样本来源于地级市和直辖市"两委一站"的专职社区工作者。

采用五阶段分层抽样方法，拟从全国 31 个省、自治区、直辖市（不含香港、澳门、台湾）中抽取 10 个省（区、市），22 个地级市，调研社区工作者不少于 3000 人次。第一阶段，将全国 31 个省（区、市）（不含香港、澳门、台湾）分层并确定抽取的省份数。根据《中国民政统计年鉴 2021》初步计算得出，截至 2020 年底，我国共有 109620 个社区居委会，省均社区居委会数量约为3536个（中位数为3169个），以此为标准，将社区居委会数量大于均值的省份划定为"大样本省"（以下简称"大省"）；将社区居委会数量为2000～3536的省份划定为"中样本省"（以下简称"中省"）；将社区居委会数量低于2000的省份划定为"小样本省"（以下简称"小省"）。最终，大省样本框由四川省、山东省、江苏省、广东省、河南省、湖南省、浙江省、湖北省、上海市、辽宁省、河北省、贵州省、江西省13个省（市）构成；中省样本框由安徽省、北京市、重庆市、新疆维吾尔自治区、陕西省、福建省、云南省、山西省、黑龙江省、内蒙古自治区、广西壮族自治区11个省（区、市）构成；小省样本框由吉林省、天津市、甘肃省、海南省、宁夏回族自治区、青海省、西藏自治区7个省（区、市）构成。进一步，依据社区居委会数量比例，抽取6个大省、3个中省和1个小省。第二阶段，采用简单随机抽样方式确定省（区、市）名单，并根据各省（区、市）社区工作者数量比例确定抽取的省（区、市）匹配样本数量。第三阶段，采用聚类分析方法将被抽取省（区、市）内的地级市进行分层，并采取简单随机抽样方式确定地级市名单。第四阶段，依据社区工作者数量比例为抽取的地级市匹配样本数量。第五阶段，为提高末端抽样精度，在抽取社区之前充分考虑社区类型、区位条件等客观因素，以更方便的抽样方式完成社区抽样。具体方案见表3-11。

表3-11 本章五阶段分层抽样设计方案

省（区、市）类型	总体数据						抽样方案			
	社区居委会总数/个	社区工作者总数/万人	社区居委会占比/%	社区工作者总数占比/%	省份数/个	城市数/个	抽取省份数/个	抽取城市数/个	抽取城市样本数/人	总样本数/人
大省	71868	45.0	66.0	63.9	13	164	6	12	30~380	1900
中省	30927	21.0	28.4	29.0	11	95	3	8	30~210	900

续表

省(区、市)类型	总体数据						抽样方案			
	社区居委会总数/个	社区工作者总数/万人	社区居委会占比/%	社区工作者总数占比/%	省份数/个	城市数/个	抽取省份数/个	抽取城市数/个	抽取城市样本数/人	总样本数/人
小省	6125	4.5	5.6	6.3	7	38	1	2	90～110	200
总计	108920	70.5	100	100	31	297	10	22	—	3000

资料来源：国家统计局：《中国统计年鉴》、《中国民政统计年鉴》，中国统计出版社，2021年。

二、正式调查各层抽样计划

（一）大省的抽样方案

第二阶段采取简单随机抽样确定了6个大省名单，分别为四川省、山东省、江苏省、河南省、浙江省和辽宁省。首先，将6个省的地级市分层，根据社区数量百分比、人均GDP、城镇化率三项指标对各省份的地级市进行聚类；其次，在每一个类别中随机抽取一个地级市；最后，根据社区工作者数量占比分配样本量（如表3-12所示）。以四川省为例，地级市聚类分析结果显示为两个类别，遂在第一个类别中随机抽取一个地级市，即成都市；在第二个类别中随机抽取一个地级市，即宜宾市。依据上述两个地级市社区工作者数量占比情况，分别匹配给成都市290个样本、宜宾市50个样本。

表3-12 大省抽样及样本匹配情况

省份	分层编号	地级市数/个	城市社区工作者数量占比/%	抽样城市数/个	抽样城市名称	抽样城市社区工作者数量占比/%	样本量/个
辽宁省	1	6	4.9	1	沈阳市	71.5	190
	2	7	7.9	1	鞍山市	16.8	50
	3	1	1.2	1	锦州市	11.7	30

续表

省份	分层编号	地级市数/个	城市社区工作者数量占比/%	抽样城市数/个	抽样城市名称	抽样城市社区工作者数量占比/%	样本量/个
	小计	14	14.0	3	—	100	270
山东省	1	5	5.9	1	烟台市	43.2	150
	2	4	2.3	1	滨州市	33.1	120
	3	7	10.0	1	泰安市	23.7	80
	小计	16	18.2	3	—	100	350
四川省	1	12	13.2	1	成都市	85.7	290
	2	6	4.6	1	宜宾市	14.3	50
	小计	18	17.8	1	—	100	340
河南省	1	17	16.1	1	焦作市	100	300
	小计	17	16.1	1	—	100	300
浙江省	1	3	6.6	1	嘉兴市	38.7	100
	2	8	7.0	1	绍兴市	61.3	160
	小计	11	13.6	2	—	100	260
江苏省	1	13	20.3	1	南京市	100	380
	小计	13	20.3	1	—	100	380
总计		89	100	11	—	—	1900

（二）中省的抽样方案

第二阶段采取简单随机抽样确定了3个中省名单，分别为黑龙江省、陕西省和内蒙古自治区。首先，将3个省的地级市分层，根据社区数量百分比、人均GDP、城镇化率三项指标对各省份的地级市进行聚类；其次，在每一个类别中随机抽取一个地级市；最后，根据社区工作者数量占比匹配样本量（如表3-13所示）。以黑龙江省为例，地级市聚类分析结果显示为3个类别，遂在第一个类别中随机抽取1个地级市，即哈尔滨市；在第二个类别中随机抽取一个地级市，即佳木斯市；在第三个类别中随机抽取一个地级市，即绥化市。依据上述3个地级市社区工作者数量占比情况,分别匹配给哈尔滨市 210 个样本、佳木斯市 30 个样本、绥化市 60 个样本。

表 3-13 中省抽样及样本匹配情况

省份	分层编号	地级市数/个	城市社区工作者数量占比/%	抽样城市数/个	抽样城市名称	抽样城市社区工作者数量占比/%	样本量/个
黑龙江省	1	2	17.8	1	哈尔滨市	69.3	210
	2	2	5.4	1	佳木斯市	8.6	30
	3	8	9.9	1	绥化市	22.1	60
小计		12	33.1	3	—	100	300
陕西省	1	5	18.6	1	西安市	56.0	180
	2	2	7.9	1	宝鸡市	16.0	50
	3	3	9.8	1	榆林市	28.0	100
小计		10	36.3	2	—	100	330
内蒙古自治区	1	5	22.7	1	呼和浩特市	76.8	210
	2	4	7.9	1	鄂尔多斯市	23.2	60
小计		9	30.6	2	—	100	270
总计		31	100	7	—	—	900

(三) 小省的抽样方案

第二阶段采取简单随机抽样确定了一个小省名单,即甘肃省。首先,将甘肃省的地级市分层,根据社区数量百分比、人均 GDP、城镇化率三项指标对甘肃省份的地级市进行聚类,结果显示被聚类为两个类别。其次,在每一个类别中随机抽取一个地级市,在第一个类别中抽取一个地级市,即酒泉市;在第二个类别中抽取一个地级市,即白银市。最后,根据社区工作者数量占比匹配样本数各为 90 个和 110 个(见表 3-14)。

表 3 – 14 小省抽样及样本匹配情况

省份	分层编号	地级市数/个	城市社区工作者数量占比/%	抽样城市数/个	抽样城市名称	抽样城市社区工作者数量占比/%	样本量/个
甘肃省	1	3	20.2	1	酒泉市	47.1	90
	2	9	79.8	1	白银市	52.9	110
总计		12	100	2	—	100	200

三、正式调查实施

正式调查以网络问卷形式展开，于 2021 年 6 月 28 日开始，至 2021 年 9 月 3 日结束，历时两个多月，调查范围涉及全国 10 个省级行政区、22 个城市，共 3190 名城市社区工作者参与本次调查。为保证数据的有效性，本章对回收的 3190 份问卷进行了筛查：首先，剔除社区归属地不在本次调研 22 个城市范围内的 28 份问卷（抚顺市 6 份、济南市 1 份、郑州市 4 份、新乡市 2 份、平顶山市 1 份、北京市 1 份、昆明市 1 份、安康市 2 份、乌海市 1 份、通辽市 1 份、包头市 2 份、乌兰察布市 4 份、嘉峪关市 1 份、兰州市 1 份）；其次，根据陷阱题的筛查标准对不认真作答的被试进行识别，共剔除了 406 份无效问卷（其中 292 名被试在陷阱题的作答上选择了"非常同意"，114 名被试选择了"比较同意"）；最后，本章还将"直线作答""作答呈规律性""作答时间非常短"等问卷做了无效处理，共剔除 66 份无效问卷。最终，本章正式调查阶段的有效问卷为 2690 份，问卷有效率为 84.3%。

四、样本概况

利用 SPSS 软件对 2690 份有效问卷进行描述性统计，得出样本的基本情况如表 3 – 15 所示。从性别上来看，受访者以女性社区工作者居多，占

78.81%；而男性社区工作者仅占21.19%，这与当前社区工作者性别结构呈"女性主导"的现实情况相吻合。从年龄上看，受访者以31~50岁为主，占81.69%；30岁以下的社区工作者占11.38%；而50岁及以上的社区工作者仅占6.93%，这与我国社区队伍中中青年占据结构优势且日趋年轻化的态势基本匹配。从职务上来看，参与本次研究的社区干事居多，占78.06%；而社区副书记（主任）所占的比例（14.42%）大约是社区书记（主任）（7.52%）的2倍。现如今，我国多数社区的工作已全面实现社区党组织书记、居委会主任"一肩挑"，通常社区"两委"班子成员包括社区书记（主任）1人，社区副书记1人，社区副主任1人，社区干事5~9人。可见，本章被试在职务层次上的比重分布较为均衡。从政治面貌上看，超过半数的受访者（54.39%）为党员；群众的占比也较高，为39.53%；受访者政治面貌为团员的仅占5.74%；另外还有9名社区工作者为民主党派人士。从学历上来看，本科学历的社区工作者最多，占40.78%；大专学历的社区工作者占34.83%；高中（中专）学历的社区工作者占17.65%；初中及以下和硕士及以上学历的社区工作者人数均较少，占比分别为5.14%和1.60%。近年来，社区吸引了大批高校毕业生投身社区工作，尤其是党的十八大以来，全国各地非常重视专业社区工作者人才队伍建设。因此，总体上我国社区工作者队伍逐渐呈专业化和高学历的特征。从工作年限上来看，被试群体的从业年限梯度明显且呈现年轻化的特点。其中，工作年限在5年及以下的占比最高，为34.86%；6~10年的占27.21%；11~15年和16年及以上的比例分别为20.06%和17.87%。从工资收入上来看，受访者的月收入集中在2001~4000元，共占55.49%；月收入在2000元及以下的社区工作者占比也较高，为28.71%；月收入在4001~5000元和5001元及以上的均较少，占比分别为11.41%和4.39%。从受访者进入社区方式上来看，选举制和聘任制的分布较为平均,其中选举制占 41.32%,聘任制占 58.68%。从社区类型上来看,本章样本较好地覆盖了不同类型的社区。具体来看,多数社区工作者所在社区为混合型和老旧型小区,分别占 30.88% 和 30.78%;物业型小区占比也较高,为 17.27%;单位型和村改居型小区数量较少,占比分别为 11.85% 和 9.22%。此外,6 成左右的受访者其工作所在社区和生活所在社区分属于不同的社区,而 4 成左右的受访者在工作所在社区内居住。根据上述对样本特征的描述可以看出,本章各层次样本均有涉及且契合了当前社区发展和变迁现状,具有一定的科学性和代表性。

表 3-15 正式调查被试基本信息一览表 ($N=2690$)

基本信息	类别	人数/人	百分比/%
性别	男	570	21.19
	女	2120	78.81
年龄	20~30 岁	306	11.38
	31~40 岁	1184	44.01
	41~50 岁	1014	37.68
	50 岁及以上	186	6.93
职务	社区书记(主任)	202	7.52
	社区副书记(主任)	388	14.42
	社区干事	2100	78.06
政治面貌	党员	1464	54.39
	团员	154	5.74
	民主党派	9	0.34
	群众	1063	39.53
学历	初中及以下	138	5.14
	高中(中专)	475	17.65
	大专	937	34.83
	本科	1097	40.78
	硕士及以上	43	1.60

续表

基本信息	类别	人数/人	百分比/%
工作年限	5年及以下	938	34.86
	6~10年	732	27.21
	11~15年	540	20.06
	16年及以上	480	17.87
工资收入	2000元及以下	772	28.71
	2001~3000元	770	28.62
	3001~4000元	723	26.87
	4001~5000元	307	11.41
	5001元及以上	118	4.39
受访者进入社区方式	选举	1112	41.32
	聘任	1578	58.68
是否在本社区居住	是	1063	39.52
	否	1627	60.48
社区类型	物业型	464	17.27
	老旧型	828	30.78
	单位型	319	11.85
	村改居型	248	9.22
	混合型	831	30.88
城市	沈阳市	185	6.88
	鞍山市	44	1.64
	锦州市	27	1.00
	烟台市	129	4.80
	滨州市	111	4.13
	泰安市	59	2.19
	成都市	281	10.45
	宜宾市	38	1.41
	焦作市	275	10.22
	嘉兴市	87	3.23
	绍兴市	149	5.54
	南京市	317	11.78

续表

基本信息	类别	人数/人	百分比/%
城市	哈尔滨市	199	7.40
	佳木斯市	38	1.41
	绥化市	45	1.67
	西安市	158	5.87
	宝鸡市	54	2.01
	榆林市	89	3.31
	呼和浩特市	174	6.47
	鄂尔多斯市	42	1.56
	酒泉市	92	3.42
	白银市	97	3.61

资料来源：根据问卷星导出结果计算而得。

第四章　城市社区工作者公共服务动机结构测量

在第三章正式调查数据收集完毕的基础上，本章开始进入数据分析的第一个阶段，即本章的研究主题为"城市社区工作者公共服务动机结构测量"。通过信度检验和效度检验（一阶＋二阶验证性因素分析）对公共服务动机结构量表质量进行分析。检验通过后，为了解城市社区工作者公共服务动机水平及其特征，本章对社区工作者公共服务动机总体及五个维度进行了描述统计，并基于以往研究结论、访谈文本、备忘录等，对群体特征变量在各维度及其题项上可能存在的差异进行了实证检验。

第一节　城市社区工作者公共服务动机结构量表质量分析

正式调查阶段，本章共回收了 3190 份问卷，通过判断标准手动筛查出 500 份无效问卷，最终获得 2690 份有效问卷。为确保正式问卷的有效性，需要对 2690 份正式问卷进行信度和效度检验。

一、信度分析

表 4-1 为公共服务动机总量表及分量表的信度检验结果。从检验

结果来看，自我实现需要分量表、公共利益承诺分量表、同情心分量表的 α 系数介于 0.7 到 0.8 之间，表明上述三个分量表测量题项的信度在可接受的范围内；感恩分量表和自我奉献精神分量表的 α 系数介于 0.8 到 0.9 之间，表明这两个分量表测量题项具有较高的信度；公共服务动机总量表的 α 系数为 $0.934 > 0.9$，表明总量表测量题项具有很高的信度。将本章的信度系数与国外相关研究结果进行比较发现（见表 4-1），三项研究中同情心分量表的 α 系数相差不大，除此之外，本章中其他分量表及总量表的 α 系数均高于詹姆斯·L. 佩里和乔伊（Choi）的研究结果。这再次验证了本章公共服务动机结构量表的稳定性和可靠性良好。

表 4-1　公共服务动机总量表、分量表 α 系数与国外相关研究结果的比较

α 系数	自我实现需要	公共利益承诺	感恩	同情心	自我奉献精神	总量表
本问卷	0.746	0.788	0.859	0.784	0.883	0.934
佩里问卷	—	0.69	—	0.72	0.74	0.90
乔伊问卷	—	0.68	—	0.75	0.86	0.874

二、效度分析

在预调研阶段，通过探索性因子分析得出城市社区工作者公共服务动机由自我实现需要、公共利益承诺、感恩、同情心、自我奉献精神五个维度构成。但由于潜变量是无法直接观测的，所以测量结果是真实反映了本章的理论构念，还是由于测量选取了相同的被试而带来的共同方法变异，不得而知。因此，为了验证结构模型的适配度与拟合度，本章通过一阶验证性因子分析（CFA）、二阶验证性因子分析进一步对不同构念的因子结构以及因子之间的关系进行分析与验证。

（一）一阶验证性因子分析

对结构效度的检验和评价一般通过聚合效度和区分效度两个方面进行。[①] 聚合效度指在使用不同方式测量同一构念时，所得到的测量分数之间由于反映同一构念而应该高度相关。[②] 本章采用福内尔（Fornell）和拉克尔（Larcker）提出的方法，[③] 通过验证性因子分析计算出各题项的标准化因子载荷，以及各因子的平均变异数萃取量（Average Variances Extracted，AVE）和组合信度（Composite Reliability，CR），进而对问卷的聚合效度进行检验。公共服务动机结构量表聚合效度的检验结果及经验判断标准如表4-2所示。结果显示，各一阶因子的标准化因子载荷均高于0.6；AVE值介于0.552到0.812之间，均超过经验判断标准0.5；且5个因子的CR值介于0.830到0.929之间，高于福内尔（Fornell）和拉克尔（Larcker）推荐的0.7标准。以上结果表明公共服务动机结构量表的聚合效度良好。

表4-2 公共服务动机结构量表聚合效度的检验结果及经验判断标准

一阶因子	标准化因子载荷	AVE	CR
自我实现需要	0.638~0.794	0.552	0.830
公共利益承诺	0.772~0.816	0.634	0.839
感恩	0.821~0.852	0.705	0.877
同情心	0.867~0.903	0.785	0.916
自我奉献精神	0.890~0.913	0.812	0.929
经验判断标准	>0.6	≥0.5	>0.7

[①] 洪克森. 新生代员工工作价值观、组织认同对其产出的作用机制研究[D]. 武汉:武汉大学,2012:35.
[②] 陈晓萍,徐淑英,樊景立. 组织与管理研究的实证方法(第二版)[M]. 北京:北京大学出版社,2012:252.
[③] FORNELL C, LARCKER D F. Evaluating structural equation models with unobservable variables and measurement error[J]. Journal of Marketing Research, 1981, 24(2): 334.

而区分效度又叫区辨效度,指在应用不同的方法测量不同构念时,所观测到的数值之间应该能够加以区分。本章区分效度的判断标准为:将各因子的 AVE 平方根与两两因子之间的相关系数进行比较,若两两因子之间的相关系数低于各因子的 AVE 平方根,表明问卷的区分效度良好。表 4-3 为公共服务动机结构量表区分效度检验结果。表 4-3 中对角线及以下的数据分别显示了各因子的 AVE 值平方根和各因子两两之间的相关系数。可以看出,任意因子的 AVE 值平方根均大于该数据所在行或列上的相关系数,这意味着公共服务动机结构量表具有良好的区分效度。以因子"自我实现需要"为例,该因子的 AVE 平方根为 0.742,而该因子与其余四因子的相关系数最高者为 0.735（<0.742）。

表 4-3　公共服务动机结构量表区分效度检验结果

一阶因子	自我实现需要	公共利益承诺	感恩	同情心	自我奉献精神
自我实现需要	(0.742)				
公共利益承诺	0.663***	(0.796)			
感恩	0.712***	0.766***	(0.840)		
同情心	0.735***	0.782***	0.825***	(0.886)	
自我奉献精神	0.686***	0.697***	0.763***	0.629***	(0.901)

注:＊＊＊表示显著性水平 $p<0.01$;对角线括号内的值为相应构念 AVE 的平方根;表内其他值为因子之间的相关系数。

(二) 二阶验证性因子分析

为进一步验证公共服务动机的构念效度,本章运用 AMOS 软件进行验证性因子分析,由于正式问卷没有缺失数据,因此选择极大似然估计法 (Maximum Likelihood Estimates, MLE)。本章提出了四个假设模型:M1 为 16 个观测变量直接指向公共服务动机的一因子 CFA 模型;M2 为包含自我实现需要、公共利益承诺、感恩、同情心、自我奉献精神五因子完全无关的 CFA 模型;M3 为包含自我实现需要、公共利益承诺、感恩、同情心、自我奉献精神五因子完全相关的 CFA 模型;M4 为包含公共服务动机及5个因子的二阶CFA模型。通过对四个假设模型之间各项拟合指标的优劣进行对比来确定公共服务动机的最佳匹配模型。

验证性因子分析结果如图4-1至图4-4所示。一因子CFA模型检验结果显示，公共服务动机的16道题项中，除题项ZWSX1和GN2外，其余14道题项的标准化因子载荷量均在0.5以上。五因子完全无关CFA模型检验结果显示，五构念标准化因子载荷量范围为：自我实现需要（0.63~0.75）；公共利益承诺（0.61~0.76）；感恩（0.55~0.67）；同情心（0.66~0.72）；自我奉献精神（0.68~0.80）。即除题项GN2外，其余题项的标准化因子载荷量均在0.6以上。可见，与M1相比，M2的模型适配度更为理想。五因子完全相关CFA模型检验结果显示，五构念标准化因子载荷量范围为：自我实现需要（0.76~0.85）；公共利益承诺（0.73~0.80）；感恩（0.66~0.75）；同情心（0.73~0.86）；自我奉献精神（0.72~0.86）。即除题项GN2外，其余题项的标准化因子载荷量均在0.7以上。与M2相比，M3的模型适配度更为理想。并且五因子两两之间的相关系数在0.62到0.82之间，均达到显著水平，这表明五因子可能有一个更高阶的共同因子存在。二阶五因子CFA模型检验结果显示，五构念标准化因子载荷量范围为：自我实现需要（0.69~0.86）；公共利益承诺（0.75~0.84）；感恩（0.66~0.75）；同情心（0.69~0.90）；自我奉献精神（0.76~0.92），虽然题项ZWSX2（0.69）、GN2（0.66）、TQX3（0.69）的因子载荷量低于0.7，但都处于接近0.7的水平，且五因子在二阶因子"公共服务动机"上的标准化因子载荷量分别为0.77、0.92、0.84、0.90、0.88，表明该模型的基本适配度也较为理想。

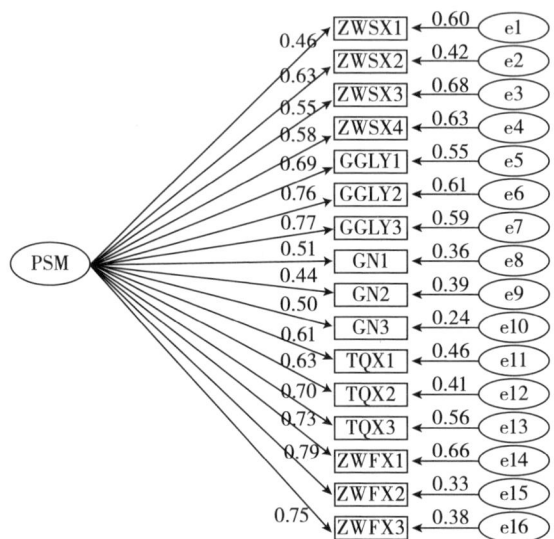

图4-1 一因子 CFA 模型

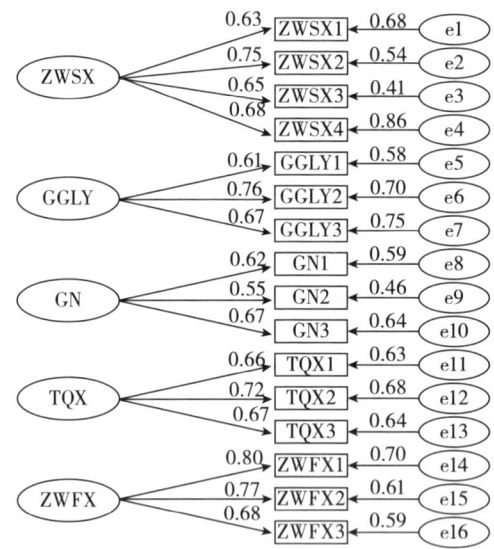

图4-2 五因子完全无关 CFA 模型

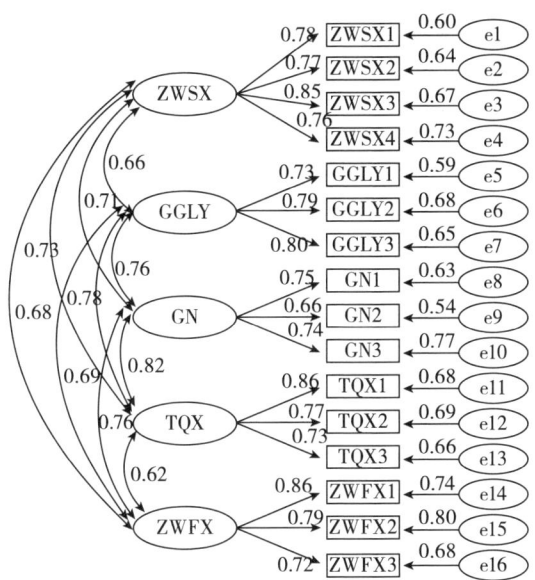

图4-3 五因子完全相关CFA模型

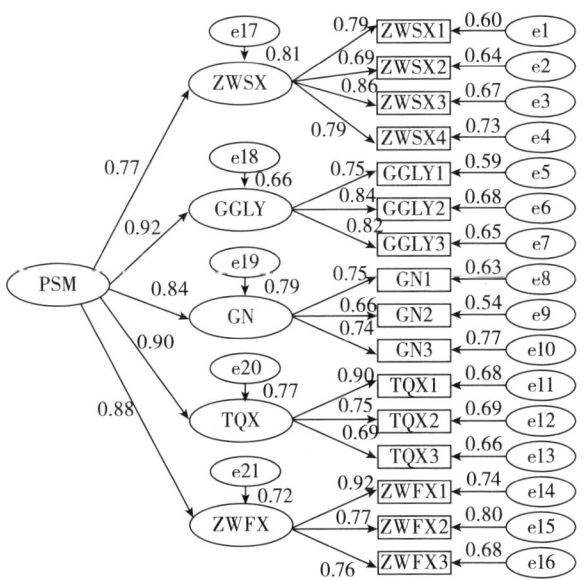

图4-4 二阶五因子CFA模型

进一步，本章选取卡方值（Chi-square）、自由度（df）、卡方值与自由度比值（Chi-square/df）、比较拟合优度指数（CFI）、近似误差均方根估计（RMSEA）等指标对四个模型的拟合情况进行检验。表4-4呈现了四个模型的拟合情况，可以看出 M3 和 M4 在各项指标上都通过了检验，但相比而言 M4 的拟合度最佳，与实证数据的匹配度最高。由此确定，城市社区工作者公共服务动机是由自我实现需要、公共利益承诺、感恩、同情心、自我奉献精神五个一阶因子构成的二阶构念。

表4-4 验证性因子分析四模型拟合指标

模型	Chi-square	df	Chi-square/df	GFI	AGFI	CFI	RMSEA
M1	3751.415	104	36.071	0.535	0.691	0.610	0.166
M2	2725.434	104	26.206	0.772	0.882	0.826	0.097
M3	454.602	99	4.592	0.873	0.905	0.946	0.041
M4	359.298	94	3.822	0.916	0.937	0.956	0.038
检验标准	越小越好	越大越好	<5.0	>0.80	>0.80	>0.90	≤0.08

第二节 城市社区工作者公共服务动机水平与特点分析

一、社区工作者公共服务动机总体水平较高

表4-5为我国城市社区工作者公共服务动机总体水平的描述性统计分析结果。表4-5显示，城市社区工作者公共服务动机的偏态系数为-0.287，峰度系数为0.028，表明问卷数据稍微呈尖峰负偏分布，但偏态系数和峰度系数的绝对值均小于1.96，分布仍可近似为正态分布。由于本章正式问卷采用的是李克特五点自评量表，因此将中间值"3"

作为理论中值，参照以往公共服务动机测量结果，将均值"介于3到4之间"的水平界定为"较高水平"，将均值"介于4到5之间"的水平界定为"很高水平"。由表4－5可知，我国城市社区工作者公共服务动机均值为3.95，标准差为0.441，意味着我国城市社区工作者群体具有较高的公共服务动机水平。

表4－5　公共服务动机总体水平的描述性统计结果（$N=2690$）

变量	极小值	极大值	均值	标准差	偏态		峰度	
					系数	标准误	系数	标准误
公共服务动机	2.00	5.00	3.95	0.441	-0.287	0.047	0.028	0.094

此外，就社区工作者公共服务动机各维度的均值来看（见表4－6），得分由高到低依次为感恩（4.36）、同情心（4.12）、公共利益承诺（4.03）、自我实现需要（3.81）、自我奉献精神（3.43）。根据第二章对公共服务动机成分的划分可以看出，城市社区工作者在情感成分（感恩与同情心）上的得分最高，理性成分与规范成分次之，而在基础成分（自我奉献精神）上的得分最低。这与王亚华和舒全峰针对我国乡村干部公共服务动机现状的研究结果基本类似。[①] 下面五小节将从各维度的视角对社区工作者公共服务动机的水平及特点做进一步分析。

表4－6　公共服务动机各维度的描述统计结果（$N=2690$）

动机成分	动机维度	极小值	极大值	均值	标准差	排名
情感成分	感恩	2.00	5.00	4.36	0.346	1
	同情心	1.00	5.00	4.12	0.472	2
规范成分	公共利益承诺	1.33	5.00	4.03	0.484	3
理性成分	自我实现需要	1.00	5.00	3.81	0.647	4
基础成分	自我奉献精神	1.00	5.00	3.43	1.101	5

---

① 王亚华,舒全峰.中国乡村干部的公共服务动机:定量测度与影响因素[J].管理世界,2018,34(2):99.

二、社区工作者状态感恩和特质感恩水平很高

表4-7为感恩维度三个题项的描述性统计结果。从表4-7中的统计结果可以看出,城市社区工作者的特质感恩和状态感恩水平均很高,这也意味着他们具有很高的"识恩""知恩"水平,并伴随着带有互惠意愿的频繁的感恩表达。

表4-7 感恩维度各题项的描述统计($N=2690$)

维度	题项	极小值	极大值	均值	标准差
状态感恩	GN1:别人给我的微小帮助,我都心存感激	1.00	5.00	4.35	0.376
	GN2:我时常感激帮助过自己的领导、同事和辖区居民	1.00	5.00	4.35	0.425
特质感恩	GN3:很长时间以后,我仍然感激那些帮助过我的人	2.00	5.00	4.38	0.371

为何社区工作者感恩水平普遍较高?或者说感恩水平在不同群体之间是否表现出明显差异?在对访谈文本进行编码及撰写备忘录的过程中,笔者发现了一个有趣的现象:主范畴"感恩"下的编码频次为42次,共有14名受访者提及,在这14名受访者当中,有11名是通过社区居民选举产生的社区委员。例如B社区书记F9谈道"我是选举上来的,不是聘的,为什么我对这里的居民有感情呢?当时社区要合并,两个社区书记只有一个能留下,我们辖区的居民就去对面的社区宣传我怎么好让他们都选我,最后我留下了。这样的举动我是非常感激的,他们离不开我,我也离不开他们"。因此可以预见,与通过考试进入社区的聘任制社区工作者相比,由居民选举产生的社区工作者的感恩水平可能更高。此外,社区工作者的感恩水平还可能与其工作年限有关。由于网格化治理要求社区工作者以网格管理员的身份加入网格之中,为网格内

的居民尤其是弱势群体零距离提供各式各样的公共服务。随着工作年限的增加，社区工作者与居民之间建立起来的情感纽带更为牢固，这可能是刚入职不久的社区工作者短时间内无法体会到的。因此，在感恩维度的群体特征上，本章主要考察"进入社区方式""工作年限"两个群体特征变量在社区工作者感恩水平上的差异。

根据社区工作者进入社区方式的不同，将其分为"选举""聘任"两组作为分组变量，以感恩及其三个题项为检验变量进行独立样本T检验，以考察选举制和聘任制的社区工作者在感恩维度的具体特点。结果如表4-8所示，选举和聘任产生的社区工作者在各变量上均存在显著差异，且由居民选举产生的社区工作者的感恩水平高于聘任制的社区工作者。这一检验结果也是对前文访谈发现的有效印证。

表4-8　选举和聘任社区工作者在感恩水平上的独立样本T检验

维度/题目	选举均值 $N=1112$	聘任均值 $N=1578$	差异 显著性水平
GN	4.47	4.25	0.003***
GN1	4.39	4.31	0.008***
GN2	4.36	4.34	0.000***
GN3	4.40	4.36	0.007***

注：***代表$p<0.01$。

根据社区工作者工作年限的长短，将其分为"5年及以下""6~10年""11~15年""16年及以上"四组，以感恩及其三个题项为因变量进行单因素方差分析，并绘制雷达图，以考察不同工作年限社区工作者在感恩维度的具体特点。方差分析结果显示（见表4-9），仅工作年限在5年及以下与16年及以上的社区工作者在题项GN2上差异显著，其他不同工作年限的社区工作者在感恩及其各题项上均不存在显著差异。根据图4-5可以看出，不同工作年限社区工作者的感恩水平均值由高到低依次为16年及以上、6~10年、11~15年、5年及以下。状态感恩水平的均值与感恩水平均值呈现一致的规律;而特质感恩水平均值则有所不同,主要表现在工作年限5年及以下的社区工作者均值高于工作年限为11～15年的群体。

表4-9 不同工作年限社区工作者在感恩水平上的差异检验

维度/题项	P1	P2	P3	P4	P5	P6
GN	0.202	0.540	0.172	0.596	0.809	0.482
GN1	0.147	0.334	0.214	0.716	0.980	0.761
GN2	0.186	0.399	0.091*	0.726	0.609	0.426
GN3	0.559	0.833	0.530	0.476	0.910	0.455

注:*代表 $p<0.1$。P1～P6依次为变量之间的差异显著性水平:P1(5年及以下与6～10年);P2(5年及以下与11～15年);P3(5年及以下与16年及以上);P4(6～10年与11～15年);P5(6～10年与16年及以上);P6(11～15年与16年及以上)。

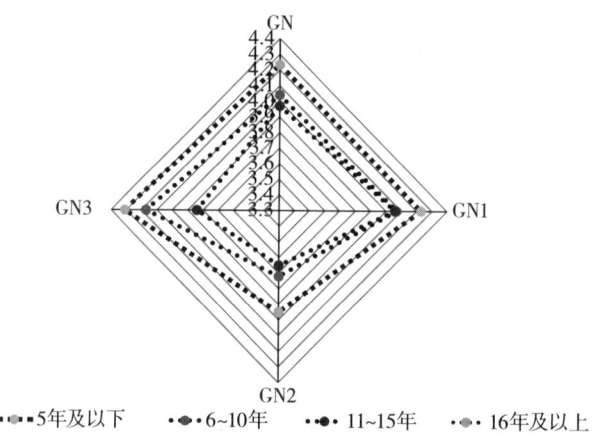

图4-5 不同工作年限社区工作者感恩维度及其各题项均值比较
资料来源:笔者根据SPSS软件输出结果在Excel软件中绘制所得。

三、社区工作者对弱势群体的关爱与怜悯体验足够深刻

表4-10为同情心维度三个题项的描述性统计结果。从表4-10中的统计结果可以看出,"同情意向"子维度上的得分最高(4.17),随

后是"同情理解"子维度（4.13），最低的是"同情体验"子维度（4.06）。总体来看，同情心三个子维度的得分均在 4 到 5 之间，处于很高水平。表明城市社区工作者对辖区居民尤其是弱势群体的遭遇或感受能够在情感上产生较为强烈的共鸣（同喜与同悲），并注重帮助他人所带来的精神上的满足感。

表 4-10 同情心维度各题项的描述统计（$N = 2690$）

维度	题项	极小值	极大值	均值	标准差
同情意向	TQX1：当看到弱势群体时，我想伸出援手	1.00	5.00	4.17	0.487
同情理解	TQX2：我认为人与人之间相互扶持是很平常的事情	1.00	5.00	4.13	0.574
同情体验	TQX3：即便是身陷困境的陌生人，也会激发我的同情心	1.00	5.00	4.06	0.625

性别可能是影响个体同情心强弱的关键权变因素。已有研究发现，女性同情心二阶因子得分总体高于男性。[①] 而且从社会化的过程来看，女性比男性更倾向于社会化，更能够对他人表现同情心。基于此，在同情心维度的群体特征上，本章重点考察"性别"导致的社区工作者同情心水平上的差异。

表 4-11 为男性社区工作者和女性社区工作者在同情心水平上的差异检验结果。从独立样本 T 检验结果来看，不同性别社区工作者在各变量上均存在显著差异，且女性社区工作者的同情心水平高于男性社区工作者。这可能是由于与男性相比，女性社区工作者的心思更为细腻，更善于理解他人的情绪，能够更加敏感地觉察到他人的不幸，并能更多地表达关切和担心，表现出更多的安慰、体贴、分享、捐献等援助性行为。

---

① 李幼穗,韩映虹. 幼儿同情心发展特点的调查研究[J]. 天津师范大学学报(社会科学版),2008(6):79.

表 4-11　不同性别社区工作者在同情心水平上的独立样本 T 检验

维度/题目	女 $N=2120$	男 $N=570$	差异 显著性水平
TQX	4.16	4.08	0.014**
TQX1	4.18	4.16	0.016**
TQX2	4.16	4.10	0.056*
TQX3	4.09	4.03	0.028**

注：*代表 $p<0.1$，**代表 $p<0.05$。

四、社区工作者为民服务的宗旨与情怀坚定

表 4-12 为公共利益承诺维度三个题项的描述性统计结果。从表 4-12 中的统计结果可以看出，三个题项的均值得分较为均衡。其中，题目"GGLY1"和题目"GGLY3"的均值介于 4 到 5 之间，处于很高水平，题目"GGLY2"的均值介于 3 到 4 之间，接近于 4，处于较高水平。

表 4-12　公共利益承诺维度各题项的描述统计（$N=2690$）

维度	题项	极小值	极大值	均值	标准差
遵守社会规范	GGLY1：我认为参与公共服务是每个公民应尽的义务	1.00	5.00	4.04	0.552
	GGLY2：当公共利益和个人利益发生冲突时，我会毫不犹豫地捍卫公共利益	1.00	5.00	3.96	0.773
为公共利益服务的愿望	GGLY3：对我来说，为辖区居民做善事是有意义的	1.00	5.00	4.08	0.489

依据发展阶段理论，随着工作年限的持续增长，个体越来越不容易离开组织，更倾向于与组织荣辱共存，愿意主动做出对他人有益的态度和行为。更有研究发现，随着工作年限的推移，个体获得的资源和经验也逐渐增多，使得他们更加积极地参与和投入社会服务，他们对公共利

益的使命承诺也不断增强。① 同样,在诸多公务员公共服务动机的实证研究文献中也证实了,随着工作年限的增加,个体公共利益承诺的均值呈递增态势。那么,这一递增规律是否适用于社区工作者群体?本章采用方差分析回答这一问题。

表4-13为以工作年限为因子,以公共利益承诺及其三个题项为因变量的方差分析检验结果。可以看出,除工作年限在11~15年与16年及以上的社区工作者在题项"GGLY3"不存在显著差异外,其余各组之间均存在显著差异。绘制均值比较雷达图(见图4-6)发现,不同工作年限社区工作者的公共利益承诺及其三个题项均值呈现一致的结果,均值由大到小依次为16年及以上、11~15年、6~10年、5年及以下,即工作年限越久,社区工作者公共利益承诺得分越高,这与以往学者的研究结果一致。

表4-13 不同工作年限社区工作者在公共利益承诺维度上的差异检验

维度/题项	P1	P2	P3	P4	P5	P6
GGLY	0.068*	0.034**	0.007***	0.046**	0.011**	0.055*
GGLY1	0.043**	0.034**	0.022**	0.074*	0.091*	0.081*
GGLY2	0.046**	0.085*	0.093*	0.055*	0.022**	0.067*
GGLY3	0.090*	0.059*	0.007***	0.081*	0.032**	0.148

注:*代表$p<0.1$;**代表$p<0.05$;***代表$p<0.01$。P1~P6依次为变量之间的差异显著性水平:P1(5年及以下与6~10年);P2(5年及以下与11~15年);P3(5年及以下与16年及以上);P4(6~10年与11~15年);P5(6~10年与16年及以上);P6(11~15年与16年及以上)。

资料来源:笔者根据SPSS软件输出结果在Excel软件中绘制所得。

---

① ROMZEK B S. Employee investment and commitment: The ties that bind[J]. Public Administration Review, 1990, 50(3): 378.

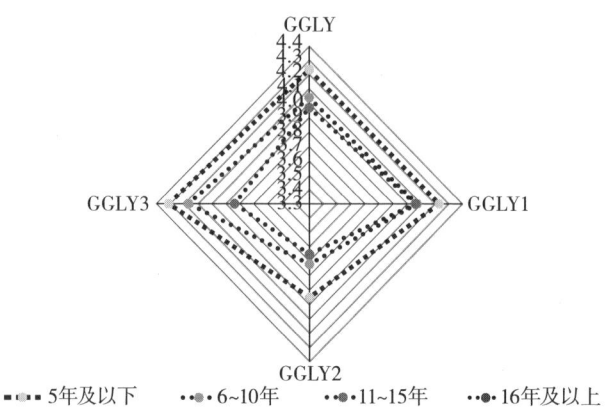

图 4-6　不同工作年限社区工作者公共利益承诺维度及其各题项均值比较

五、社区工作者展现自身能力的工具性动机明显

表 4-14 为自我实现需要维度四个题项的描述性统计结果。从表 4-14 中的统计结果可以看出，社区工作者成就需要两个题项的均值介于 3 到 4 之间，处于较高水平；胜任需要两个题项的均值介于 4 到 5 之间，处于很高水平。可见，虽然社区工作者具有获得良好口碑、实现自身价值的成就需要，但其理性动机主要来源于想要证明其自身能力的胜任需要。

表 4-14　自我实现需要维度各题项的描述统计（$N = 2690$）

维度	维度/题项	极小值	极大值	均值	标准差
成就需要	ZWSX1：我希望别人看到我为社区付出的努力	2.00	5.00	3.53	0.845
	ZWSX2：对我来说，追求个人口碑是重要的	1.00	5.00	3.62	1.380
胜任需要	ZWSX3：为了成为一名称职的社区工作者，我努力工作	1.33	5.00	4.07	0.471
	ZWSX4：我认为社区工作体现了我的工作能力	1.00	5.00	4.02	0.994

备忘录中有这样一个标题可以很好地解释这一现象："部分社区干

事只想做'躺平族',做一天和尚撞一天钟,晋升意愿不强。"正如社区干事F18所述"领导让我干什么我就干什么,我也没有什么自己的想法和追求,就算有晋升副书记的机会我也不会去争取,因为副书记和书记的活儿都太累了,我就想当个普通的干事"。"躺平"可能是多数社区干事真实的心理写照和价值取向。相反,访谈中发现社区书记在为民服务过程中具有较为强烈的成就需要和胜任需要。不论社区领导是基于"在其位谋其职"或自尊心驱动的被动需要,还是想要提升自身能力和影响力的主观需求,其外在行为表现是积极乐观的,其对实现个人利益最大化的理性追求是强烈的。因此,本章拟对不同职务社区工作者的理性动机进行差异检验。

根据社区工作者职务划分,将其分为"社区书记(主任)""社区副书记(主任)""社区干事"三组,以自我实现需要及其四个题项为因变量进行单因素方差分析,并绘制雷达图。方差分析结果显示(见表4-15),不同职务社区工作者在自我实现需要动机及其各题项上存在显著差异。根据图4-7可以看出,不同职务社区工作者的自我实现需要动机均值由高到低依次为社区书记(主任)、社区副书记(主任)、社区干事。

表4-15 不同职务社区工作者在自我实现需要维度上的差异检验

维度/题项	P1	P2	P3
ZWSX	0.096*	0.024**	0.084*
ZWSX1	0.045**	0.039**	0.024**
ZWSX2	0.086*	0.035**	0.061*
ZWSX3	0.085*	0.043**	0.053*
ZWSX4	0.058*	0.025**	0.064*

注:*代表$p<0.1$;**代表$p<0.05$。P1~P3依次为变量之间的差异显著性水平:P1[社区书记(主任)与社区副书记(主任)];P2[社区书记(主任)与社区干事];P3[社区副书记(主任)与社区干事]。

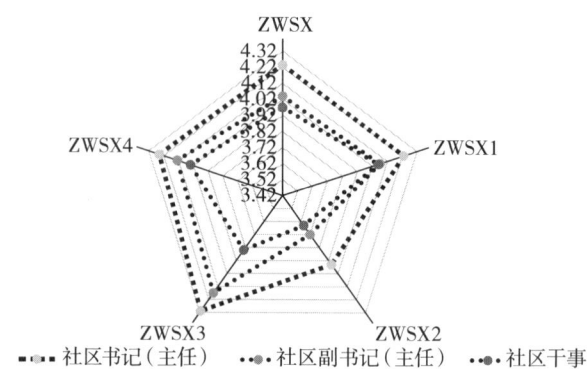

图 4-7　不同职务社区工作者自我实现需要维度及其各题项均值比较

资料来源：笔者根据 SPSS 软件输出结果在 Excel 软件中绘制所得。

六、社区工作者勇于自我奉献的精神境界尚需提升

自我奉献精神是社区工作者公共服务动机得分最低的维度。表 4-16 为自我奉献精神维度三个题项的描述性统计结果。从表 4-16 中的统计结果可以看出，三个题项的均值介于 3 到 4 之间，处于较高水平。从子维度均值来看，"奉献意识"的得分稍高，"奉献意向"的得分偏低。

表 4-16　自我奉献精神维度各题项的描述统计（$N=2690$）

维度	题项	极小值	极大值	均值	标准差
奉献意识	ZWFX1：即便没有报酬，我也乐意为辖区居民服务	1.00	5.00	3.46	1.262
奉献意识	ZWFX2：我认为应该多奉献少索取	1.00	5.00	3.42	1.256
奉献意向	ZWFX3：为了帮助别人，我愿意牺牲自己的利益	2.00	5.00	3.40	1.145

为何我国城市社区工作者自我奉献精神维度得分相对偏低？有哪些群体特征变量在自我奉献精神维度及其题项上可能存在显著差异？胥彦和李超平曾采用元分析方法对 138 篇汇报人口统计学特征与公共服务动

机之间关系的文献进行主效应分析，发现在众多群体特征变量中（性别、年龄、受教育程度、婚姻状况、组织任期、工作任期职位等级、收入），只有不同学历个体的自我奉献精神差异通过了显著性检验（$p = 0.000$），且学历越高，个体的自我奉献精神得分越高。[1] 根据社会学习理论，受过高等教育的个体的组织学历能力更强，[2] 社会责任感更高，有能力也愿意使用自己的知识回报和奉献社会。尤其是在公开情境下，学历高的个体宁愿牺牲自身利益也要展现慷慨和无私。因此，本章拟对不同学历社区工作者的自我奉献精神进行差异检验。

根据社区工作者的学历，将其分为"初中及以下""高中（中专）""大专""本科""硕士及以上"五组，以自我奉献精神及其三个题项为因变量进行单因素方差分析。方差分析结果显示（见表4-17），不同学历社区工作者在自我奉献精神及其各题项上存在显著差异，但其均值的变动情况与本章预设完全相反。图4-8是不同学历社区工作者在自我奉献精神维度及各题项上的均值雷达图，可以看出，均值最高的是学历为初中及以下的社区工作者，学历为高中（中专）的社区工作者次之，紧接着是大专、本科，而硕士及以上社区工作者不论是在自我奉献精神维度还是在三个题项上的得分都是最低的。这可能是由于，学历层次越高的社区工作者虽然一直寻求更多学习和提升的机会，但是他们在服务社会及需要牺牲自身利益时，会将成本和收益纳入其考虑的范围内而表现得更加理性。

---

[1] 胥彦,李超平. 人口统计学特征对公共服务动机有什么影响？来自元分析的证据[J]. 心理科学进展,2020,28(10):1646.

[2] 段锦云,张晨,徐悦. 员工建言行为的人口统计特征元分析[J]. 心理科学进展,2016,24(10):1577.

表4-17 不同学历的社区工作者在自我奉献精神维度及各题项上的差异检验

维度/题项	P1	P2	P3	P4	P5	P6	P7	P8	P9	P10
ZWFX	0.014**	0.005***	0.000***	0.000***	0.011**	0.000***	0.000***	0.000***	0.001***	0.043**
ZWFX1	0.066*	0.028**	0.000***	0.000***	0.015**	0.000***	0.000***	0.000***	0.000***	0.014**
ZWFX2	0.096*	0.010**	0.000***	0.000***	0.012**	0.000***	0.001***	0.000***	0.013**	0.034**
ZWFX3	0.016**	0.005***	0.000***	0.000***	0.057*	0.000***	0.001***	0.000***	0.014**	0.056*

注：*代表$p<0.1$；**代表$p<0.05$；***代表$p<0.01$。P1~P10依次为变量之间的差异显著性水平：P1［初中及以下与高中（中专）］；P2（初中及以下与大专）；P3（初中及以下与本科）；P4（初中及以下与硕士及以上）；P5［高中（中专）与大专］；P6［高中（中专）与本科］；P7［高中（中专）与硕士及以上］；P8（大专与本科）；P9（大专与硕士及以上）；P10（本科与硕士及以上）。

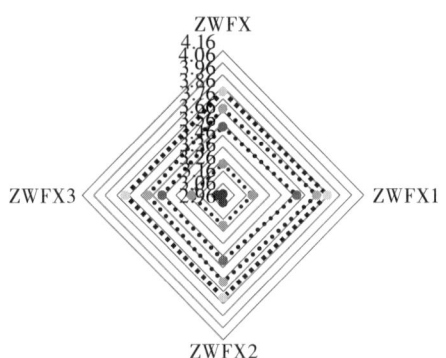

图4-8 不同学历的社区工作者自我奉献精神及其各题项的均值比较

资料来源：笔者根据SPSS软件输出结果在Excel软件中绘制所得。

第五章　城市社区工作者公共服务动机影响因素假设检验

本章为数据分析的第二个阶段。在第二章中，本书借助扎根理论三级编码发现，城市社区工作者公共服务动机影响因素主要包括工作获得感、组织认同、工匠精神、心理资本、变革型领导风格和社区行政化，并对影响因素之间的作用机制及边界条件进行了预设。扎根理论方法虽然有助于发现新的范畴和理论，但缺乏实证检验的质性研究结果，其信效度是难以令人信服的。另外，考虑到社区工作者身份所隐含的伦理规范和社区规章制度的硬性约束，可能会使某些社区工作者在接受访谈的过程中极力掩盖自身的真实偏好和服务动机。基于此，为使研究发现具备更强的说服力和解释力，本章将通过验证性因素分析、Bootstrap 检验法、潜调节结构方程法等对影响因素理论模型中的直接效应、中介效应、调节效应、被调节的中介效应进行实证检验。

第一节 城市社区工作者公共服务动机影响因素量表质量分析

一、信度分析

表 5-1 为公共服务动机影响因素总量表及分量表的信度检验结果。从检验结果来看，工作获得感量表、工匠精神量表、组织认同量表、社区行政化量表的 α 系数介于 0.8 到 0.9 之间，表明上述四个量表测量题项的信度较高；心理资本量表、变革型领导风格量表以及影响因素总量表的 α 系数均高于 0.9，表明上述量表测量题项具有很高的信度。以上信度检验结果均表明本章的公共服务动机影响因素量表的稳定性和可靠性良好。

表 5-1 公共服务动机影响因素分量表及总量表 α 系数

量表	心理资本	变革型领导风格	工作获得感	工匠精神	组织认同	社区行政化	总量表
α 系数	0.927	0.964	0.865	0.889	0.859	0.837	0.936

二、效度分析

（一）区分效度

在量表具有良好信度的前提下，为确保公共服务动机各影响因素代表不同的构念，采用验证性因素分析对公共服务动机影响因素量表的区分效度进行检验。本章比较了一因素模型：假设所有题项测量的是同一个因素。二因素模型：假设工作获得感单独测量一个因素，变革型领导风格、社区行政化、心理资本、组织认同、工匠精神共同测量一个因素。三因素模型（a）：假设工作获得感、变革型领导风格各单独测量一个因素，社区行政化、心理资本、组织认同、工匠精神共同测量一个因素。三因素模型（b）：假设工作获得感、心理资本各单独测量一个因素，变革型领导风格、社区行政化、组织认同、工匠精神共同测量一个因素。三因素模型（c）：假设工作获得感、组织认同各单独测量一个因素，变革型领导风格、社区行政化、心理资本、工匠精神共同测量一个因素。四因素模型（a）：假设工作获得感、组织认同、变革型领导风格各单独测量一个因素，社区行政化、工匠精神、心理资本共同测量一个因素。四因素模型（b）：假设工作获得感、社区行政化、变革型领导风格各单独测量一个因素，组织认同、工匠精神、心理资本共同测量一个因素。四因素模型（c）：假设工作获得感、心理资本、变革型领导风格各单独测量一个因素，社区行政化、工匠精神、组织认同共同测量一个因素。五因素模型（a）：假设工作获得感、组织认同、社区行政化、变革型领导风格各单独测量一个因素，工匠精神和心理资本共同测量一个因素。五因素模型（b）：假设工作获得感、社区行政化、变革型领导风格、工匠精神各单独测量一个因素，组织认同和心理资本共同测量一个因素。五因素模型（c）：假设工作获得感、心理资本、变革型领导风格、组织认同各单独测量一个因素，社区行政化和工匠精神共同测量一个因素。六因素模型：假设工作获得感、组织认同、工匠精神、心理资本、社区行政化、变革型领导风格各单独测量一个因素。

采用Mplus8.0软件对上述测量模型进行验证性因素分析，各模型的拟合情况如表5－2所示。从模型的相对拟合指数来看，五因素模型（a）、五因素模型（c）和六因素模型的CFI与TLI均大于0.9的判断值，说明这三个模型的拟合度高于其他模型；从模型的绝对拟合指数来看，仅有六因素模型的RMSEA和SRMR均小于0.08的临界值，且卡方值与自由度的比值最小。因此，从模型整体的拟合情况来看，六因素模型显著优于其他模型。这意味着，本章 6 个影响因素在内涵方面分别代表不同的构念，具有较好的区分效度。

表 5 - 2　影响因素量表区分效度的验证性因素分析结果

模型	卡方值与自由度的比值	CFI	TLI	RMSEA	SRMR
一因素模型	22.94	0.605	0.594	0.221	0.681
二因素模型	19.84	0.691	0.703	0.196	0.487
三因素模型（a）	11.77	0.776	0.668	0.148	0.257
三因素模型（b）	9.08	0.748	0.724	0.156	0.231
三因素模型（c）	8.96	0.769	0.749	0.201	0.290
四因素模型（a）	6.06	0.821	0.740	0.091	0.173
四因素模型（b）	7.05	0.858	0.902	0.138	0.139
四因素模型（c）	6.77	0.873	0.899	0.162	0.105
五因素模型（a）	3.96	0.904	0.909	0.087	0.187
五因素模型（b）	4.09	0.877	0.863	0.091	0.106
五因素模型（c）	3.24	0.921	0.916	0.072	0.084
六因素模型	2.38	0.928	0.937	0.027	0.041
判断标准	<5	>0.9	>0.9	<0.08	<0.08

（二）聚合效度

继续采用验证性因素分析计算影响因素各题项的标准化因子载荷，以及各因子的平均变异数萃取量（AVE）和组合信度（CR），进而对公共服务动机影响因素量表的聚合效度进行检验。检验结果及经验判断标准如表 5 - 3 所示。结果显示，影响因素各题项的标准化因子载荷均高于 0.6；AVE 值介于 0.509 到 0.550 之间，均超过经验判断标准 0.5；且 6 个影响因素的 CR 值介于 0.808 到 0.905 之间，高于福内尔（Fornell）和拉克尔（Larcker）推荐的 0.7 标准。以上结果均表明公共服务动机影响因素量表的聚合效度良好。

表 5-3　影响因素量表聚合效度检验结果

影响因素	标准化因子载荷	AVE	CR
心理资本	0.631~0.811	0.509	0.878
变革型领导风格	0.632~0.763	0.512	0.893
工作获得感	0.615~0.826	0.546	0.905
工匠精神	0.600~0.895	0.520	0.863
组织认同	0.657~0.826	0.515	0.808
社区行政化	0.653~0.793	0.550	0.829
经验判断标准	>0.6	≥0.5	>0.7

三、共同方法偏差检验

如果研究数据来源单一，且自我报告又是唯一的作答方式时，那么这种资料收集的方法会导致测量结果产生差异，即共同方法偏差（Common Method Bias，CMB），[①] 共同方法偏差会严重影响测量结果的有效性。由于本章中潜变量测量题项均源于同一被试，不可避免地存在共同方差偏差，故须对样本数据的共同方法偏差进行检验，并予以控制。

常用的检验共同方法偏差的方法主要有 Harman 单因子法（探索性因素分析）、潜在误差变量控制法、标签变量法（验证性因素分析）。其中，Harman 单因子法提取方法因子的检验思想虽然具有一定的合理性，但评价标准不合理，对共同方法偏差的变化不敏感，检验力很低。[②] 因此，本章采用后两种方法检验共同方法偏差。

首先，采用潜在误差变量控制法中的无可测方法（即在控制前模型中加入方法潜因子）对样本数据的共同方法偏差进行检验。采用 Amos

---

[①] LINDELL M K, WHITNEY D J. Accounting for common method variance in cross-sectional research designs[J]. Journal of Applied Psychology, 2001, 86(1): 118.

[②] 汤丹丹, 温忠麟. 共同方法偏差检验: 问题与建议[J]. 心理科学, 2020, 43(1): 220.

软件计算并比较单因子模型、控制前模型、控制后模型的拟合指数（见表 5-4），发现控制前模型和控制后模型的拟合情况均较好（SRMR < 0.08），控制后模型的拟合情况稍优于控制前模型，说明可能存在共同方法偏差。其次，将加入方法潜因子后模型卡方值的变化情况进行对比发现，控制前模型与控制后模型的卡方值并未发生显著变化（由 319.307 变为 307.679），表明共同方法偏差并不严重。采用标签变量法进一步检验共同方法偏差。根据人口统计变量与各潜变量之间相关分析结果（见表 5-5），本章选取对所有潜变量影响均不显著且与公共服务动机相关性最小的变量——性别（$r=0.010$）作为标签变量，将其纳入结构方程模型中进行验证性因素分析。结果显示，所有预测路径的显著性及因子负荷并未发生明显改变。基于上述两种检验结果，可以推断本章的样本数据不存在严重的共同方法偏差。

表 5-4 潜在误差变量控制法与标签变量法检验结果

模型	SRMR	卡方值
单因子模型	0.105	692.263
控制前模型	0.072	319.307
控制后模型	0.068	307.679
标签变量	与公共服务动机的相关系数 r	
性别	0.010	

第二节 直接效应检验

一、描述性统计与变量相关分析

公共服务动机及其影响因素的均值、标准差、相关系数等信息详见表 5-5。从变量描述性统计上看，各变量的均值和标准差均无异常。从

表 5-5 描述性统计及潜变量间相关系数（$N = 2690$）

变量	Mean	SD	1	2	3	4	5	6	7	8	9	10	11	12	13	14	15	16
1. 性别	1.79	0.404																
2. 年龄	2.40	0.769	-0.090**															
3. 职务	2.71	0.598	0.115**	-0.055**														
4. 政治面貌	2.25	1.439	0.143**	0.033	0.365**													
5. 学历	3.19	0.898	-0.010	-0.425**	-0.247**	-0.369**												
6. 工作年限	2.21	1.100	-0.100**	0.440**	-0.240**	-0.323**	0.088**											
7. 工资收入	2.34	1.121	-0.148**	0.031	-0.369**	-0.373**	0.416**	0.401**										
8. 进入社区方式	1.60	0.490	0.097**	-0.074**	0.335**	0.281**	-0.061**	-0.155**	-0.192**									
9. 是否在本社区居住	1.62	0.486	-0.037	-0.075**	-0.020	-0.025	0.171**	0.032	0.150**	0.117**								
10. 社区类型	3.09	1.152	-0.063**	-0.062**	-0.037	-0.026	0.009	-0.045*	-0.070**	-0.072**	0.011							
11. 公共服务动机	3.95	0.441	0.010	0.147**	-0.059	-0.018	-0.144**	0.057	-0.027	-0.078**	-0.083	-0.027						
12. 心理资本	3.62	1.681	-0.057	0.167**	-0.034	0.002	-0.182**	0.048*	-0.078**	-0.070**	-0.092	-0.044*	0.727**					
13. 变革型领导风格	4.03	0.441	0.019	0.042	0.032	0.043	-0.153	-0.048	-0.037	-0.045*	-0.032	-0.037	0.478**	0.529**				
14. 工作获得感	3.93	0.786	-0.029	0.124	-0.017	0.011	-0.152	0.051	0.078**	-0.081**	-0.089	-0.076**	0.583**	0.631**	0.590**			
15. 工匠精神	3.65	4.465	-0.002	0.116	-0.027	-0.017	-0.105	0.050	-0.018	-0.071**	-0.085	-0.016	0.650**	0.712**	0.500**	0.534**		
16. 组织认同	3.83	0.692	-0.013	0.057	0.050**	-0.029	-0.076	0.019	-0.058**	-0.069**	-0.088	-0.009	0.588**	0.623**	0.476**	0.511**	0.667**	
17. 社区行政化	4.26	1.901	-0.017	-0.043	0.146	-0.148	0.207	0.094	0.148**	-0.053**	0.062	0.020	-0.105**	-0.188**	-0.182**	-0.331**	-0.061**	-0.033

注：** 代表 $p < 0.05$，** 代表 $p < 0.01$。
资料来源：SPSS 软件输出结果。

变量间相关性上看，心理资本、变革型领导风格、工作获得感、工匠精神、组织认同与公共服务动机两两之间存在显著正相关关系。此外，社区行政化与公共服务动机、心理资本、变革型领导风格、工作获得感、工匠精神、组织认同之间存在显著负相关。上述结果为本书的直接效应假设（H1、H2、H3、H4、H5、H8）提供了初步支撑。

二、六个因素对公共服务动机的直接效应假设检验

根据扎根理论三级编码建构的影响因素理论模型，本章有六个直接效应有待检验。采用 Mplus8.0 软件以公共服务动机为内源潜变量，以心理资本、工匠精神、工作获得感、组织认同、变革型领导风格、社区行政化为外源潜变量构建结构方程模型，并控制性别、年龄、学历等群体特征变量。其中，性别、社区类型等定类变量在纳入结构方程前先进行虚拟编码（0 = 参照组，1 = 比较组；若类别数 $k > 2$，则构建 $k - 1$ 个虚拟变量），职务、学历等定序变量则直接纳入结构方程模型。直接效应检验的 Mplus 程序语法见附录 D。具体模型如下：

$$PSM = a_0 + a_1 XLZB + a_2 LDFG + a_3 GZHD + a_4 GJJS + a_5 ZZRT + a_6 XZH + e_1 \quad (5-1)$$

其中，a_0 为截距；$a_1 \sim a_6$ 分别为 6 个因素对公共服务动机的直接效应；e_1 为截距的随机误差。

模型拟合情况如表 5 - 6 所示。从模型绝对拟合指数来看，卡方值与自由度的比值为 4.27 < 5，拟合良好；RMSEA = 0.076 < 0.08，可以说是不错的模型拟合；SRMR = 0.063，小于 0.08 的判断值，表明模型整体的残差很小，拟合良好。从模型相对拟合指数来看，CFI = 0.886，接近 0.9，TLI = 0.905 > 0.9，模型拟合一般。但综合来看，直接效应模型的整体拟合良好，表明实际数据与理论模型的拟合程度较好。

表5-6 直接效应模型拟合

模型拟合评价指标	检验标准	测量结果	
绝对拟合指数	卡方值（Chi-square）	越小越好	5569.711
	自由度（df）	—	1304
	卡方值与自由度的比值	<5	4.27
	RMSEA	<0.08	0.076
	SRMR	<0.08	0.063
相对拟合指数	CFI	>0.9	0.886
	TLI	>0.9	0.905
信息标准指数	AIC	越小越好	52232.103
	BIC	越小越好	53293.616
	调整BIC	越小越好	52721.700

资料来源：Mplus软件输出结果。

表5-7是各变量之间直接效应的非标准化系数结果。模型1至模型4在控制了群体特征变量的基础上，检验个体心理因素对公共服务动机的直接效应。结果显示，工作获得感（$\beta=0.690$，$p<0.01$）、组织认同（$\beta=0.610$，$p<0.01$）、工匠精神（$\beta=0.512$，$p<0.01$）和心理资本（$\beta=0.347$，$p<0.01$）对城市社区工作者公共服务动机均有显著的正向作用，假设H1~假设H4通过了验证。模型5和模型6检验了组织因素对公共服务动机的直接效应。结果显示，变革型领导风格（$\beta=0.201$，$p<0.01$）对公共服务动机具有显著的正向影响；社区行政化（$\beta=-0.250$，$p<0.01$）对城市社区工作者公共服务动机具有显著的负向影响，假设H5和H8通过了验证。上述变量间直接效应的检验结果为后续个体因素的中介效应检验奠定了基础。6个因素对公共服务动机的直接效应由大到小依次为工作获得感、组织认同、工匠精神、心理资本、变革型领导风格、社区行政化。

表 5-7 直接效应检验的非标准化系数结果

变量	心理资本 模型1		工匠精神 模型2		工作获得感 模型3		组织认同 模型4		变革型领导风格 模型5		社区行政化 模型6	
	估计值	标准误	估计值	标准误	估计值	标准误	估计值	标准误	估计值	标准误	估计值	标准误
截距	4.417**	0.016	4.427**	0.016	4.391**	0.016	4.421**	0.016	5.267**	0.074	5.389**	0.076
GEN	-0.087*	0.033	-0.107**	0.025	-0.002	0.040	0.032**	0.021	-0.017	0.026	0.183**	0.027
AGE	0.042	0.030	-0.070*	0.031	0.017*	0.039	0.015*	0.028	0.114**	0.031	0.090*	0.031
POS	0.120**	0.031	0.046	0.028	-0.013*	0.038	-0.029	0.035	-0.088*	0.039	-0.056	0.030
POL	-0.077*	0.039	0.096*	0.029	0.012	0.031	-0.010*	0.038	0.082	0.044	-0.080*	0.033
EDU	0.088**	0.044	-0.051	0.036	0.095	0.027	0.005	0.037	0.033	0.041	0.044	0.030
YEAR	0.047	0.041	0.091*	0.041	0.063	0.041	0.015**	0.037	0.017	0.038	0.101*	0.031
WAGE	0.016	0.038	0.055	0.038	-0.012**	0.036	-0.010	0.033	-0.087*	0.035	-0.070	0.039
WAY	-0.071*	0.035	0.002	0.035	0.016**	0.033	0.015*	0.042	0.087**	0.028	0.103*	0.044
PLA	0.085**	0.028	-0.072*	0.033	0.036**	0.029	0.010	0.036	0.188**	0.027	0.074	0.041
TYPE	0.187**	0.027	0.182**	0.022	0.001	0.033	-0.003	0.028	0.007	0.025	-0.019	0.035
PSM	0.347**	0.031	0.512**	0.026	0.690**	0.036	0.610**	0.024	0.201**	0.020	-0.250**	0.016

注：* 代表 $p<0.05$，** 代表 $p<0.01$。GEN = 性别；AGE = 年龄；POS = 职务；POL = 政治面貌；EDU = 学历；YEAR = 工作年限；WAGE = 工资收入；WAY = 进入社区方式；PLA = 是否在本社区居住；TYPE = 社区类型。
资料来源：Mplus 软件输出结果。

第三节　中介效应检验

中介效应检验可以使自变量和因变量之间的关系链更为清楚和完善。本节借鉴温忠麟和叶宝娟①提出的一个相对较新的检验流程（见图5-1）对可能存在的中介效应进行检验。根据扎根理论选择性编码结果，本节有三个变量的中介效应有待检验。

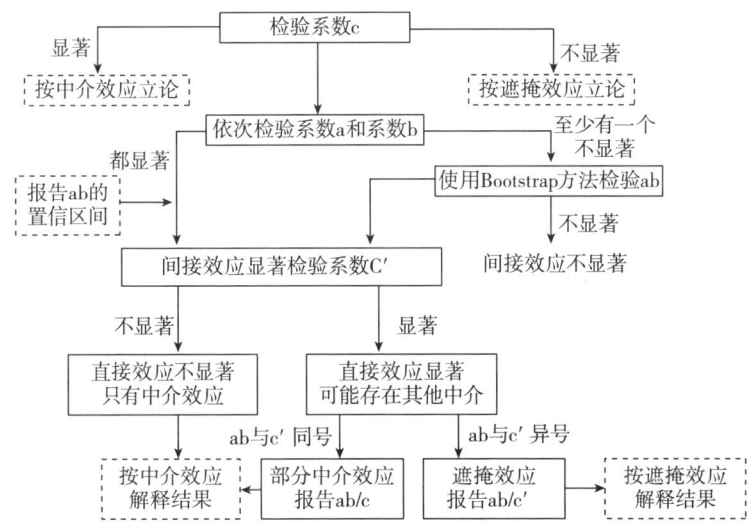

图5-1　温忠麟等推荐的中介效应检验流程

一、组织认同的中介效应检验

在控制了性别、年龄、学历等群体特质因素后，采用Mplus8.0软件建构结构方程模型，对组织认同在变革型领导风格与公共服务动机之

---

① 温忠麟,叶宝娟.中介效应分析:方法和模型发展[J].心理科学进展,2014,22(5):731-745.

间的中介效应进行检验。组织认同中介效应检验的 Mplus 程序语法见附录 D。具体模型如下：

$$ZZRT = a_0 + a_1 LDFG + e_1 \quad (5-2)$$

$$PSM = b_0 + b_1 ZZRT + c' LDFG + e_2 \quad (5-3)$$

其中，a_0、b_0 为截距，a_1 为变革型领导风格对组织认同的效应；b_1 为控制了变革型领导风格的影响后，组织认同对公共服务动机的效应；c' 为控制了组织认同的影响后，变革型领导风格对公共服务动机的效应；e_1、e_2 为截距的随机误差。

组织认同中介效应的模型拟合情况如表 5-8 所示。从模型绝对拟合指数来看，卡方值与自由度的比值为 4.18 < 5，拟合良好；RMSEA = 0.063 < 0.08，可以说是不错的模型拟合；SRMR = 0.072，小于 0.08 的判断值，表明模型整体的残差很小，拟合良好。从模型相对拟合指数来看，CFI = 0.949 > 0.9，TLI = 0.935 > 0.9，模型拟合非常好。

表 5-8 组织认同中介效应的模型拟合

模型拟合评价指标		检验标准	测量结果
绝对拟合指数	卡方值(Chi-square)	越小越好	1449.878
	自由度（df）	—	347
	卡方值与自由度的比值	<5	4.18
	RMSEA	<0.08	0.063
	SRMR	<0.08	0.072
相对拟合指数	CFI	>0.9	0.949
	TLI	>0.9	0.935
信息标准指数	AIC	越小越好	28729.457
	BIC	越小越好	29242.522
	调整 BIC	越小越好	28966.096

资料来源：Mplus 软件输出结果。

组织认同中介模型的路径系数及各变量题项的标准化因子载荷如图 5-2 所示。变革型领导风格对组织认同具有正向预测作用（$a_1 =$

0.459，$p<0.01$）；控制了变革型领导风格影响后，组织认同对公共服务动机具有正向预测作用（$b_1=0.533$，$p<0.01$）；控制了组织认同影响后，变革型领导风格对公共服务动机同样具有正向预测作用（$c'=0.195$，$p<0.01$）。

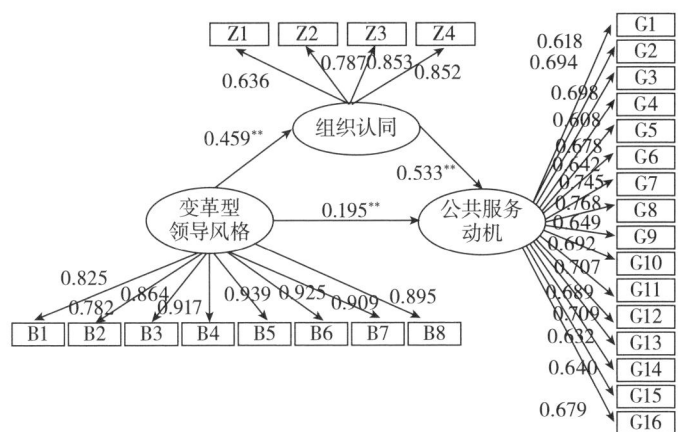

图 5 -2　组织认同在变革型领导风格与公共服务动机之间的中介效应检验
资料来源：笔者根据 Mplus 软件输出结果自行绘制。

为对组织认同的中介效应是否显著做出判断，本节通过 Mplus8.0 软件采用偏差校正的非参数百分位 Bootstrap 法重复随机抽取 1000 个样本，以此获取直接效应、间接效应、总效应的 95% 置信区间（CI）。判断标准为：若效应值 95% CI 不包含 0，表明中介效应显著；若效应值 95% CI 包含 0，则表明中介效应不显著。组织认同中介效应显著水平如表 5 -9 所示，变革型领导风格对公共服务动机的直接效应显著，95% CI ［0.152，0.246］，不包含 0；变革型领导风格对公共服务动机的间接效应显著，95% CI ［0.231，0.302］，不包含 0；变革型领导风格对公共服务动机的总效应显著，95% CI ［0.421，0.498］，不包含 0。中介效应（间接效应）占总效应的 57.52%。由于路径系数 a_1、b_1 与 c' 同号，因此上述检验结果表明，组织认同在变革型领导风格与公共服务动机之间的中介效应为部分中介效应，假设 H6 通过验证。

表 5-9　组织认同的中介效果及置信区间（95%）

路径	直接效应			间接效应			总效应			影响效果
	标准化路径系数	95% 置信区间		标准化路径系数	95% 置信区间		标准化路径系数	95% 置信区间		
		下限	上限		下限	上限		下限	上限	
变革型领导风格→组织认同→公共服务动机	0.195**	0.152	0.246	0.264**	0.231	0.302	0.459**	0.421	0.498	部分中介效应

注：**代表 $p<0.01$。
资料来源：Mplus 软件输出结果。

二、工匠精神的中介效应检验

在控制了性别、年龄、学历等群体特质因素后，采用 Mplus8.0 软件建构结构方程模型，对工匠精神在变革型领导风格与公共服务动机之间的中介效应进行检验。工匠精神中介效应检验的 Mplus 程序语法见附录 D。具体模型如下：

$$GJJS = a_0 + a_1 LDFG + e_1 \qquad (5-4)$$

$$PSM = b_0 + b_1 GJJS + c'LDFG + e_2 \qquad (5-5)$$

其中，a_0、b_0 为截距；a_1 为变革型领导风格对工匠精神的效应；b_1 为控制了变革型领导风格的影响后，工匠精神对公共服务动机的效应；c' 为控制了工匠精神的影响后，变革型领导风格对公共服务动机的效应；e_1、e_2 为截距的随机误差。

工匠精神中介效应的模型拟合情况如表 5-10 所示。从模型绝对拟合指数来看，卡方值与自由度的比值为 $2.80<5$，拟合良好；RMSEA = $0.060<0.08$，可以说是不错的模型拟合；SRMR = 0.069，小于 0.08 的判断值，表明模型整体的残差很小，拟合良好。从模型相对拟合指数来看，CFI = $0.952>0.9$，TLI = $0.940>0.9$，模型拟合非常好。

表 5-10 工匠精神中介效应模型拟合

模型拟合评价指标		检验标准	测量结果
绝对拟合指数	卡方值（Chi-square）	越小越好	1124.008
	自由度（df）	—	402
	卡方值与自由度的比值	<5	2.80
	RMSEA	<0.08	0.060
	SRMR	<0.08	0.069
相对拟合指数	CFI	>0.9	0.952
	TLI	>0.9	0.940
信息标准指数	AIC	越小越好	25779.996
	BIC	越小越好	26328.445
	调整 BIC	越小越好	26032.955

资料来源：Mplus 软件输出结果。

工匠精神中介模型的路径系数及各变量题项的标准化因子载荷如图 5-3 所示。变革型领导风格对工匠精神具有正向预测作用（$a_1 = 0.506$，$p<0.01$）；控制了变革型领导风格影响后，工匠精神对公共服务动机具有正向预测作用（$b_1 = 0.657$，$p<0.01$）；控制了工匠精神影响后，变革型领导风格对公共服务动机同样具有正向预测作用（$c' = 0.124$，$p<0.01$）。

表 5-11 为工匠精神中介效应显著性水平检验结果。变革型领导风格对公共服务动机的直接效应显著，95% CI [0.077, 0.167]，不包含 0；变革型领导风格对公共服务动机的间接效应显著，95% CI [0.300, 0.374]，不包含 0；变革型领导风格对公共服务动机的总效应显著，95% CI [0.419, 0.497]，不包含 0。中介效应（间接效应）占总效应的 72.86%。由于路径系数 a_1、b_1 与 c' 同号，因此上述检验结果表明，工匠精神在变革型领导风格与公共服务动机之间的中介效应为部分中介效应，假设 H7 通过验证。

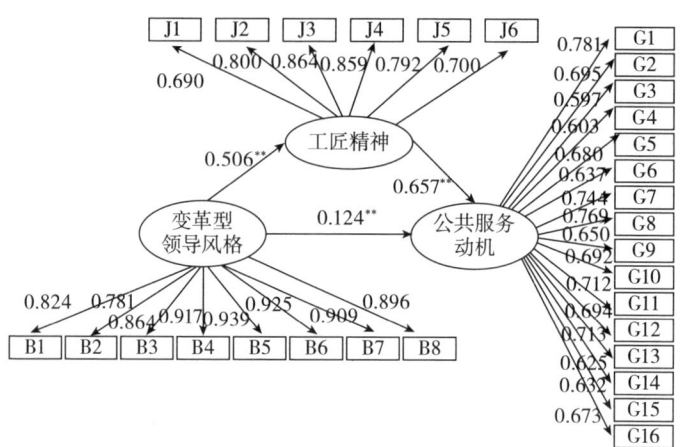

图 5-3　工匠精神在变革型领导风格与公共服务动机之间的中介效应检验

资料来源：笔者根据 Mplus 软件输出结果自行绘制。

表 5-11　工匠精神的中介效应及置信区间 （95%）

路径	直接效应			间接效应			总效应			影响效果
	标准化路径系数	95%置信区间		标准化路径系数	95%置信区间		标准化路径系数	95%置信区间		
		下限	上限		下限	上限		下限	上限	
变革型领导风格→工匠精神→公共服务动机	0.124	0.077	0.167	0.333	0.300	0.374	0.457	0.419	0.497	部分中介效应

注：＊＊代表 $p<0.01$。

资料来源：Mplus 软件输出结果。

三、工作获得感的中介效应检验

在控制了性别、年龄、学历等群体特质因素后，采用 Mplus8.0 软件建构结构方程模型，对工作获得感在社区行政化与公共服务动机之间的中介效应进行检验。工作获得感中介效应检验的 Mplus 程序语法见附录 D。具体模型如下：

$$GZHD = a_0 + a_1 XZH + e_1 \quad (5-6)$$

$$PSM = b_0 + b_1 GZHD + c'XZH + e_2 \quad (5-7)$$

其中，a_0、b_0 为截距；a_1 为社区行政化对工作获得感的效应；b_1 为控制了社区行政化的影响后，工作获得感对公共服务动机的效应；c' 为控制了工作获得感的影响后，社区行政化对公共服务动机的效应；e_1、e_2 为截距的随机误差。

工作获得感中介效应的模型拟合情况如表 5-12 所示。从模型绝对拟合指数来看，卡方值与自由度的比值为 7.37 > 5，模型拟合一般；RMSEA = 0.059 < 0.08，可以说是不错的模型拟合；SRMR = 0.043，小于 0.08 的判断值，表明模型整体的残差很小，拟合良好。从模型相对拟合指数来看，CFI = 0.897，TLI = 0.895，这两个指标都没有超过 0.9 的判断值，但接近 0.9。从这两个指标来看，模型拟合一般。

表 5-12　工作获得感中介效应模型拟合

模型拟合评价指标		检验标准	测量结果
绝对拟合指数	卡方值（Chi-square）	越小越好	2557.567
	自由度（df）	—	347
	卡方值与自由度的比值	<5	7.37
	RMSEA	<0.08	0.059
	SRMR	<0.08	0.043
相对拟合指数	CFI	>0.9	0.897
	TLI	>0.9	0.895
信息标准指数	AIC	越小越好	53980.331
	BIC	越小越好	54493.395
	调整 BIC	越小越好	54216.969

资料来源：Mplus 软件输出结果。

工作获得感中介模型的路径系数及各变量题项的标准化因子载荷如图 5-4 所示。社区行政化对工作获得感具有负向预测作用（$a_1 = -0.232$，$p < 0.01$）；控制了社区行政化影响后，工作获得感对公共服务动机具有正向预测作用（$b_1 = 0.703$，$p < 0.01$）；控制了工作获得感影响后，社区行政化对公共服务动机具有负向预测作用（$c' = -0.179$，$p < 0.01$）。

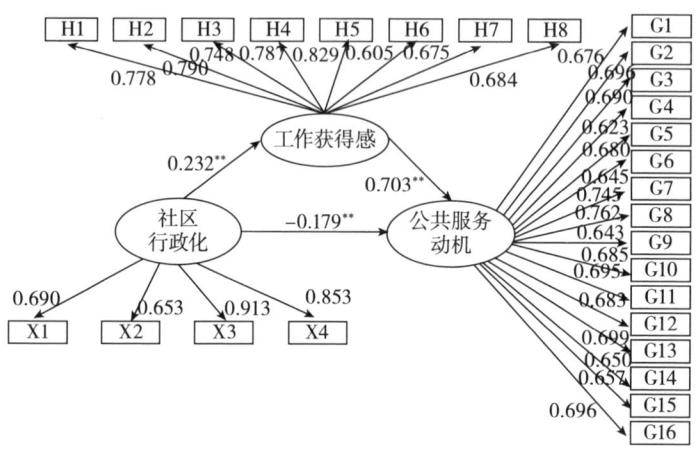

图 5-4　工作获得感在社区行政化与公共服务动机之间的中介效应检验
资料来源：笔者根据 Mplus 软件输出结果自行绘制。

表 5-13 为工作获得感中介效应显著性水平检验结果。社区行政化对公共服务动机的直接效应显著，95% CI ［-0.430，-0.114］，不包含 0；社区行政化对公共服务动机的间接效应显著，95% CI ［-0.203，-0.129］，不包含 0；社区行政化对公共服务动机的总效应显著，95% CI ［-0.128，-0.032］，不包含 0。中介效应（间接效应）占总效应的 47.66%。由于路径系数 a_1、b_1 与 c' 同号，因此上述检验结果表明，工作获得感在社区行政化与公共服务动机之间的中介效应为部分中介效应，假设 H9 通过验证。

表 5-13　工作获得感的中介效应及置信区间（95%）

路径	直接效应			间接效应			总效应			影响效果
	标准化路径系数	95%置信区间		标准化路径系数	95%置信区间		标准化路径系数	95%置信区间		
		下限	上限		下限	上限		下限	上限	
社区行政化→工作获得感→公共服务动机	-0.179**	-0.430	-0.114	-0.163**	-0.203	-0.129	-0.342**	-0.128	-0.032	部分中介效应

注：**代表 $p<0.01$。
资料来源：Mplus 软件输出结果。

第四节 调节效应检验

当自变量和调节变量都是潜变量时,检验潜变量之间的交互作用有多种方法,例如多元线性回归分析,基于结构方程模型的乘积指标法,潜调节结构方程法(Latent Moderated Structural Equations,LMS)等。[①] 考虑到多元线性回归分析忽略了测量误差,以及乘积指标法计算过程复杂且存在稳健性等局限,本节采用潜调节结构方程法对调节效应进行检验。该方法的优点在于:只需要在模型中直接构建两个潜在自变量的乘积项,而不用构建任何新的指标变量。

一、心理资本的调节效应检验

采用潜调节结构方程法对心理资本在社区行政化与公共服务动机之间的调节效应进行检验,Mplus 程序语法见附录 D。具体模型如下:

$$PSM = c_0 + cXZH + a_1 XLZB + a_2(XZH \times XLZB) + e_1 \quad (5-8)$$

其中,c_0 为截距;c 为社区行政化对公共服务动机的效应;a_1 为心理资本对公共服务动机的效应;a_2 为社区行政化与心理资本的交互项对公共服务动机的效应;e_1 为截距的随机误差。

模型的检验结果如图 5-5 所示,社区行政化对公共服务动机具有显著负向影响($c = -0.020$,$p < 0.01$);心理资本对公共服务动机具有显著正向影响($a_1 = 0.283$,$p < 0.01$);社区行政化与心理资本的交互项对公共服务动机具有显著负向影响($a_2 = -0.184$,$p < 0.01$),这说明心理资本在社区行政化与公共服务动机之间的调节效应显著,假设

[①] 刘红云. 高级心理统计[M]. 北京:中国人民大学出版社,2019:178.

H10 通过验证。

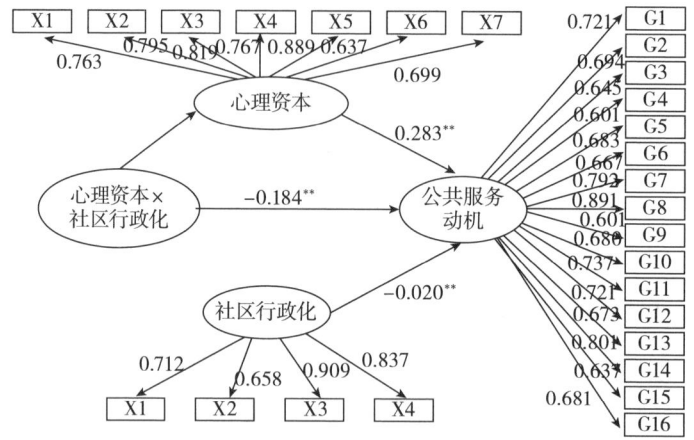

图 5-5　心理资本的调节效应检验

资料来源：笔者根据 Mplus 软件输出结果自行绘制。

为了更加直观地呈现心理资本对社区行政化与公共服务动机之间关系的调节效应形态，本节参考艾肯（Aiken）和韦斯特（West）的做法，[①] 按照平均数（M）上下一个标准差（SD）的标准将心理资本进行分组，平均数加一个标准差为高心理资本组，平均数为中心理资本组，平均数减一个标准差为低心理资本组。分别取心理资本和社区行政化的平均数，以及平均数加减一个标准差（M±1SD）代入式（5-8）中，得到式（5-9），采用选点法绘制心理资本与社区行政化的交互作用图并进行简单斜率检验。从图 5-6 可以看出，对于高心理资本存量的社区工作者而言，社区行政化程度的增强并未对其公共服务动机水平产生较大影响，仍然保持较高的为民服务热情；相反，随着社区行政化程度的增强，心理资本存量过低的社区工作者的公共服务动机水平下降明显，而中等心理资本存量社区工作者的公共服务动机水平变化介于两者

---

① AIKEN L S, WEST S G. Multiple regression: Testing and interpreting interactions[M]. California: Sage Publications, Inc, 1991: 16.

之间。这与本书的预期一致,假设 H10 得到了进一步支持。

$$PSM = 10.109 - 0.02XZH + 0.283XLZB - 0.184(XZH \times XLZB)$$
(5-9)

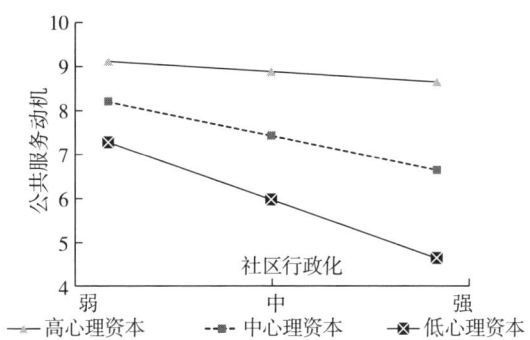

图 5-6 心理资本与社区行政化的交互作用图

二、一个被调节的中介效应检验

为验证心理资本调节工作获得感在社区行政化与公共服务动机之间存在中介效应的假设是否成立,本节继续采用潜调节结构方程法。Mplus 程序语法见附录 D。具体模型如下:

$$PSM = b_0 + b_1 GZHD + c'XZH + e_0 \quad (5-10)$$

$$GZHD = a_0 + a_1 XZH + a_2 XLZB + a_3 (XLZB \times XZH) + e_1$$
$$= a_0 + (a_1 + a_3 XLZB)XZH + a_2 XLZB + e_1 \quad (5-11)$$

从式(5-10)或式(5-11)可以看出,模型中介效应的大小为 $b_1(a_1 + a_3 XLZB)$,因此,仅需要检验该中介效应与调节变量"心理资本"有关,这就意味着工作获得感在社区行政化与公共服务动机之间的中介效应是受到心理资本调节的。根据方杰和温忠麟的建议,[①] 本节被

---

① 方杰,温忠麟. 基于结构方程模型的有调节的中介效应分析[J]. 心理科学,2018,41(2):456.

调节的中介效应检验主要分为三个步骤（如图5-7所示）。

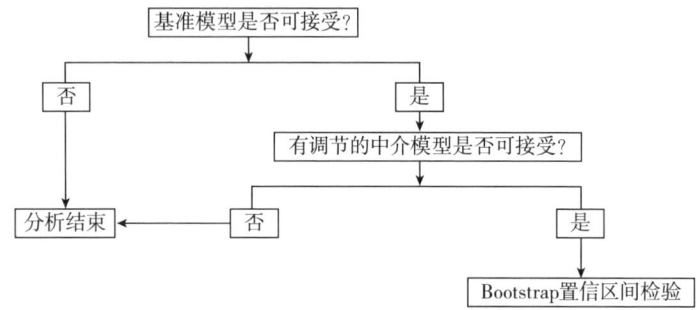

图5-7 被调节的中介效应检验流程

资料来源：方杰，温忠麟. 基于结构方程模型的有调节的中介效应分析[J]. 心理科学，2018，41（2）：453-458.

第一步，判断不包含潜调节（交互）项的被调节的中介效应基准模型（模型0）拟合状况。如表5-14所示，从模型绝对拟合指数来看，卡方值与自由度的比值为23.64＞5，拟合较差；RMSEA = 0.042 < 0.08，可以说是不错的模型拟合；SRMR = 0.067，小于0.08的判断值，表明模型整体的残差很小，拟合良好。从模型相对拟合指数来看，CFI = 0.910 > 0.9，TLI = 0.921 > 0.9，模型拟合非常好。因此，从整体上看，基准模型的拟合度良好，可以进入下一阶段的分析。

表5-14 被调节的中介效应基准模型（模型0）拟合

模型拟合评价指标		检验标准	测量结果
绝对拟合指数	卡方值（Chi-square）	越小越好	1985.56
	自由度（*df*）	—	84
	卡方值与自由度的比值	<5	23.64
	RMSEA	<0.08	0.042
	SRMR	<0.08	0.067
相对拟合指数	CFI	>0.9	0.910
	TLI	>0.9	0.921

续表

模型拟合评价指标		检验标准	测量结果
信息标准指数	AIC	越小越好	133730.311
	BIC	越小越好	134225.684
	调整BIC	越小越好	133958.790

资料来源：Mplus 软件输出结果。

第二步，判断包含潜调节（交互）项的被调节的中介效应模型拟合是否更优。由于基准模型拟合度良好，遂将潜调节（交互）项"心理资本×社区行政化"加入模型中，形成模型1。本节从三个方面对模型0和模型1进行综合评价。一是 AIC、BIC、调整 BIC 的值。如表5-15 所示，模型1的上述三个指标均小于模型0。由于本节样本量超过1000份，因此重点看 BIC 值的变化，与模型0相比，模型1的 BIC 值减少了142.887。可见，模型1拟合更优。二是似然比检验。根据两个模型的对数似然值（H0），使用似然比检验对模型1进行评价，求得的 $D=150.784>6.635$（自由度为1，显著性水平为0.01的卡方临界值），表明模型1优于模型0。三是模型对因变量的方差解释率（R^2）。根据软件输出的因变量残差方差及其他参数估计结果，计算模型0和模型1对因变量公共服务动机的方差解释率，结果显示 $\Delta R^2=0.028>0$，建议采用模型1。上述评价结果均表明，模型1的拟合情况优于模型0，即考虑调节效应会使得模型与数据拟合更佳。

表5-15 模型0与模型1拟合的整体评价

拟合指标 模型	H0	AIC	BIC	调整BIC	R^2	D	ΔR^2
模型0	-66781.156	133730.311	134225.684	133958.790	0.243	150.784	0.028
模型1	-66705.764	133581.527	134082.797	133812.726	0.271		

资料来源：Mplus 软件输出结果。

第三步，利用系数乘积法进行有调节的中介效应分析，并进行偏差矫正的非参数百分位 Bootstrap 法检验重复随机抽取 2000 个样本生成 95% 置信区间（CI）。采用最大似然法（ML）估计模型中各路径的路径系数如图 5-8 所示。社区行政化对公共服务动机具有显著负向影响（$c' = -0.060$，$p<0.01$）；社区行政化对工作获得感具有显著负向影响（$a_1 = -0.128$，$p<0.01$）；心理资本对工作获得感具有显著正向影响（$a_2 = 0.987$，$p<0.01$）；社区行政化与心理资本的交互项对工作获得感具有显著负向影响（$a_3 = -0.070$，$p<0.01$）；工作获得感对公共服务动机具有显著正向影响（$b_1 = 0.349$，$p<0.01$）。

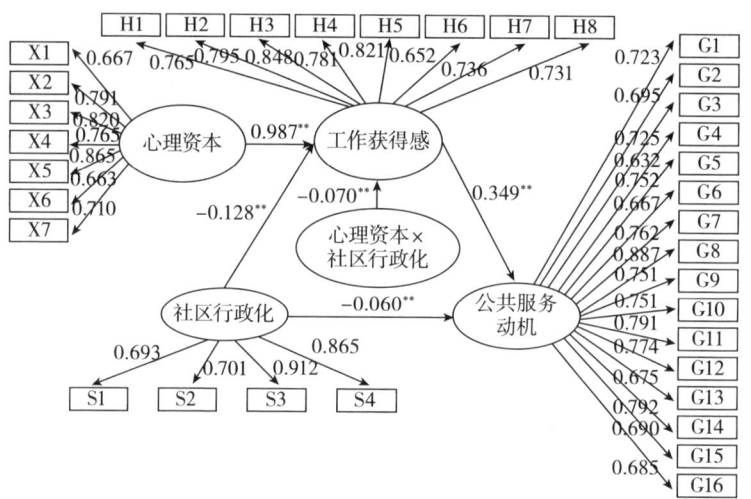

图 5-8 心理资本对中介模型调节作用的路径系数图

资料来源：笔者根据 Mplus 软件输出结果自行绘制。

被调节的中介效应模型检验结果如表 5-16 所示。总体来看，随着调节变量心理资本的取值降低，有条件的间接效应及总效应值却逐渐升高，因此，可以初步判断心理资本对中介模型具有一定的负向调节作用。具体来看，在心理资本水平高（$\beta = -0.107$，$p<0.01$）和低（$\beta = -0.023$，$p<0.01$）时，工作获得感在社区行政化与公共服务动机之间的中介效应有显著差异，两者的间接效应差异为 0.084（$p<0.01$），

95%置信区间为［-0.131，-0.030］，不包含0。在心理资本水平高（$\beta=-0.107$，$p<0.01$）和中（$\beta=-0.065$，$p<0.01$）时，工作获得感在社区行政化与公共服务动机之间的中介效应有显著差异，两者的间接效应差异为0.042（$p<0.01$），95%置信区间为［-0.066，-0.015］，不包含0。上述检验结果表明，心理资本调节了工作获得感在社区行政化与公共服务动机之间的中介效应，社区工作者的心理资本水平越高，工作获得感在社区行政化与公共服务动机之间的中介作用越弱；反之，则越强。假设H11通过验证。

表5-16 被调节的中介效应模型检验结果（非标准化）

当个体心理资本为高、中、低三种水平时，
社区行政化→工作获得感→公共服务动机的条件间接效应及总效应

心理资本	有条件的间接效应		总效应		置信区间（95%）	
	估计值	标准误	估计值	标准误	下限	上限
高（M+1SD）	-0.107**	0.014	-0.047	0.014	-0.133	-0.077
中（M）	-0.065**	0.007	-0.036	0.010	-0.079	-0.052
低（M-1SD）	-0.023**	0.015	-0.005	0.019	-0.055	-0.005
差异（高与低）	0.084**	0.026	—	—	-0.131	-0.030
差异（高与中）	0.042**	0.013	—	—	-0.066	-0.015

注：**代表$p<0.01$。
资料来源：Mplus软件输出结果。

至此，城市社区工作者公共服务动机影响因素假设检验完毕。核心结论及假设验证通过情况如表5-17所示。综合检验结果：组织认同、工匠精神、工作获得感、心理资本、变革型领导风格是促进社区工作者公共服务动机水平提升的动力因素，这些因素是他们应对压力负荷过重、永葆为民服务初心的"有力武器"；相反，社区行政化是影响因素中唯一能对社区工作者公共服务动机起到负面影响的阻碍因素，它不仅直接损耗社区工作者的公共服务动机，还能通过挫伤其工作获得感进而对动机产生间接的负面影响；而心理资本作为一种有效的心理资源，能够在社区行政化与工作获得感和公共服务动机之间起到调节作用，促使社区工作者主动调和来自上级部门的压迫感以及与居民之间的矛盾冲突，很大程度上缓和了社区行政化带来的负面压力，是社区工作者在重压之下依旧坚守为民服务初心的"秘密武器"。

表5-17 影响因素实证检验核心结论与假设验证通过情况汇总

效应类型	假设路径	实证检验核心结论	是否通过验证
直接效应	H1：组织认同→公共服务动机	组织认同（$\beta = 0.610$, $p < 0.05$）显著正向影响社区工作者的公共服务动机	通过
	H2：工匠精神→公共服务动机	工匠精神（$\beta = 0.512$, $p < 0.05$）显著正向影响社区工作者的公共服务动机	通过
	H3：工作获得感→公共服务动机	工作获得感（$\beta = 0.690$, $p < 0.05$）显著正向影响社区工作者的公共服务动机	通过
	H4：心理资本→公共服务动机	心理资本（$\beta = 0.347$, $p < 0.05$）显著正向影响社区工作者的公共服务动机	通过
	H5：变革型领导风格→公共服务动机	变革型领导风格（$\beta = 0.201$, $p < 0.05$）显著正向影响社区工作者的公共服务动机	通过
	H8：社区行政化→公共服务动机	社区行政化（$\beta = -0.250$, $p < 0.05$）显著负向影响社区工作者的公共服务动机	通过
中介效应	H6：组织认同 ↗　　　↖ 变革型领导风格→公共服务动机	①变革型领导风格对组织认同（$a_1 = 0.459$, $p < 0.05$）具有显著正向影响；②组织认同在变革型领导风格与公共服务动机之间起到部分中介作用，中介效应占总效应的57.52%	通过
	H7：工匠精神 ↗　　　↖ 变革型领导风格→公共服务动机	①变革型领导风格对工匠精神（$a_1 = 0.506$, $p < 0.05$）具有显著正向影响；②工匠精神在变革型领导风格与公共服务动机之间起到部分中介作用，中介效应占总效应的72.86%	通过

续表

效应类型	假设路径	实证检验核心结论	是否通过验证
中介效应	H9：工作获得感 ↗　　↖ 社区行政化→公共服务动机	①社区行政化对工作获得感（$a_1 = -0.232$, $p<0.05$）具有显著负向影响；②工作获得感在社区行政化与公共服务动机之间起到部分中介作用，中介效应占总效应的47.66%	通过
调节效应	H10：心理资本 ↓ 社区行政化→公共服务动机	①社区行政化对公共服务动机具有显著负向影响（$c = -0.020$, $p<0.05$）；②心理资本对公共服务动机具有显著正向影响（$a_1 = 0.283$, $p<0.05$）；③心理资本与社区行政化的交互项（$a_2 = -0.184$, $p<0.05$）对公共服务动机具有显著负向影响	通过
被调节的中介效应	H11：心理资本 ↓ 社区行政化→工作获得感→公共服务动机	①在心理资本水平高（$\beta = -0.107$, $p<0.05$）和低（$\beta = -0.023$, $p<0.05$）时，工作获得感在社区行政化与公共服务动机之间的中介效应有显著差异，两者的间接效应差异为0.084（$p<0.05$），95%置信区间为[-0.131, -0.030]，不包含0。②在心理资本水平高（$\beta = -0.107$, $p<0.05$）和中（$\beta = -0.065$, $p<0.05$）时，工作获得感在社区行政化与公共服务动机之间的中介效应有显著差异，两者的间接效应差异为0.042（$p<0.05$），95%置信区间为[-0.066, -0.015]，不包含0	通过

第六章　提升城市社区工作者公共服务动机水平的建议

城市社区工作者在提升国家基层治理能力方面扮演关键角色。根深则本固，基美则上宁。综观第四章和第五章实证研究结果不难发现，尽管我国城市社区工作者公共服务动机总体处于中等偏上水平，但从维度上看呈现情感及规范成分得分高，理性及基础成分得分偏低的现状，尤其是作为公共服务动机基础成分的自我奉献精神仍有较大的提升空间。公共服务动机影响因素假设检验证实了个体心理因素及组织因素均是决定社区工作者公共服务动机水平高低的重要因素，各因素总效应值由高到低依次为工作获得感、组织认同、工匠精神、变革型领导风格、心理资本、社区行政化。值得注意的是，虽然心理资本在6个因素中排在第五位，但其能够在社区行政化与工作获得感和公共服务动机之间起到显著负向调节作用，是缓和社区行政化带来负面压力的关键变量。因此，为提升城市社区工作者公共服务动机水平，相关部门应从上述因素下手，有的放矢地制定社区工作者队伍长期发展规划，从尊重人才、培养人才、用好人才、留住人才等方面采取切实有效的措施，实现社区工作者队伍的良性健康发展。

第六章 提升城市社区工作者公共服务动机水平的建议

第一节 充分唤起城市社区工作者工作场所中的积极情感

积极情感能够拓宽即时的认知—行动资源库，抵消消极情感的影响，提升个体的心理弹性。[①] 前文实证研究表明，在直接效应检验中，工作获得感对城市社区工作者公共服务动机的影响效应最大（0.690），组织认同次之（0.610）。且工作获得感在社区行政化与公共服务动机之间起到部分中介作用，组织认同在变革型领导风格与公共服务动机之间起到部分中介作用。而工作获得感和组织认同均属于社区工作者在工作场所中的积极情感。可见，积极情感能够有效预防行政化压力对社区工作者责任心、奉献精神、同情心等精神动力的侵蚀，工作场所中积极情感的激发与唤醒对社区工作者公共服务动机水平提升至关重要。

一、加强社区工作者物质和精神激励，提升工作获得感

工作获得感能促使个体产生更为积极的工作体验，拥有较强的责任感和使命感，进而在工作场所展现更多的利他行为。作为社区工作者从其所在社区获得资源水平的感知程度，工作获得感反映了社区工作者的自我认知状态，高水平工作获得感意味着社区工作者感知到较高的技能提升感、薪酬满足感和职业尊严感。因此，可以从上述三方面出发，重视社区工作者物质和精神层面的综合改善，进而提升其工作获得感。

（一）完善社区工作者培训机制，全面提升专业技能

与正规教育相比，技能培训是一个重要的能力开发手段，也是社区

[①] FREDRICKSON B L. The role of positive emotions in positive psychology: The broaden – and – build theory of positive emotions[J]. American Psychologist, 2001, 56(3): 224.

工作者获取能力与资源更为直接、有效的人力资本因素。[①] 访谈中有多位受访者谈到了培训的重要性。"去年街道领导让我们出去学习,我觉得这个培训确实对我的工作有很大提升。书本上的理论很多都用不到,但是培训的时候我是能亲身感受到的,而且是能参与其中的"(F8)。为提升社区工作者的专业技能素质,首先,民政部门及街道领导必须关注社区工作者个人的职业成长需要,在走访调研的基础上结合社区工作者的真实需求设计更多符合他们的免费培训课程,并督促他们积极参与,使其掌握基本的专业理论、技术和方法,提高社区工作者的专业服务水平。其次,加强社区工作者培训平台建设。以党校为依托,积极与高校合作,组织有关教授、专家通过理论研讨会、交流会和座谈会的形式,不断提升社区工作者的理论水平。再次,由于社区工作者的日常工作主要是与辖区居民打交道,为提高培训的针对性和实效性,还必须拓宽社区工作者外派、参观、交流等途径,通过案例分析、互动式教育等培训手段,培养他们服务居民的能力以及人际交往能力,使他们在培训中不断学习新知识、积累经验,同时也为他们未来的职业发展提供能力支持。最后,街道应该通过"精准把脉"、传帮带育、系统设计、跟岗训练、项目操演等方式针对不同类别社区工作者分类赋能。例如,针对新手社区工作者,通过集中授课、传帮带育等方式,重点培养他们的为民服务能力和动员居民能力。对于社区骨干人才,通过链接社会资源,主动向其他城市地区学习,提升其项目运营能力和议事协商能力。对于社区负责人,通过外出参访、跟岗训练等,着力提升其统筹协调、治理创新能力。

(二)提供给社区工作者公平合理的薪资待遇,提升薪酬满足感

作为个体生存和发展的最基础性需求,薪酬待遇无疑是社区工作者

[①] 聂伟.就业质量、生活控制与农民工的获得感[J].中国人口科学,2019(2):29.

工作选择和坚持下去的第一驱动力,代表着工作中实际获得的重要客观物质利益,也从侧面反映着社区对社区工作者的吸引。访谈中有受访者表示"我们老旧小区活儿特别多,我一个人就负责76户低保户,但是高档小区可能整个社区就1户。同一个活儿人家干一小时我得干一礼拜,但是到手的工资是一样的"(F10);"去年社区的年假不让休,创城创卫的时候周六日基本都不休息,说心里话,我们的工资和付出是不对等的"(F22)。当社区工作者比照实际薪酬与主观期望后做出不满意的评价时,会造成其为民服务的动力不足,甚至直接将怒气转向居民。为有效解决社区工作者队伍薪酬待遇偏低和不合理的问题,首先,必须探索弹性薪酬体系,增加收入渠道。改善薪资待遇是提升社区工作者薪酬满足感最根本的办法。社区工作者薪酬整体水平应以不低于城镇职工人均收入为基准,适当上浮各类津贴标准,做到职称、学历、资历、岗位与薪酬挂钩,以丰厚的薪酬留住社区人才。同时,按照"费随事转"原则,对属于政府服务范围外的社会事务,主管部门要求社区协助完成的,必须相应下拨经费。[①] 其次,实行财政专项补助机制,建立更加合理、符合当地经济发展速度的收入增长机制,切实提高社区工作者的福利待遇,并根据个人贡献适当地拉开收入差距,激发社区工作者人才队伍活力,吸引并留住高素质优秀人才。最后,绩效发放的程序公平是影响个体薪酬满足感的重要因素。在绩效工资实施过程中,要尽量保证实施方案符合实际,以及各方面信息的公开、透明,并加大社区工作者的参与力度,使实施方案更具公平性和合理性。此外,上级部门要对社区工作者薪资待遇的落实情况开展专项督查,防止各种举措落实不力。

---

① 王红,王正中.社区工作者职业发展的现状、困境及求解路径:基于淮安市社区工作者职业发展的深度访谈[J].四川行政学院学报,2022(1):23.

（三）扭转社区工作者社会认可度低的局面，提升职业尊严感

拥有一份有尊严、较体面的工作是社区工作者产生工作获得感的心理基础。但目前在我国现有政策文件的行业分类和职业分布中，尚未对社区工作者的职业资格和岗位职责做出权威规定。社区工作者的职业归属既不属于公务员、事业编，也不属于企业人员，身份的不确定性导致社区工作者处于尴尬境地，他们时常遭遇来自政府和居民的问责和不理解，更为致命的是，有些社区工作者自身对自己的职业身份也并不认可，自卑情结让他们觉得自己似乎"低人一等"，加剧了他们的消极怠工情绪，使他们对自己在工作中的贡献越来越不关心，进而造成精神上的疲劳和心理上的倦怠。为扭转社区工作者社会认可度低的局面，首先，在政府层面，应将社区工作者先进人物事迹纳入地方党政干部的培训考核任务中，通过现身说法、案例分享、沙龙研讨等形式，加深领导干部对社区工作的了解，促进其对社区工作者的尊重和认可。其次，在街道层面，可以通过举办各种类型的社区活动，展示社区工作丰富的职业内涵、社会价值及社区工作者的职业风采，营造全社会支持社区工作的良好氛围。再次，在公众层面，依托辖区社区工作者行业协会，充分利用报纸、刊物、微信公众号等新媒体、自媒体，大范围、全方位地报道社区工作者的服务热情和职业价值，大力宣扬优秀社区工作者先进典型事迹，传播社区工作理念，提高居民群众对社区、社区工作者的认知度。最后，合理的绩效反馈机制能够帮助社区工作者更好地进行自我定位和自我评价，提升社区工作者的工作尊严感。[①] 当社区工作者在为民服务过程中表现优异时，街道及区政府应及时地给予肯定和赞赏，以增

---

① ZHANG Z, ZHANG L, WANG H, et al. Linking supervisor developmental feedback to in-role performance: The role of job control and perceived rapport with supervisors[J]. Journal of Management and Organization, 2020, 5 (4): 6.

强他们在工作中的尊严感。

二、营造"包容""公平"的组织环境，培育社区工作者的组织认同感

组织认同可以用来揭示个体与所在组织之间的心理联系与作用机制。已有大量研究证实，在一个注重公平、正义的工作环境中，员工与所在组织及成员之间更容易达成良性互动、相互支持与合作，进而促使组织认同感和内部人身份感知的形成。[1][2] 因此，为提升社区工作者组织认同水平，必须在社区范围内倡导包容、开放、公平、公正的组织环境，使社区工作者在日常工作中表现出更高水平的工作和情感投入，产生与所在社区命运息息相关的感受，驱使个体自愿做出符合社区利益的决策。

第一，发挥党建引领作用，培育社区工作者的价值认同。社区工作者组织认同的基础在于个体与社区之间价值观的一致性，即社区工作者必须认识到社区存在的价值和意义才能建构积极的自我形象，找到自身存在的价值和意义，进而将社区集体规范和价值观融入个体的自我概念之中，产生与社区共命运的心理依赖关系。城市社区的意识形态属性决定了党建引领在构建社区成员共同价值观方面的核心功能。因此，必须以党建引领为抓手，不忘初心，通过强化社区党组织建设、完善社区党建工作和社区公共服务供给工作的有机统一，充分发挥好社区党组织在服务群众中的导向和把关作用、党员领导干部的党性锤炼和担当作为在社区工作者中的榜样示范作用，引导社区工作者共同参与和塑造社区文

---

[1] STAMPER C L, MASTERSON S S. Insider or outsider? How employee perceptions of insider status affect their work behavior[J]. Journal of Organizational Behavior, 2002, 23(8): 885.
[2] 尹俊,王辉,黄鸣鹏. 授权赋能领导行为对员工内部人身份感知的影响:基于组织的自尊的调节作用[J]. 心理学报, 2012, 44(10):1376.

化，画好"同心圆"，共建"红色圈"，为培育社区工作者的价值认同奠定基础。

第二，重视对新入职社区工作者的人文关怀，弱化其对新团队的陌生感和焦虑感。新入职社区工作者归属感不强的根源在于对社区这一组织的陌生感和焦虑感，必须有针对性地做好入职培训，从价值观输入、入职引导、规章制度培训、岗位技能培训等多个角度增进新入职社区工作者对社区的了解，通过以老带新的方式助其尽快完成入职过渡和角色转换。与此同时，更要重视对他们的人文关怀，社区领导需要积极关注和关心他们的个性化特征，合理满足他们的个性化需要，与新入职社区工作者形成良好的沟通氛围，帮助他们形成积极向上的社会心态和良好的心理预期，上下同欲者胜，将社区口碑与新入职社区工作者自身的形象统一起来，赋予他们相应的依附感和目标感，为新手社区工作者组织认同的培育奠定基础。

第三，改进现有社区工作者晋升方式，提升其对社区的情感依赖及忠诚度。访谈中我们了解到，年轻社区干事晋升意愿不强的主要原因在于现有社区工作者晋升渠道狭窄。例如，社区干事 M1 谈道："现在只有 35 岁以下的社区书记有机会晋升公务员，我们普通社区干事是没有机会的，如果我们可以考的话我会很努力的。"年轻的社区工作者无疑是社区治理中的新鲜血液，要想提升他们对社区的依赖感和忠诚度，不仅要完善薪酬体系、给予其适当的荣誉，更需要积极拓宽其职业发展渠道，激励社区工作者立足岗位、担当作为。因此，必须改进现有社区工作者的晋升方式，及时打破晋升"天花板"，以制度化、规范化、灵活化举措，明晰社区工作者的晋升标准、晋升比例和晋升途径，加大对长期扎根社区一线、政治素质过硬、工作能力突出的社区工作者的选聘任用力度，"不拘一格降人才"，为其提供更广阔的发展平台和机遇，进而维系社区工作者与本单位的心理契约，营造有利于提升年轻社区工作者组织认同的浓厚氛围。

第二节 形塑城市社区工作者"敬业、求精、团结"的工匠精神

近 20 年来，无论是"非典"、新冠疫情的防控工作，还是创城创卫等大型活动，社区工作者抛家舍业，夜以继日。他们用"敬业""求精""团结"的工匠精神做实社区治理的最小单元，为辖区居民提供精准化、精细化服务。本书发现，工匠精神显著正向影响社区工作者公共服务动机（$\beta=0.512$），且工匠精神在变革型领导风格与公共服务动机之间起到部分中介作用。因此，相关部门必须重视社区工作者工匠精神的培育与传递，激发社区工作者奉献社区的热情，营造个个讲奉献、人人爱居民的浓厚氛围。

一、营造有助于工匠精神传递和孕育的社区组织氛围

工匠精神是个体职业信念的体现，这种信念的力量能够为组织的持续发展提供长足动力。为了在社区内部营造有助于工匠精神传递和孕育的组织氛围，一方面，应不定期对做出突出贡献的社区工作者给予表彰。社区工作者工匠精神的培育重在树立典型，因此，街道应不定期组织社区工作者学习具有"工匠精神"代表的先进事迹，促进工匠精神内化其心，提高社区工作者的创新意识和行为。及时对优秀社区工作者的工作成果进行表彰，弘扬他们的工作精神，通过微信公众号、小程序、朋友圈、微博等多种形式对优秀、先进、突出的模范工作者、模范事迹进行积极宣传和弘扬。与此同时，还要在绩效考核制度中突出工匠

精神与薪资、福利、职称、晋级等的关系，并将社区工作者创新及"工匠精神"行为带来的部分收益奖励其本人，促进工匠精神外化于行。

另一方面，在社区内部定期组织团建联谊活动，创建团结合作的工作团队。社区可以通过各种参与策略，以活动为载体，增强社区工作者队伍活力，建立良好的人际互动关系并实现分享和协作，创建融洽和谐的学习型社区。例如通过年度"零距离"社区工作者评选、技能大比武、野外拓展训练、联谊交友会等丰富多彩的业余活动，丰富社区工作者业余生活，舒缓紧张的工作情绪，创造轻松愉悦的社区工作氛围。倡导社区成员"心往一处想，劲往一处使"，为社区工作者工匠精神的养成提供助力，使其在重压之下仍能保持为民服务的坚定毅力与决心。

二、领导以身作则，强化社区工作者工匠精神品质的生成

工匠精神是个体深度卷入工作并高度敬业的表现，这可能是硬性的制度规定无法完全达到的。[①] 因此，街道和社区领导必须在角色示范、奖酬分配和权力运用等方面展现奉献和利他精神，为社区工作者树立榜样，积极承担更多的风险和任务，减少或放弃部分薪酬和福利，削减某些利益和特权以保证社区工作者的基本诉求，从而培养他们的工匠精神。同时，社区及街道领导更要关注社区工作者工匠精神水平的动态变化特征，加强对社区工作者爱岗敬业、精益求精、团结协作状况的定期考察，若发现某些社区工作者工匠精神水平下降较快，社区领导应及时采取措施加以干预。例如，有针对性地开展一系列能够密切干群联系、增强社区工作者对群众利益诉求感知的活动，以强化社区工作者的工匠精神。

---

① 邓志华，肖小虹．自我牺牲型领导对员工工匠精神的影响研究[J]．经济管理，2020，42(11)：114．

此外，为强化社区工作者工匠精神行为的落地，应建立基于师徒关系的人才开发及培养模式。相关部门应重视"师徒制"对于社区工作者工匠精神的传承和工匠精神人才培育的重要作用，街道应在社区工作者群体中甄选出一批具有专注、敬业、求精、协作、创新等优秀品质的"导师"团队，选择高工匠精神水平的社区工作者作为指导者，在社会心理和技能素质等方面为其他社区工作者提供帮助，以提高他们的工匠精神品质和奉献精神。通过建立培训体系提升社区工作者对师徒制的参与程度，宣传师徒制的积极作用，鼓励社区工作者积极参与，并对参与前后能力提升较大的社区工作者给予一定的奖励。

第三节 重视城市社区工作者积极心理资本的测评与开发

随着社会治理重心的不断下移，社区工作者在基层社会治理中发挥的作用越来越明显。习近平总书记曾指出，"社区工作是一门学问"。这意味着做好社区工作光有热情是不够的，还需要掌握理论、遵循规律、注意方法。社区治理实践要求社区工作者提升个人专业品质，具备无私奉献、耐心、真诚、热情周到、心理抗压能力强等素质。[①] 本书考察了社区工作者"心理资本"这一个体心理因素对公共服务动机的影响，发现心理资本不仅直接正向影响公共服务动机，还在缓和社区行政化带来的负面压力方面发挥了极其重要的缓冲作用。因此，民政局及街道办在进行社区工作者选拔录用时，除了要考察个体的办事技巧与业务能力，还应在录用标准中增加心理资本的测评项目。而对于已入职的社区工作者来说，必须重视他们积极心理资本的测评与开发。

---

① 汪鸿波,费梅苹. 新中国成立70年来我国城市社区工作者形象的变迁与重构:基于上海的历史考察[J]. 内蒙古社会科学(汉文版),2019,40(5):165.

一、社区人力资源管理实践中融入心理资本因素

心理资本是一种类似于状态的个体特征，不仅能够被诱导和开发，且具有成本小、见效快的特点。因此，应在社区人力资源管理实践中融入心理资本因素，创新人力资源管理制度，努力增加社区工作者的心理资本存量，进而提升社区治理效能。首先，将提升社区工作者心理资本水平作为社区人力资源管理实践的出发点和归宿。通过顶层设计整合各类实践模块，最大化聚集社区工作者的心理资本，形成自信、乐观的社区氛围。同时，根据心理资本测评结果筛选出低于平均水平的社区工作者作为后续重点开发对象。其次，将社区工作者心理资本的评估纳入绩效评价和激励措施中，关注社区工作者心理资本水平的变化并进行动态调整。根据心理资本的评估与监控，了解社区工作者心理资本薄弱维度，有针对性地开发他们的心理资本潜能。当社区工作者心理资本水平有所提升时，街道及社区应给予一定的物质及心理激励，从而提升其心理资本水平。再次，将心理资本提升作为重要培训内容贯穿于培训计划制订、实施、评估和反馈等环节，使技能培训、能力提升和心理资本提升有机结合，协同发展，做好心理资本知识的宣传工作和水平测量工作，引导正确认识心理资本，鼓励社区工作者积极归因、增强自信、保持乐观和较强的抗逆力，并引导他们学会自我心理调适。需要注意的是，在社区工作者心理资本开发过程中，应将社区书记心理潜能和积极情绪表达能力的开发作为重点，只有这样，社区书记才能将自己乐观、自信、希望、韧性等积极心理品质传递给本社区的其他成员，提升他们心理资本存量和抗压能力。最后，将心理资本的维持融入社区文化营造之中。要想长期保持社区工作者的活力和激情，强化其自信、乐观、韧性等品质，就必须不断地给社区工作者灌输具备积极正向心理资本的社

区文化。只有和谐、向上的社区文化才能培育出豁达开朗、勇于承担、自信坚强的社区工作者。

二、社区工作者主动寻求机会，加强自身心理资本建设

社区工作者心理资本水平提升仅依靠街道及社区是远远不够的，社区工作者自身也应根据实际情况主动寻找机会与社区协同加强自身心理资本建设。

第一，通过成功体验、换位学习、积极反馈等方式增强自我效能感。首先，通过体验成功树立自信。社区领导可以根据对每位社区工作者性格及特长的了解，将其工作安排至最擅长和成功可能性较大的情境中，使其有更大的机会体验成功。例如，将人际交往能力强的社区工作者更多地安排到下网格和处理社区矛盾纠纷事务中，让性格较内向但文字功底强的社区工作者更多地承担社区工作站内的居民事务以及资料、报告、表格的编写工作。其次，通过换位学习挖掘自信。换位学习指模仿与自己工作、环境和能力相仿的同事，通过学习其成功的方法获取自信。社区内部可以采取评选社区服务标兵、社区敬业标兵等形式，让其他社区工作者观察、学习及模仿，进而增强其工作自信。最后，通过社会说服和积极反馈来巩固自信。[1] 他人的赞许和反馈有助于个体由自我怀疑向自信转变，[2] 社区应及时为优秀社区工作者"点赞"，把支持、认可、赏识等反馈给他们，强化他们的期望行为，对其自我效能感的提升起到一定的助推作用。

第二，通过参与心理援助和抗挫折训练培养坚忍不拔的毅力。社区

---

[1] 赵富强,陈耘,张光磊.心理资本视角下高校学术氛围对教师科研绩效的影响:基于全国29所高校784名教师的调查[J].高等教育研究,2015,36(4):56.

[2] 张军.基于心理资本干预的高校教师工作倦怠研究[D].兰州:兰州大学,2011:26.

工作者在工作中时常面对来自上级超负荷的行政任务以及居民不合理的指责。政府和居民的"两面夹击"容易使其产生挫败感，从而消极悲观、一蹶不振。首先，社区工作者自身要先预测工作目标实现的可能障碍，提前制定应急预案，快速了解并利用各种资源，提高自身适应逆境和克服困难的能力，从而大大降低失败的应激心理。其次，主动寻求心理援助服务。社区工作者通过参与社区工会、妇联、科技办等部门开展的心理援助项目，及时发现并解决困惑，积极进行心理调适和情绪疏导，学会正确面对和接纳情绪。最后，积极参与抗挫折训练。社区工作者通过参与抗挫折训练，提升自身克服困难和战胜挫折的能力，鼓励自己寻找有利于工作目标实现的知识、技能和社会网络资源等，克服困难、实现目标，从而提升自身抗逆力。①

第四节　优化领导模式，培育变革精神

与传统交易型领导不同，变革型领导通过宣扬鼓舞人心的理想和价值观来激励下属，从而提升下属内在动机水平。本书发现，变革型领导风格不仅直接正向影响社区工作者公共服务动机，而且还能通过强化其组织认同和工匠精神对公共服务动机产生一定的间接影响。可见，变革型领导风格与公共服务动机具有内在一致性，其所倡导的价值体系有助于塑造社区工作者的公共服务动机。因此，民政局及街道办应通过适宜的路径选拔和培育一批具备变革精神的街道及社区领导，并促进变革型领导"代际传递"的实现。

---

① 李雪松.工作压力与高职教师心理契约:心理资本的调节作用[J].南方职业教育学刊,2011,1(4):67.

第六章　提升城市社区工作者公共服务动机水平的建议

一、倡导包容关怀和以身作则的变革型领导方式

街道和社区领导在实际管理中需摒弃传统的领导方式，主动关注下属的心理授权体验，并在社区治理实践中展现包容关怀、以身作则、富有魅力的领导方式。基于变革型领导风格的四个维度，首先，注重以德服人、用榜样力量影响社区工作者。"唯贤唯德，能服于人"，街道及社区领导要注意培养自身的道德修养，勇于承担责任，给下属做出表率，通过自身德行唤起团队成员的工作热情。其次，使用理想感召、真实愿景鼓舞社区工作者。一个可实现的理想愿景能够激发社区工作者的高层次需求，使其备受鼓舞。因此，街道及社区领导要为社区工作者勾勒并传达一个自己坚信的、鼓舞人心的美好愿景，怀有共同愿景的社区成员聚集在一起朝着共同目标迈进，在日常工作和为民服务中展现出果敢、奉献、忠诚的状态和坚定的团队信念。最后，注重人本管理、个性化关怀感动社区工作者。街道及社区领导要注重人本管理，以"尊重下属、服务下属、发展下属"为基本价值观，[1]维持与下属之间的广泛接触，并根据下属需求提供个性化的支持。

二、领导者注重培养自身的变革能力

一名优秀的领导者既要有激励整个团队的能力，又要有满足团队成员不同需求的能力。[2] 这意味着从领导者自身角度而言，应注重培养自身的变革能力，使自身具备优良的品质和行为，善于通过树立良好榜样

---

[1] 白明垠. 变革型领导、团队学习与团队绩效:模型与机理[D]. 北京:中国地质大学, 2013:38.

[2] ZHANG X, LI N, ULLRICH J, et al. Getting everyone on boards on top management team effectiveness and leader-rated firm performance: The effect of differentiated transformational leadership by CEO[J]. Journal of Management, 2013, 41(7):1926.

给下属以良好示范，用道德品质来激励社区工作者为集体利益着想，以个人魅力吸引下属超越个人利益追求公共利益。与此同时，领导者还应强调社区工作者所从事社区工作的重要意义，使他们更加了解自己的工作角色在部门和组织中的重要作用，激励他们完成工作目标。倡导下属挑战现状，鼓励下属的创新行为，从而实现社区组织与社区工作者个人的双赢成长。此外，社区领导应该根据不同情境转变自己的领导方式，即对社区工作者个人和团队整体采取的领导方式应有所侧重。例如，对社区团队整体而言，社区领导应更倾向于采用阐明愿景、德行垂范等方式，在社区内部营造良好的团队氛围，最终激励社区工作者表现出积极的态度和行为；而对社区工作者个人而言，社区领导应该更多采用个性化关怀、领导魅力等针对个人层面的领导方式，以提升社区工作者的工作热情和角色认同。尤其在中国文化背景下，工作与家庭的边界较为模糊，工作—家庭促进的实现也要求领导者兼顾下属的工作和家庭状况，协助他们解决工作和生活中遇到的麻烦。此外，值得注意的是，领导风格并不是一成不变的。因此，街道及区政府有必要成立领导风格评估小组，设定变革型领导风格评估体系，定期对街道及社区领导风格进行考核，并根据考核结果给出相应的改进建议，使他们的领导风格不断趋于完善，尽力阻断行政压力向下属内部渗透，促进变革型领导对下属公共服务动机增益功能的实现。

第五节　强化社区居民自治功能，
探索"精细化"治理模式

社区行政化是一种不经济的、不可持续的社区发展机制。[①] 本书发

---

① 陈伟东,李雪萍. 社区行政化:不经济的社会重组机制[J]. 中州学刊,2005(2):80.

现，社区行政化不仅直接损耗社区工作者的公共服务动机，还能通过挫伤其工作获得感进而对动机产生间接的负面影响。过度和不合理的行政化是阻碍社区工作者公共服务动机水平提升的桎梏。为降低社区行政化带来的负面影响，必须强化社区居民自治功能，探索并推行社区"精细化"治理模式。

一、弱化社区行政化色彩，还原社区居民自治本色

在"行政一元化"基层治理结构中，社区事实上"行政性"高于"自治性"。① 虽然在当前和未来一段时期内，社区行政化的问题都将持续存在，但这有悖于建立居民自治制度的本意。社区"去行政化"是一个老生常谈的话题。我国宪法和相关法律都对社区的性质和法律地位做了明确的规定，即社区是基层群众性自治组织。但在实际运行过程中，政府凭借对社区的掌控权无限制地将职责范围内的事务转嫁给社区。首先，必须合理界定社区的职能与角色，赋予社区拒绝承担行政性事务的权利，保证社区依法自治，扭转基层"行政一元化"格局，让社区回归居民自治功能、实现角色归位。其次，应压缩区政府、街道办要求社区参加的各种形式化的会议和活动，采用信息化手段整合内容重复、形式雷同的指标和材料报表，在存量上减少社区承载的行政事务，让他们有更多的时间和机会去接触居民、服务居民，实现从"行政化社区"向居民自治共同体的转型。最后，培育发展社区社会组织。在推进社区发展过程中，政府应该采取积极有效的措施，将非营利组织引入社区，②并从制度建设、资金援助、政策优惠等多个方面为其发展壮大营

---

① 孙柏瑛. 城市社区居委会"去行政化"何以可能？[J]. 南京社会科学,2016(7):54.
② 徐昌洪. 社区居民委员会行政化及其治理研究[J]. 社会主义研究,2014(1):107.

造环境，使其成为社区服务的主要承担者和社区发展的促进者。①

二、以"清单"形式释放社区工作者的角色压力

清单式治理模式契合了城市社区精细化治理的需要，发挥着限权、定责、划界的功能。② 为释放社区工作者的角色压力，必须以"清单"的形式逐渐去除他们的行政化负担。首先，社区自治清单（社区事务准入清单、社区法定职责清单、社区公共服务清单）的内容应广泛参考居民和社区工作者的意见。政府在编制城市社区治理清单的过程中，应通过问卷调查、实地走访等多种途径收集居民最迫切的利益诉求。值得注意的是，社区公共服务清单在城市基层社会治理中发挥着公示与监督的功能，其制度功能在于提高城市基层社会治理的公平性。③ 因此，关于这一清单的编制应该留给社区层面更多灵活处理的权利，从而真正形成党建引领的社区治理共同体。其次，在清单编制完成后，须在政府网站、社区公告栏、社区党群服务中心等媒介和场所公开发布，安排专门的社区工作者对清单事项内容进行宣传和解读。一方面，让社区居民知晓并遵从清单的要求；另一方面，也让社区工作者在开展活动、履行职责、提供公共服务时有了重要事由依据。再次，优化清单治理执行条件，提升执行效率。为改善社区清单治理在现实实践中表现出的执行不到位、流于形式等现象，一方面，必须在加大宣传力度的同时及时出台专门规范社区治理清单执行的相关文件，通过高层的指导培训和落实责任主体、执行主体的各项责任与义务来优化社区治理清单执行的条件。另一方面，要强化公共部门、社会组织和公民个人的协同联系，通过利

---

① 潘小娟. 社区行政化问题探究[J]. 国家行政学院学报,2007(1):35.
② 叶良海,吴湘玲. 清单式治理:城市社区治理新模式[J]. 学习与实践,2018(6):112.
③ 彭勃,付建军. 城市基层治理中的清单制:创新逻辑与制度类型学[J]. 行政论坛,2017,24(4):38.

益疏导和行为激励等形式切实落实清单事项的各项要求,① 从根源上杜绝象征性执行困境,回归社区清单式治理的初衷。最后,建立科学系统的清单治理评估机制。将社区清单式治理的评估工作纳入社区治理评估范围,通过建立评估机构,制定科学、有效的评估指标及方法,保证社区清单式治理的执行效率,确保城市社区清单式治理模式能真正减轻社区工作者的行政性负担。

---

① 吴湘玲,叶良海.城市社区清单式治理的实践困境及其优化[J].湖湘论坛,2018,31(4):61.

第七章 结论与展望

为探究我国城市社区工作者公共服务动机的结构及影响因素,本书以公共服务动机分类学理论框架和公共服务动机过程理论为基础,采用访谈法、扎根理论构建了"城市社区工作者公共服务动机构思模型"和"城市社区工作者公共服务动机影响因素理论模型",遵循"初始量表构建—预测量表净化—正式量表信效度检验"的逻辑主线开发中国情境下的公共服务动机结构及影响因素量表。通过五阶段分层抽样在全国范围内抽取10个省(区、市),22个地级市,以网络问卷形式获取2690份有效样本。并采用独立样本T检验、方差分析等对城市社区工作者公共服务动机水平及特征进行描述,采用结构方程模型、潜调节结构方程法对影响因素假设进行检验。最后根据实证研究结果有针对性地提出提升我国城市社区工作者公共服务动机水平的对策建议。

第一节 研究结论

一、我国城市社区工作者公共服务动机由五个维度构成

本书基于以往文献研究成果,通过扎根理论构建了"城市社区工作

者公共服务动机构思模型",采用一阶验证性因子分析进行信效度检验以完成对公共服务动机结构正式量表的质量考察。根据二阶验证性因子分析结果,我国城市社区工作者公共服务动机是由自我实现需要、公共利益承诺、同情心、感恩、自我奉献精神五个一阶因子构成的二阶构念。5个因子在公共服务动机上的标准化因子载荷系数由大到小依次为公共利益承诺(0.92)、同情心(0.90)、自我奉献精神(0.88)、感恩(0.84)、自我实现需要(0.77)。

五个维度中,公共利益承诺、同情心、自我奉献精神三个维度与经典佩里量表相似,本书基于中国情境和研究对象对其进行了重新框定。自我实现需要和感恩是我国城市社区工作者公共服务动机的独特构思。其中,自我实现需要动机是社区工作者世俗一面的体现,即为民服务的理性成分源于其对自我实现需要的满足;而感恩是社区工作者公共服务动机情感成分的核心来源之一,在中国社会"人情"和"面子"的影响下,感恩更强调回报的时机和非对等的回报。

二、我国城市社区工作者公共服务动机水平较高

通过对2690份有效问卷的描述统计分析发现,我国城市社区工作者公共服务动机均值为3.95,标准差为0.441,处于较高水平。

进一步地,本书采用独立样本T检验、方差分析等对群体特征变量在各维度及其题项上可能存在的差异进行了检验,研究发现:①社区工作者状态感恩和特质感恩水平很高。选举和聘任的社区工作者在感恩及各题项上均存在显著差异,且由选举产生的社区工作者的感恩水平高于聘任制的社区工作者。而不同工作年限的社区工作者在感恩水平上的差异均不显著。②社区工作者对弱势群体的关爱与怜悯体验足够深刻。不同性别社区工作者在同情心及各题项上均存在显著差异,且女性社区工

作者的同情心水平高于男性社区工作者。③社区工作者为民服务的宗旨与情怀坚定。不同工作年限的社区工作者在公共利益承诺及各题项上均存在显著差异（除工作年限在11~15年与16年及以上的社区工作者在题项"GGLY3"上的差异不显著），且工作年限越久，社区工作者公共利益承诺得分越高。④社区工作者展现自身能力的工具性动机明显。不同职务的社区工作者在自我实现需要动机及其各题项上均存在显著差异，且呈现职务越高自我实现需要越强烈的特点。⑤社区工作者勇于自我奉献的精神境界尚需提升。自我奉献精神是社区工作者公共服务动机得分最低的维度，且不同学历社区工作者在自我奉献精神及其各题项上均存在显著差异，呈现学历层次越低自我奉献精神得分越高的特点。

三、我国城市社区工作者公共服务动机受个体心理及组织层面六个因素的影响

本书采用扎根理论对获取的"公共服务动机影响因素"访谈文本进行质化分析，基于深描并深刻解析它们之间的逻辑关系发现：社区工作者公共服务动机受个体因素（组织认同、工匠精神、工作获得感、心理资本）和组织因素（变革型领导风格、社区行政化）共同影响。基于理论与现实素材，本书构建了包含11个研究假设的"城市社区工作者公共服务动机影响因素理论模型"，并采用结构方程模型和潜调节结构方程法，在控制了性别、年龄、学历等群体特征变量的基础上，对模型中变量的直接效应、中介效应、调节效应、被调节的中介效应进行实证检验。

1. 个体心理及组织因素都能对社区工作者公共服务动机产生直接影响

从直接效应检验结果来看，组织认同（$\beta=0.610$，$p<0.01$）、工

匠精神（$\beta=0.512$，$p<0.01$）、工作获得感（$\beta=0.690$，$p<0.01$）、心理资本（$\beta=0.347$，$p<0.01$）、变革型领导风格（$\beta=0.201$，$p<0.01$）显著正向影响社区工作者的公共服务动机；社区行政化（$\beta=-0.250$，$p<0.01$）显著负向影响社区工作者的公共服务动机。6个因素对公共服务动机直接影响效应从大到小依次为工作获得感、组织认同、工匠精神、心理资本、变革型领导风格、社区行政化。

2. 个体心理因素在组织因素与公共服务动机之间能够起到一定的中介作用

从中介效应检验结果来看，变革型领导风格对组织认同（$\alpha_1=0.495$，$p<0.01$）和工匠精神（$\alpha_1=0.506$，$p<0.01$）具有显著正向影响，组织认同和工匠精神在变革型领导风格与公共服务动机之间起到部分中介作用，其中介效应分别占总效应的57.52%和72.86%。这意味着变革型领导风格能够强化社区工作者的组织认同和工匠精神，是他们面临多重压力时依旧坚守为民服务初心的重要动力来源。而社区行政化对工作获得感（$\alpha_1=-0.232$，$p<0.01$）具有显著负向影响，工作获得感在社区行政化与公共服务动机之间起到部分中介作用，中介效应占总效应的47.66%。这表明，社区行政化能够通过挫伤社区工作者工作获得感进而对其动机产生间接影响。

3. 心理资本在社区行政化与工作获得感和公共服务动机之间起一定调节作用

从心理资本的简单调节效应检验结果来看，心理资本与社区行政化的交互项对公共服务动机具有显著负向影响（$\alpha_1=-0.184$，$p<0.01$），即对于高心理资本存量的社区工作者而言，社区行政化对其公共服务动机影响较弱；相反，对于低心理资本存量的社区工作者而言，社区行政化对其公共服务动机影响较强。从被调节的中介效应检验结果

来看,在心理资本水平高和低时,工作获得感在社区行政化与公共服务动机之间的中介效应有显著差异,两者的间接效应差异为 0.084 ($p <$ 0.01),即心理资本调节了工作获得感在社区行政化与社区工作者公共服务动机之间的中介效应,社区工作者的心理资本越高,工作获得感在社区行政化与公共服务动机之间的中介作用越弱;反之,则越强。上述检验结果均表明,作为一种有效的心理资源,心理资本能够在社区行政化与工作获得感和公共服务动机之间起到调节作用,在很大程度上缓和了社区行政化带来的负面压力,是社区工作者在重压之下依旧坚守为民服务初心的"秘密武器"。

第二节 研究不足

一、研究内容的全面性还需延展

本书通过质化与量化相结合的混合研究方法发现并验证了个体心理因素及组织因素对城市社区工作者公共服务动机的显著影响,侧重从中观和微观视角对公共服务动机影响因素进行探讨,并未将宏观因素对公共服务动机的影响效应考虑在内。目前,我国处于社会转型期,宏观社会环境变迁正改变着人们的工作、生活与学习习惯,同时也深刻地影响着人们的心理。[①] 正如哈尔·G. 瑞尼所说:"尽管公共服务动机是一种较为稳定的心理变量,但它也会随着时间迁移而变化,随着政府形象的

---

① 田园,明桦,黄四林,等.2004 至 2013 年中国大学生人格变迁的横断历史研究[J]. 心理发展与教育,2017,33(1):30-36.

改变而改变。"① 宏观因素的缺失导致本书构建的公共服务动机影响因素理论模型尚不完善，研究内容的全面性还需延展。

二、研究设计的缜密性仍需加强

本书基于公共服务动机过程理论及扎根理论编码结果进行问卷设计。在问卷设计之初，预想调研数据应该具有层次结构的特点（即社区工作者个人水平的数据嵌套于社区各类水平数据之中），因此研究方法拟采用分层线性模型对研究假设进行验证。但在对回收上来的预调研问卷进行统计时发现，大多数的社区工作者不愿意透露自己所在社区的名称，无法获取社区工作者个人层面和社区层面的配对数据。因此，本书正式问卷的个人基本信息部分删除了"您所在社区名称"这一题目，最终研究方法选取结构方程模型和潜调节结构方程法。今后可以借助民政部在全国范围的调研契机，对问卷做更为精细的研究设计，获取社区工作者和社区不同水平的翔实数据，并对研究假设做更加合理的估计。此外，公共服务动机体现的是个体内在的价值偏好和倾向，某些精心伪装起来的虚假利他动机颇具欺骗性而自陈式问卷调查无法甄别，导致测量的结果可能不是被试真实的动机水平。

第三节　研究展望

一、关注宏观因素，揭示公共服务动机整体的变迁规律

凯瑟琳·C. 纳夫曾指出，未来应对可能影响公共服务动机的宏观

---

① RAINEY H G. Understanding and managing public organizations[M]. San Francisco：Jossey-Bass Publishers，1997.

因素进行探究，比如全球的经济衰退以及随之而来的就业困扰等，[①] 但其研究仅停留在理论阐述和静态描述阶段，缺乏相关的实证检验。作为一种指导、激发和维持个体做出利他行为的社会心理变量，公共服务动机的影响因素是复杂多样的。这即是说，除本书所验证的微观及中观因素外，政府管理改革、宏观制度场景、教育发展水平、社会就业水平、社会不安定因素（如新冠疫情）等宏观因素均有可能是影响公共服务动机的重要变量，变化的情境亦可能助推城市社区工作者公共服务动机水平提升。那么，哪些宏观因素对社区工作者公共服务动机影响显著？这些因素强化还是弱化了他们的公共服务动机？宏观与微观因素对公共服务动机的跨层次效应是否存在？这些都是未来研究所要探索的重要议题。

二、强化实验研究，避免因果关系倒置和虚假动机生成

布莱德利·E. 怀特和亚当·M. 格兰特（Adam M. Grant）曾建议采用实地实验或准实验的方法来考察特定因素对公共服务动机的影响，以及公共服务动机对其他行为和结果的影响。[②] 但真正采用实验法研究公共服务动机问题的文献并不多，公共服务动机影响因素领域的实验研究更是凤毛麟角。当前，问卷调查法是公共服务动机结构和影响因素研究的主流方法。此种情境下，强化实验研究主要基于以下考量：问卷调查法虽然为描述、理解和解释某些现象提供了利器，但其面临非常严重的内生性问题，如因果关系颠倒、缺失变量偏误、选择偏误等，使变量

[①] NAFF K C. Public service motivation: what we know and what we need to learn[J]. Public Administration Review, 2011, 71(3): 491–493.

[②] WRIGHT B E, GRANT A M. Unanswered questions about public service motivation: designing research to address key issues of emergence and effects[J]. Public Administration Review, 2010, 70(5): 691–700.

之间的关系并未得到真正的建立。① 与之相比,实验法则通常可以控制许多外部干扰因素,具有较高的内部效度,且实验法具备情景真实感而使实践者信服,能够更为真实地反映被试的动机水平,使被试的动机与行为、行为与结果相匹配进而揭示变量间的因果关系。如此,未来应不断强化实验研究方法,探寻公共服务动机与各影响因素之间的因果关系,求解个体公共服务动机的纯粹值,为深入探索公共服务动机影响因素解释机制提供助力。

---

① 马亮. 公共管理实验研究何以可能:一项方法学回顾[J]. 甘肃行政学院学报,2015(4):13-23,126.

参考文献

[1] 袁方成,邓涛. 我国城市社区建设的新阶段、方向与重点[J]. 行政论坛,2016,23(5):86-91.

[2] 杨爱平,余雁鸿. 选择性应付:社区居委会行动逻辑的组织分析:以G市L社区为例[J]. 社会学研究,2012,27(4):105-126,243-244.

[3] BEHN R D. The big question of public management[J]. Public Administration Review, 1995, 55(4): 313-324.

[4] 张平,刘伟民. 公共服务动机如何影响工作绩效:促进还是干扰?——来自元分析的证据[J]. 东北大学学报(社会科学版),2020,22(4):47-56.

[5] 刘帮成,陈鼎祥. 何以激发基层干部担当作为:一个战略性人力资源管理分析框架[J]. 公共行政评论,2019(6):6-19,197.

[6] 朱光楠,李敏,严敏. 公务员公共服务动机对工作投入的影响研究[J]. 公共行政评论,2012,5(1):122-144,181.

[7] 樊培尧,朱峰. 乡镇公务员公共服务动机对工作投入影响的实证研究:以新疆维吾尔自治区十地区为例[J]. 湖北农业科学,2019,58(5):114-118.

[8] ANDERSEN L B, HEINESEN E, PEDERSEN L H. How does public service motivation among teachers affect student performance in schools? [J].

Journal of Public Administration Research and Theory, 2014, 24(3): 651 – 671.

[9]陈新明,萧鸣政. 基层公务员职业发展倦怠问题新探索:基于心理定力视角的实证研究[J]. 中共中央党校(国家行政学院)学报,2020,24(3): 84 – 91.

[10]舒全峰,刘亚禅. 公共服务动机、领导力与基层扶贫干部职业倦怠[J]. 北京社会科学,2019(7):50 – 62.

[11]BOTTOMLEY P, SAYEDMOSTAFA M A, GOULD – WILLIAMS J S, et al. The impact of transformational leadership on organizational citizenship behaviors: The contingent role of public service motivation[J]. British Journal of Management, 2016(27): 390 – 405.

[12]王作宝,王学工,李坚. 辽宁省社区工作者职业倦怠状况及影响因素分析[J]. 中国公共卫生,2019(8):1091 – 1094.

[13]陈家建,张洋洋. "非对称权责"结构与社区属地化管理[J]. 社会学评论,2021,9(3):143 – 163.

[14]赵吉. 条线下沉与权责失衡:社区治理内卷化的一种解释[J]. 城市问题,2020(5):81 – 87.

[15]吴永红,梁波. 制度结构、非均衡依赖与基层治理困境的再生产:以居委会减负悖论为例[J]. 甘肃行政学院学报,2017(4):52 – 60,128 – 129.

[16]孙璐. 城市社区居委会工作者的情绪劳动研究:以扬州市荷花街社区居委会为个案研究[J]. 理论月刊,2019(6):155 – 160.

[17]蓝志勇,薛金刚. 当前公务员行政动力不足的根源及应对路径[J]. 长白学刊,2021(4):62 – 71.

[18]PERRY J L. Measuring public service motivation: An assessment of construct reliability and validity [J]. Journal of Public Administration Research and Theory, 1996, 6(1): 5 – 22.

[19]KIM S, VANDENABEELE W, WRIGHT B E, et al. Investigating the

structure and meaning of public service motivation across populations: Developing an international instrument and addressing issues of measurement invariance[J]. Journal of Public Administration Research and Theory, 2012, 23(1): 79 – 102.

[20] COURSEY D H, PANDEY S K. Public service motivation measurement: Testing an abridged version of Perry's Proposed Scale[J]. Administration and Society, 2007, 39(5): 547 – 568.

[21] VANDENABEELE W. Development of a public service motivation measurement scale: Corroborating and extending Perry's Measurement Instrument[J]. International Public Management Journal, 2008, 11(1): 143 – 167.

[22] 曾军荣. 公共服务动机:概念、特征与测量[J]. 中国行政管理, 2008(2):21 – 24.

[23] HOUSTON D J. Public service motivation: A multivariate test[J]. Journal of Public Administration Research and Theory, 2000, 10(4): 713 – 728.

[24] BUCHANAN B. Red tap and the service ethic[J]. Administration and Society, 1975, 6(4): 423 – 444.

[25] WITTMER D. Serving the people or serving for pay: Reward preferences among government, hybrid sector, and business managers[J]. Public Productivity and Management Review, 1991, 14(4): 369 – 383.

[26] CREWSON P E. Public service motivation: Building empirical evidence of incidence and effect[J]. Journal of Public Administration Research and Theory, 1997, 7(4): 499 – 518.

[27] ANDERSEN L B. What determines the behavior and performance of health professionals public service motivation, professional norms and economic incentives [J]. International Review of Administration Sciences, 2009, 75(1): 79 – 97.

[28] 陈世香,苏建健. 国外公共服务动机研究:概念诠释、变量关系与发

展趋势[J]. 国外社会科学,2017(1):75-86.

[29]VANDENABEELE W. Toward a public administration theory of public service motivation: Aninstitutional approach[J]. Public Management Review, 2007(9):545-556.

[30]LEISINK P, STEIJN B. Public service motivation and job performance of public sector employees in The Netherlands [J]. International Review of Administrative Sciences, 2009, 75(1):35-52.

[31]NAFF K C, CRUM J. Working for America: Does public service motivation make a difference? [J]. Review of Public Personnel Administration, 1999(4):5-17.

[32]VANDENABEELE W. Who wants to deliver public service? To institutional antecedents of public service motivation provide an answer? [J]. Review of Public Personnel Administration, 2011(31):87-107.

[33]KJELDSEN A M. Vocational study and public service motivation: Disentangling the socializing effects of higher education [J]. International Public Management Journal, 2012(4):500-524.

[34]CAMILLERI E. Antecedents affecting public service motivation [J]. Personnel Review, 2007 (3):356-377.

[35]PERRY J L. Antecedents of public service motivation[J]. Journal of Public Administration Research and Theory, 1997, 7(2):181-197.

[36]PERRY J L, BRUDNEY J L, COURSEY D, et al. What drives morally committed citizens? A study of the antecedents of public service motivation[J]. Public Administration Review, 2008 (3):445-458.

[37]CHEN C A, HSIEH C W, CHEN D Y, et al. Like father, like son: Explicating parental influence on adult children's public sector preference[J]. International Public Management Journal, 2022 (25):261-279.

[38]HOLT S B. The influence of high schools on developing public service motivation[J]. International Public Management Journal, 2019, 22（1）: 127 – 175.

[39]KIM S. Education and public service motivation: A longitudinal study of high school graduates[J]. Public Administration Review, 2021, 81（2）: 260 – 272.

[40]PERRY J L, HONDEGHEM A. Building theory and empirical evidence about public service motivation[J]. International Public Management Journal, 2008, 11（1）: 3 – 12.

[41]CAMILLERI E. Antecedents affecting public service motivation[J]. Personnel Review, 2007（3）: 356 – 377.

[42]ANDERSEN L B, KJELDSEN A M. Public service motivation, user orientation, and job satisfaction: A question of employment sector?[J]. International Public Management Journal, 2013（2）: 252 – 274.

[43]ANDERFUHREN – BIGET S, VARONE, FRÉDÉRIC, et al. Policy environment and public service motivation[J]. Public Administration, 2014（4）: 807 – 825.

[44]JACOBSEN C B, HVITVED J, ANDERSEN L B. Command and motivation: How the perception of external interventions relates to intrinsic motivation and public service motivation[J]. Public Administration, 2014（4）: 790 – 806.

[45]KIM T, ENDERSON A C, EOM T H. At the front line:Examining the effects of perceived job significance, employee commitment, and job involvement on public service motivation[J]. International Review of Administrative, 2015（4）: 713 – 733.

[46]PERRY J L, PORTER L. Factors affecting the context for motivation in public organizations[J]. Academy of Management Review,1982, 7（1）: 89 – 98.

[47]LOCKE E A, LATHAM G P. A theory of goal setting and task performance[J]. The Academy of Management Review, 1991(2): 212-247.

[48]CAILLIER J G. Does public service motivation mediate the relationship between goal clarity and both organizational commitment and extra-role behaviors?[J]. Public Management Review, 2016(2): 300-318.

[49]MOYNIHAN D P, PANDEY S K. The role of organizations in fostering public service motivation[J]. Public Administration Review, 2007(1): 40-53.

[50]ALINA P. From compliance to commitment: Centralization and public service motivation in different administrative regimes[J]. International Journal of Manpower, 2016(5): 878-899.

[51]SCHOTT C, PRONK J L J. Investigating and explaining organizational antecedents of PSM[J]. Evidence-Based HRM: A Global Forum for Empirical Scholarship, 2014(1): 28-56.

[52]GIAUQUE D, ANDERFUHREN-BIGET S, VARONE, et al. HRM practices sustaining PSM: When values congruency matters[J]. International Journal of Public Sector Performance Management, 2015(3): 202-220.

[53]HOMBERG F, VOGEL R. Human resource management and public service motivation: Where are we, and where do we go from here?[J]. International Journal of Manpower, 2016(5): 746-763.

[54]陈晨,时勘,陆佳芳. 变革型领导与创新行为:一个被调节的中介作用模型[J]. 管理科学,2015(4):11-22.

[55]WRIGHT B E, MOYNIHAN D P, PANDEY S K. Pulling the levers: Transformational leadership, public service motivation, and mission valence[J]. Public Administration Review, 2012(2): 206-215.

[56]JENSEN U T, BRO L. How transformational leadership supports intrinsic motivation and public service motivation: The mediating role of basic need sat-

isfaction[J]. American Review of Public Administration, 2018(6): 535-549.

[57] KROGSGAARD J A, PERNILLE T, ANDERSEN L B. Only if we agree? How value conflict moderates the relationship between transformational leadership and public service motivation[J]. International Journal of Public Administration, 2014(12): 895-907.

[58] JENSEN U T, ANDERSEN L B, JACOBSEN C B. Only when we agree! How value congruence moderates the impact of goal-oriented leadership on public service motivation[J]. Public Administration Review, 2019(1): 12-24.

[59] 谭新雨,汪艳霞. 公共服务动机视角下服务型领导对公务员建言行为的影响[J]. 软科学,2017,31(8):51-55.

[60] SCHWARZ G, NEWMAN A, COOPER B, et al. Servant leadership and follower job performance: The mediating effect of public service motivation[J]. Public Administration, 2016, 94(4): 1025-1041.

[61] LIU B C, TANG N Y, ZHU X M. Public service motivation and job satisfaction in China: An investigation of generalisability and instrumentality[J]. International Journal of Manpower, 2008, 29(8): 684-699.

[62] LIU B C. Evidence of public service motivation of social workers in China[J]. International Review of Administrative Science, 2009, 75(2): 349-366.

[63] 吴绍宏. 公务员的工作满意度、组织承诺与公共服务动机的关系探讨:以澳门特区政府公务员为例[J]. 中国人力资源开发,2010(9):104-106.

[64] 殷强. 公共服务动机理论的评价研究[D]. 上海:华东师范大学,2010.

[65] 李小华. 公共服务动机研究:对中国 MPA 研究生公共服务动机的实证分析[M]. 北京:中国社会科学出版社,2010.

[66] 张廷君. 公务员公共服务动机维度差异的本土化分析:基于福建的

调查[J].西安电子科技大学学报(社会科学版),2012,22(3):25-31.

[67]朱春奎,吴辰.公共服务动机对工作满意度的影响研究[J].公共行政评论,2012,5(1):83-104,180-181.

[68]李丹婷.西方公共服务动机研究:理论探讨与最新进展[J].唯实,2012(1):84-87.

[69]李锋,王浦劬.基层公务员公共服务动机的结构与前因分析[J].华中师范大学学报(人文社会科学版),2016,55(1):29-38.

[70]包元杰,李超平.公共服务动机的测量:理论结构与量表修订[J].中国人力资源开发,2016(7):83-91.

[71]舒全峰.领导力、公共服务动机与中国农村集体行动[M].北京:清华大学出版社,2020.

[72]杨开峰,杨慧珊.公共服务动机量表的中国化[J].治理研究,2021,37(6):2,62-76.

[73]刘华兴,王铮.基层公务员公共服务动机测量[J].上海交通大学学报(哲学社会科学版),2022,30(1):107-122.

[74]林群雄.警务人员公共服务动机的理论结构和实证测量[J].学术研究,2017(5):56-61,177.

[75]王浦劬,杨晓曦.当前党政干部公共服务动机状况调查:基于中部某市党政干部的实证研究[J].人民论坛·学术前沿,2017(7):70-81.

[76]张廷君.公务员公共服务动机维度差异的本土化分析:基于福建的调查[J].西安电子科技大学学报(社会科学版),2012,22(3):25-31.

[77]祝军.青年公务员公共服务动机对工作投入的影响研究[J].中国青年政治学院学报,2013,32(5):77-81.

[78]叶先宝,赖桂梅.公共服务动机:测量、比较与影响:基于福建省样本数据的分析[J].中国行政管理,2011(8):107-111.

[79]郑楠,周恩毅.我国基层公务员的公共服务动机对职业幸福感影响

的实证研究[J]. 中国行政管理,2017(3):83-87.

[80]刘伟. 非盈利组织员工的公共服务动机分析[J]. 北京行政学院学报,2014(4):112-117.

[81]朱喆,徐顽强. 驻村干部公共服务动机水平测量:以武陵山区为例[J]. 长白学刊,2020(6):60-68.

[82]王亚华,舒全峰. 中国乡村干部的公共服务动机:定量测度与影响因素[J]. 管理世界,2018,34(2):93-102,187-188.

[83]寸晓刚. 新一代大学生群体公共服务动机的实证研究[J]. 中国行政管理,2013(3):110-115.

[84]JUDGE T A, ILIES R. Relationship of personality to performance motivation: A meta-analytic review [J]. Journal of Applied Psychology, 2002, 87(4): 797-807.

[85]CHYI-LU J. The effect of personality traits on public service motivation: Evidence from Chinese Taiwan [J]. Social Behavior and Personality: an International Journal. 2012, 40(5): 725-733.

[86]LIU B C, PERRY J L, TAN X, et al. Cross-level holistic model of public service motivation[J]. International Public Management Journal,2017(8):1-26.

[87]陈文春,张义明,陈桂生. 从职业认同到工作投入:公共服务动机的中介作用与自我效能感的调节作用[J]. 中国人力资源开发,2018,35(2):118-128.

[88]祝军. 基层公务员公共服务动机研究[M]. 北京:中国社会科学出版社,2017.

[89]赵晨,高中华. 公共服务动机视域下公务员工作满意度对行为绩效的影响[J]. 首都经济贸易大学学报,2014,16(6):45-52.

[90]李小华,董军. 公务员公共服务动机对个体绩效的影响研究[J].

公共行政评论,2012,5(1):105-121,181.

[91]孟凡蓉,张玲.绩效评价目标设置与公共服务动机:心理需求满意感的中介效应[J].情报杂志,2011(9):202-207.

[92]孟凡蓉,吴建南.公共服务动机视角下绩效工资公平感对工作投入的影响[J].西安交通大学学报(社会科学版),2014,34(1):61-69.

[93]葛蕾蕾.变革型领导对公务员工作态度的影响:公共服务动机的中介效应研究[J].烟台大学学报(哲学社会科学版),2016,29(3):111-120.

[94]LIU B C, HU W, CHENG Y C. From the west to the east: Validating servant leadership in the Chinese Public Sector[J]. Public Personnel Management, 2015, 44(1): 25-45.

[95]CHEN C A, HSIEH C W, CHEN D Y. Fostering public service motivation through workplace trust: Evidence from public managers in Chinese Taiwan [J]. Public Administration, 2014 (4): 954-973.

[96]刘帮成,周杭,洪风波.公共部门高承诺工作系统与员工建言行为关系研究:基于公共服务动机的视角[J].管理评论,2017(1):62-69.

[97]谭新雨,刘帮成,汪艳霞.激励—贡献导向下心理契约差异对公务员离职倾向的影响:基于公共服务动机和变革态度的综合分析[J].公共管理学报,2017,14(4):27-43,154.

[98]马岩.税务领军人才心理资本、公共服务动机与职业成功的关系研究[J].税务研究,2016(11):88-93.

[99]汪大海.社区管理学[M].北京:北京师范大学出版社,2011.

[100][德]斐迪南·滕尼斯.共同体与社会[M].林荣远,译.商务印书馆,1999.

[101]卢爱国.使社区和谐起来:社区公共事务分类治理[D].武汉:华中师范大学,2008.

[102]MACLVER R M. Community: A sociological study [M]. London:

Macmillan Press,1958.

[103]民政部基层政权和社区建设司.中国社区建设年鉴2003[M].北京:中国社会出版社,2003.

[104]汪鸿波,费梅苹.新中国成立70年来我国城市社区工作者形象的变迁与重构:基于上海的历史考察[J].内蒙古社会科学(汉文版),2019,40(5):163-169.

[105]车峰.基于胜任力模型的城市社区工作者绩效考评研究[J].华东理工大学学报(社会科学版),2017,32(2):19-29.

[106]刘霞.关于我国社区工作者队伍的分析[J].云南行政学院学报,2005(2):99-101.

[107]李芹.职业化社区工作者与专业化社区工作者的关系[J].社会,2003(1):25-27.

[108][美]安东尼·唐斯.官僚制内幕[M].郭小聪,等译,北京:中国人民大学出版社,2006.

[109]RAINEY H G. Reward preferences among public and private managers: In search of the service ethic[J]. The American Review of Public Administration, 1982, 16(4): 288-302.

[110]PERRY J L, WISE L R. The motivational bases of public service[J]. Public Administration Review, 1990, 50(3): 367-373.

[111]苗青.公共服务动机理论的中国场景:新框架和新议程[J].公共管理与政策评论,2019,8(5):18-22.

[112]彭聃龄.普通心理学[M].北京:北京师范大学出版社,2019.

[113]RAINEY H G, STEINBAUER P. Galloping elephants: Developing elements of a theory of effective government organizations[J]. Journal of Public Administration Research and Theory, 1999, 9(1): 1-32.

[114]SCOTT P G, PANDEY S K. Red tape and public service motivation:

Findings from a national survey of managers in state health and human services agencies [J]. Review of Public Personnel Administration, 2005, 25 (2): 155–180.

[115] BRIGHT L. Does person-organization fit mediate the relationship between public service motivation and the job performance of public employees? [J] Review of Public Personnel Administration, 2007, 27(4): 361–379.

[116] ANDERFUHREN-BIGET S, VARONE, FRÉDÉRIC, et al. Policy environment and public service motivation [J]. Public Administration, 2014, 92 (4): 807–825.

[117] KIM S. Public service motivation and organizational citizenship behavior in Korea [J]. International Journal of Manpower, 2006, 27(8): 722–740.

[118] WRIGHT-ISAK C. Individual motives and organizational incentive systems[J]. Research in the Sociology of Organizations, 1982, 1(2): 209–254.

[119] WRIGHT B E, PANDEY S K. Public service motivation and the assumption of person—organization fit: Testing the mediating effect of value congruence[J]. Administration and Society, 2008, 40(5): 502–521.

[120] KIM S, VANDENABEELE W. A strategy for building public service motivation research internationally[J]. Public Administration Review, 2010, 70 (5): 701–709.

[121] PERRY J L. Bringing society in: Toward a theory of public-service motivation[J]. Journal of Public Administration Research and Theory, 2000 (2): 471–488.

[122] MARCH J G, OLSEN J P. Rediscovering institutions: The organizational basis of politics[M]. New York: Free Press, 1989.

[123] VANDENABEELE W, PERRY J L. Behavioral dynamics: Institutions, identities and self-regulation, in: motivation in public management: The

call of public service[M]. Oxford: Oxford University Press, 2008.

[124]BANDURA A. Social cognitive theory of self - regulation[J]. Organizational Behavior and Human Decision Processes, 1991, 50(2): 248 - 287.

[125]DECI E L, RYAN R M. Handbook of self - determination research[M]. Rochester, NY: University of Rochester Press, 2004.

[126]LATHAM G P, LOCKE E A, PROCESSES B, et al. Self - regulation through goal setting[J]. Organizational Behavoir and Human Decision Process, 1991, 50(1): 212 - 247.

[127]张平,刘伟民,崔子傲. 街道治理能力提升的困境与进路:基于公共服务动机的视角[J]. 治理研究,2021,37(2):73 - 81.

[128]陈向明. 旅居者与外国人:留美中国学生跨文化人际交往研究[M]. 北京:教育科学出版社,2004:31.

[129][英]凯西·卡麦兹. 建构扎根理论:质性研究实践指南[M]. 边国英,译. 重庆:重庆大学出版社,2009.

[130] CHARMAZ K. Constructing grounded theory: A practical guide through qualitative analysis[J]. Thousand Okas, CA: Sage. 2006(46): 113.

[131]吴肃然,李名荟. 扎根理论的历史与逻辑[J]. 社会学研究,2020,35(2):75 - 98,243.

[132]何蓓婷,安然. 高压之下缘何坚守？中方外派人员的工作—家庭平衡机理研究[J]. 南开管理评论,2020,23(3):141 - 154.

[133][丹麦]斯丹纳·苛费尔,[丹麦]斯文·布林克曼. 质性研究访谈[M]. 范丽恒,译. 北京:世界图书出版有限公司,2013.

[134]李幼穗,周坤. 同情心培养对幼儿典型亲社会行为影响的研究[J]. 心理科学,2010,33(2):341 - 345.

[135]FROH J J, FAN J, EMMONS R A, et al. Measuring gratitude in Youth: Assessing the psychometric properties of adult gratitude scales in Children

and Adolescents[J]. Psychological Assessment,2011,23(2):311-324.

[136]EMMONS R A,MCCULLOUGH M E. Counting blessings versus burdens:An experimental investigation of gratitude and subjective well-being in daily life.[J]. Journal of Personality and Social Psychology,2003,84(2):377-389.

[137]COURSEY D H,PERRY J L,BRUDNEY J L,et al. Psychometric verification of Perry's Public Service Motivation Instrument:Results for volunteer exemplars[J]. Review of Public Personnel Administration,2008,28(1):79-90.

[138]竺乾威. 公共行政的改革、创新与现代化[M]. 上海:复旦大学出版社,2018.

[139]刘军,朱征,王琦琦,等. 工作场所感恩研究述评与展望[J]. 外国经济与管理,2019,41(9):61-74.

[140]张淑华,刘兆延. 组织认同与离职意向关系的元分析[J]. 心理学报,2016,48(12):1561-1573.

[141]唐秀丽,辜应康. 强颜欢笑还是真情实意:组织认同、基于组织的自尊对服务人员情绪劳动的影响[J]. 旅游学刊,2016,31(1):68-80.

[142]SCHAUFELI W B,SALANOVA M,VICENTE GONZÁLEZ-ROMÁ,et al. The measurement of engagement and burnout:A two sample confirmatory factor analytic approach[J]. Journal of Happiness Studies,2002,3(1):71-92.

[143]谭旭运,董洪杰,张跃,等. 获得感的概念内涵、结构及其对生活满意度的影响[J]. 社会学研究,2020,35(5):195-217,246.

[144]王浦劬,季程远. 新时代国家治理的良政基准与善治标尺:人民获得感的意蕴和量度[J]. 中国行政管理,2018(1):6-12.

[145]CHEN Z X,ARYEE S. Delegation and employee work outcomes:An examination of the cultural context of mediating process in China[J]. Academy of

Management Journal,2007,50(1):226-238.

[146]CHARLES M. Indirect reciprocity and reputation management: Interdisciplinary findings from evolutionary biology and economics[J]. Public Relations Review,2018,44:463-470.

[147]任皓,温忠麟,陈启山,等. 工作团队领导心理资本对成员组织公民行为的影响机制:多层次模型[J]. 心理学报,2013,45(1):82-93.

[148]李超平,毛凯贤. 变革型领导对新员工敬业度的影响:认同视角下的研究[J]. 管理评论,2018,30(7):136-147.

[149]田虹,田佳卉. 环境变革型领导对员工绿色创造力的作用机制研究[J]. 管理学报,2020,17(11):1688-1696.

[150]MAEL F, ASHFORTH B E. Alumni and their alma mater:A partial test of the reformulated model of organizational identification[J]. Journal of Organizational Behavior,1992,13(2):103-123.

[151]王林雪,卓娜. 领导风格、组织认同对创新型人才创新能力的影响研究[J]. 科学管理研究,2014,32(5):102-105.

[152]王桢,陈乐妮,李旭培. 变革型领导与工作投入:基于情感视角的调节中介模型[J]. 管理评论,2015,27(9):120-129,212.

[153]ZHU W, AVOLIO B J, WALUMBWA F O, et al. Moderating role of follower characteristics with transformational leadership and follower work engagement[J]. Group and Organization Management,2009,34(5):590-619.

[154]GOZUKARA I, SIMSEK O F. Linking transformational leadership to work engagement and the mediator effect of job autonomy:A study in a Turkish Private Non-Profit University[J]. Procedia-Social and Behavioral Sciences,2015,195:963-971.

[155]孙柏瑛. 城市社区居委会"去行政化"何以可能?[J]. 南京社会科学,2016(7):51-58.

[156]赵燕梅,张正堂,刘宁,等. 自我决定理论的新发展述评[J]. 管理学报,2016,13(7):1095-1104.

[157]MOYNIHAN D P, PANDEY S K. The role of organizations in fostering public service motivation[J]. Public Administration Review, 2007, 67(1): 40-53.

[158]BAKKER A B, DEMEROUTI E. The job demands-resources model: State of the art[J]. Journal of Managerial Psychology, 2007, 22(3): 309-328.

[159]AVEY J B, REICHARD R J, LUTHANS F, et al. Meta-analysis of the impact of positive psychological capital on employee attitudes, behaviors, and performance[J]. Human Resource Development Quarterly, 2011, 22(2): 127-152.

[160]孟林,杨慧. 心理资本对大学生学习压力的调节作用:学习压力对大学生心理焦虑、心理抑郁与主观幸福感的影响[J]. 河南大学学报(社会科学版),2012,52(3):142-150.

[161]孙仲山. 社会行为科学研究[M]. 台湾人力资源与发展协会,2017:109.

[162]钟晓钰,李铭尧,李凌艳. 问卷调查中被试不认真作答的控制与识别[J]. 心理科学进展,2021,29(2):225-237.

[163]CURRAN P G. Methods for the detection of carelessly invalid responses in survey data[J]. Journal of Experimental Social Psychology, 2016, 66: 4-19.

[164]CAIN I H, ATHENA C, MOLLY D, et al. Measuring gratitude at work[J]. Journal of Positive Psychology, 2018, 14(4): 1-12.

[165]SPENCE J R, BROWN D J, KEEPING L M, et al. Helpful today, but not tomorrow? Feeling grateful as a predictor of daily organizational citizenship behaviors[J]. Personnel Psychology, 2014, 67(3): 705-738.

[166]PAANAKKER H L. Values of public craftsmanship: The mismatch between street – level ideals and institutional facilitation in the prison sector[J]. The American Review of Public Administration, 2019, 49(8): 884 – 896.

[167]高中华,赵晨,付悦. 工匠精神的概念、边界及研究展望[J]. 经济管理,2020(6):192 – 208.

[168]段升森,迟冬梅,张玉明. 信念的力量:工匠精神对组织韧性的影响研究[J]. 外国经济与管理,2021,43(3):57 – 71.

[169]李超平,时勘. 变革型领导与领导有效性之间关系的研究[J]. 心理科学,2003(1):110 – 112.

[170]LUTHANS F, AVOLIO B J, WALUMBWA F O, et al. The psychological capital of Chinese Workers: Exploring the relationship with performance[J]. Management and Organization Review, 2005, 1(2): 249 – 271.

[171]赵富强,陈耘,胡伟. 中国情境下 WFB – HRP 对工作绩效的影响研究:家庭—工作促进与心理资本的作用[J]. 南开管理评论,2019,22(6):165 – 175.

[172]周海涛,张墨涵,罗炜. 我国民办高校学生获得感的调查与分析[J]. 高等教育研究,2016,37(9):54 – 59.

[173]杨金龙,王桂玲. 农民工工作获得感:理论构建与实证检验[J]. 农业经济问题,2019(9):108 – 120.

[174]MAEL F, ASHFORTH B E. Alumni and their alma mater: A partial test of the reformulated model of organizational identification[J]. Journal of Organizational Behavior, 1992, 13(2): 103 – 123.

[175]范如国,张宏娟. 民生福祉评价模型及增进策略:基于信度、结构效度分析和结构方程模型[J]. 经济管理,2012,34(9):161 – 169.

[176]吴明隆. 问卷统计分析实务[M]. 重庆:重庆大学出版社,2010.

[177]杨静,王重鸣. 女性创业型领导:多维度结构与多水平影响效应

[J].管理世界,2013(9):102-115,117,187-188.

[178]黎红艳,徐建平,陈基越,等.大五人格问卷(BFI-44)信度元分析:基于信度概化方法[J].心理科学进展,2015,23(5):755-765.

[179]张力为.信度的正用与误用[J].北京体育大学学报,2002(3):348-350.

[180]郭安元.基于扎根理论的心理契约违背的影响因素及其作用机制研究[D].武汉:武汉大学,2015.

[181]洪克森.新生代员工工作价值观、组织认同对其产出的作用机制研究[D].武汉:武汉大学,2012.

[182]陈晓萍,徐淑英,樊景立.组织与管理研究的实证方法(第二版)[M].北京:北京大学出版社,2012.

[183]FORNELL C, LARCKER D F. Evaluating structural equation models with unobservable variables and measurement error[J]. Journal of Marketing Research, 1981, 24(2): 337-346.

[184]王亚华,舒全峰.中国乡村干部的公共服务动机:定量测度与影响因素[J].管理世界,2018,34(2):93-102,187-188.

[185]李幼穗,韩映虹.幼儿同情心发展特点的调查研究[J].天津师范大学学报(社会科学版),2008(6):77-80.

[186]ROMZEK B S. Employee investment and commitment: The ties that bind[J]. Public Administration Review, 1990, 50(3): 374-382.

[187]胥彦,李超平.人口统计学特征对公共服务动机有什么影响?来自元分析的证据[J].心理科学进展,2020,28(10):1631-1649.

[188]段锦云,张晨,徐悦.员工建言行为的人口统计特征元分析[J].心理科学进展,2016,24(10):1568-1582.

[189]LINDELL M K, WHITNEY D J. Accounting for common method variance in cross-sectional research designs[J]. Journal of Applied Psychology,

2001,86(1):114-121.

[190]汤丹丹,温忠麟.共同方法偏差检验:问题与建议[J].心理科学,2020,43(1):215-223.

[191]温忠麟,叶宝娟.中介效应分析:方法和模型发展[J].心理科学进展,2014,22(5):731-745.

[192]刘红云.高级心理统计[M].北京:中国人民大学出版社,2019.

[193]AIKEN L S, WEST S G. Multiple regression: Testing and interpreting interactions[M]. Sage Publications, Inc, 1991.

[194]方杰,温忠麟.基于结构方程模型的有调节的中介效应分析[J].心理科学,2018,410(2):453-458.

[195]FREDRICKSON B L. The role of positive emotions in positive psychology: The broaden-and-build theory of positive emotions[J]. American Psychologist, 2001, 56(3): 218-226.

[196]聂伟.就业质量、生活控制与农民工的获得感[J].中国人口科学,2019(2):27-39,126.

[197]王红,王正中.社区工作者职业发展的现状、困境及求解路径:基于淮安市社区工作者职业发展的深度访谈[J].四川行政学院学报,2022(1):18-27.

[198]ZHANG Z, ZHANG L, WANG H, et al. Linking supervisor developmental feedback to in-role performance: The role of job control and perceived rapport with supervisors[J]. Journal of Management and Organization, 2020, 5(4): 1-16.

[199]STAMPER C L, MASTERSON S S. Insider or outsider? How employee perceptions of insider status affect their work behavior[J]. Journal of Organizational Behavior, 2002, 23(8): 875-894.

[200]尹俊,王辉,黄鸣鹏.授权赋能领导行为对员工内部人身份感知的

影响:基于组织的自尊的调节作用[J].心理学报,2012,44(10):1371-1382.

[201]邓志华,肖小虹.自我牺牲型领导对员工工匠精神的影响研究[J].经济管理,2020,42(11):109-124.

[202]赵富强,陈耘,张光磊.心理资本视角下高校学术氛围对教师科研绩效的影响:基于全国29所高校784名教师的调查[J].高等教育研究,2015,36(4):50-60.

[203]张军.基于心理资本干预的高校教师工作倦怠研究[D].兰州:兰州大学,2011.

[204]李雪松.工作压力与高职教师心理契约:心理资本的调节作用[J].南方职业教育学刊,2011,1(4):66-69.

[205]白明垠.变革型领导、团队学习与团队绩效:模型与机理[D].北京:中国地质大学,2013.

[206]ZHANG X, LI N, ULLRICH J, et al. Getting everyone on boards on top management team effectiveness and leader-rated firm performance: The effect of differentiated transformational leadership by CEO[J]. Journal of Management, 2013, 41(7): 1898-1933.

[207]陈伟东,李雪萍.社区行政化:不经济的社会重组机制[J].中州学刊,2005(2):78-82.

[208]孙柏瑛.城市社区居委会"去行政化"何以可能?[J].南京社会科学,2016(7):51-58.

[209]徐昌洪.社区居民委员会行政化及其治理研究[J].社会主义研究,2014(1):103-110.

[210]潘小娟.社区行政化问题探究[J].国家行政学院学报,2007(1):33-36.

[211]叶良海,吴湘玲.清单式治理:城市社区治理新模式[J].学习与

实践,2018(6):108-115.

[212]彭勃,付建军. 城市基层治理中的清单制:创新逻辑与制度类型学[J]. 行政论坛,2017,24(4):38-45.

[213]吴湘玲,叶良海. 城市社区清单式治理的实践困境及其优化[J]. 湖湘论坛,2018,31(4):56-62.

[214]田园,明桦,黄四林,等. 2004至2013年中国大学生人格变迁的横断历史研究[J]. 心理发展与教育,2017,33(1):30-36.

[215]RAINEY H G. Understanding and managing public organizations[M]. San Francisco: Jossey-Bass Publishers, 1997.

[216]NAFF K C. Public service motivation: What we know and what we need to learn[J]. Public Administration Review, 2011, 71(3): 491-493.

[217]WRIGHT B E, GRANT A M. Unanswered questions about public service motivation: Designing research to address key issues of emergence and effects[J]. Public Administration Review, 2010, 70(5): 691-700.

附录 A

城市社区工作者公共服务动机访谈提纲

（一）知情同意书

尊敬的社区工作者，您好！

我是东北大学的博士研究生，非常荣幸能邀请您参与我的博士课题研究，感谢您在百忙之中抽出宝贵时间接受我的访谈。

本次访谈的目的是想**了解当前城市社区工作者的工作现状，以及在为辖区居民服务过程中的动力及阻力因素有哪些**。基于研究需要，访谈过程将被录音。我承诺将**严格保密访谈内容**，所有的录音文本都仅用于**科学研究工作**，不会透露您的个人隐私。访谈时间在**半小时以上，一小时以内**。对于您的支持与理解，再次深表感谢！

（二）访谈提纲

第一部分：走近受访者

1. 您从事社区工作之前有做过其他方面的工作吗？（有过类似志愿服务的经历吗？）

2. 谈谈您最初选择进入社区工作的原因。（是因为喜欢参与社区公共事务吗？是因为工作相对稳定吗？）

3. 家人、亲戚或朋友有在社区工作的吗？他们对您的职业选择是否产生一定影响？

第二部分：社区工作者公共服务动机结构

1. 谈谈您对"为人民服务"的理解。

2. 工作中若集体利益与个人利益发生冲突，您会如何选择和解决？

3. 社区工作者直接服务辖区弱势群体，您在接触这些群体的过程中是一种怎样的感受？

4. 请您回忆一下近几年您为辖区居民服务过程中印象深刻或感动的几件事。

5. 您对社区和辖区居民是一种怎样的感情？

6. 您认为一名合格的社区工作者应该具备哪些特质？

第三部分：社区工作者公共服务动机影响因素

1. 您认为哪些因素会降低（提高）您的工作积极性？

2. 您工作中主要的压力源有哪些？

3. 疫情高压之下您有过辞职的想法吗？

4. 咱们社区的氛围如何？您认为什么因素对工作氛围起着决定性作用？

第四部分：受访者人口统计信息（仅做科学研究使用）

您的微信		年龄		学历	
工作年限		工作年资		政治面貌	
社区类型		职务			

第五部分：邀请社区工作者谈谈对本次访谈中问题的看法，是否有些问题追问得不恰当，是否需要新增某些题目等。

附录 B

基于扎根理论的初始量表编制与专家小组讨论结果

城市社区工作者公共服务动机结构及影响因素操作性题目	A	B	C	D	E	F	G	CVR
1. 我希望别人能够看到我为本社区付出的努力	√	√	√	√		√	√	0.70
2. 我认为追求名誉是天经地义的				√			√	-0.42
3. 对我来说，追求个人形象和口碑是重要的	√	√	√	√	√		√	0.70
4. 为了胜任社区工作，我勤勉且努力	√		√	√	√	√	√	0.70
5. 我认为社区工作体现了我的工作能力	√	√	√	√	√	√	√	1.00
6. 我认为参与公共服务是每个公民应尽的责任和义务	√		√	√	√	√	√	0.70
7. 当公共利益和个人利益发生冲突时，我会毫不犹豫地捍卫公共利益	√	√	√	√	√	√	√	1.00
8. 对我来说，为辖区居民做善事是有意义的	√	√	√	√	√	√	√	1.00
9. 我把为辖区居民提供服务看作自己的天职	√		√		√	√		0.14
10. 当看到相对弱势群体时，我会感到难过	√		√	√	√	√	√	0.70
11. 我认为人与人之间相互扶持是很平常的事情	√	√	√	√	√	√	√	1.00
12. 即便是身陷困境的陌生人，也会激发我的同情心和帮助他的想法	√	√		√	√	√	√	0.70
13. 别人给我的微小帮助，我都心存感激	√	√	√	√	√	√	√	1.00

续表

城市社区工作者公共服务动机结构及影响因素操作性题目	专家评价 A	B	C	D	E	F	G	CVR
14. 我时常感激帮助过自己的领导、同事和辖区居民	√	√	√	√	√	√	√	1.00
15. 很长时间以后，我仍然感激那些帮助过我的人	√	√	√	√	√	√	√	1.00
16. 对于真正帮助过我的人，我总是想方设法去报答他	√	√	√	√	√	√	√	1.00
17. 即便没有报酬，我也乐意为辖区居民服务	√	√	√	√	√	√	√	1.00
18. 我认为人们应该多奉献少索取	√	√	√	√	√	√	√	0.70
19. 我做的很多事都不只是为了我自己			√	√		√	√	0.14
20. 为了帮助别人，我愿意牺牲自己的利益	√	√	√	√	√	√	√	1.00
21.（陷阱题）社区居委会是政府机关	√	√	√	√	√	√	√	1.00
22. 在为民服务过程中，我有自信能够帮助他们解决问题	√	√	√	√	√	√	√	1.00
23. 面对居民的刁难和不理解，我认为这只是暂时的，是有办法解决的	√	√	√	√	√	√	√	1.00
24. 工作中，我相信"黑暗的背后就是阳光，不用悲观"	√		√		√	√	√	0.42
25. 工作中我正能量十足	√	√	√	√	√	√	√	1.00
26. 即使情绪低落，我也能坚守自己的工作目标	√	√	√	√	√	√	√	1.00
27. 我可以想出很多办法来实现我的工作目标	√	√	√	√	√	√	√	1.00
28. 我能迅速地从工作挫败中恢复并继续努力	√	√	√	√	√	√	√	1.00
29. 我能理智冷静地处理工作中的压力和难题	√	√	√	√	√	√	√	0.70
30. 我的直属领导经常和员工沟通，以了解员工的工作、家庭、生活情况	√	√	√				√	0.42
31. 在与直属领导打交道的过程中，他会考虑到我个人的实际情况	√	√	√	√	√	√	√	1.00
32. 我的领导为了社区利益，甘愿牺牲个人利益	√		√		√	√	√	0.42
33. 我的直属领导能够做到亲力亲为，是我们的榜样	√	√	√	√	√	√	√	1.00
34. 我的直属领导能让大家了解社区工作的治理理念和长远意义	√		√	√	√	√	√	0.70
35. 我的直属领导会向大家指明社区未来的发展前景	√	√	√	√	√	√	√	1.00
36. 我的直属领导全身心投入工作，始终保持高度的工作热情	√	√	√	√	√	√	√	1.00

续表

城市社区工作者公共服务动机结构及影响因素操作性题目	专家评价							CVR
	A	B	C	D	E	F	G	
37. 我的直属领导自信、能干、有魄力			√	√	√	√	√	0.42
38. 多年来的社区工作经历提高了我分析和解决问题的能力	√	√	√	√	√	√	√	1.00
39. 随着工作年限的增加，我的团队协作能力和人际交往能力有所提升	√			√	√	√	√	0.42
40. 我认为，我的工资是符合预期的	√	√	√	√		√		0.70
41. 我认为，我的薪资待遇是合理的	√	√	√	√	√	√	√	1.00
42. 工作中，我的付出和回报是成正比的	√	√	√	√	√	√	√	1.00
43. 我认为，我的工作得到了领导的尊重和认可	√	√	√	√	√	√	√	1.00
44. 我认为，我的工作得到了居民的尊重和认可	√	√	√	√	√	√	√	1.00
45. 在社区工作，我成就感十足	√	√	√	√	√	√	√	1.00
46. 我有"干一行爱一行"的热情和信念	√			√	√	√	√	0.42
47. 对待工作，我从来不将就、不应付	√		√	√	√	√		0.42
48. 工作中，我是一个勇担责任、敢作敢当的人	√	√	√	√	√	√	√	1.00
49. 我愿意与同事分享我的工作经验和服务技巧	√	√	√	√	√	√	√	1.00
50. 我认为，同事之间互帮互助是必要的	√	√	√	√	√	√	√	1.00
51. 工作中我是一个追求完美的人	√	√	√	√	√	√	√	1.00
52. 我很想知道别人是如何评价我所在社区的	√		√	√	√	√	√	0.70
53. 当谈起我所在社区时，我经常说"我们"				√				-0.70
54. 我所在社区的形象就是我的形象	√	√	√	√	√	√	√	1.00
55. 当听到别人批评我所在社区时，我感觉就像在批评我	√	√	√	√	√	√	√	1.00
56. 当听到别人称赞我所在社区时，我感觉就像在称赞我	√	√	√	√	√	√	√	1.00
57. 我认为，社区承担了过多政府的行政性事务	√	√	√	√	√	√	√	1.00
58. 工作中，我会因社区"权力小、责任大"感到困扰	√	√	√	√	√	√	√	1.00
59. 形式化的报表、指标等工作任务使我心力交瘁	√	√	√	√	√	√	√	1.00
60. 工作处处留痕非常烦琐，降低了我的工作效率	√	√	√	√	√	√	√	1.00

附录 C

城市社区工作者公共服务动机结构及影响因素问卷

尊敬的社区工作者：

您好！感谢您抽出时间参与本次问卷调查！以下是简要说明。

· 本问卷旨在了解城市社区工作者工作现状的整体情况。

· 本问卷匿名填写，我们承诺会依《中华人民共和国统计法》严格保密。

· 答案无对错之分，请您根据真实情况放心填写。

· 请不要将本问卷分享给非社区工作者，谢谢合作！

单位：××大学××学院　　　联系人：×××　××××××
×××××

2023 年 × 月 × × 日

第一部分：社区工作者公共服务动机结构问卷（请您根据自己的感受和体会，在相应的数字上打"√"）

请问：您同意以下的说法吗？ （请在右边最适当的数字上打"√"）	非常不同意	不太同意	不确定	比较同意	非常同意
1. 我希望别人看到我为社区付出的努力	1	2	3	4	5
2. 对我来说，追求个人口碑是重要的	1	2	3	4	5
3. 为了成为一名称职的社区工作者，我努力工作	1	2	3	4	5

续表

请问：您同意以下的说法吗？ （请在右边最适当的数字上打"√"）	非常 不同意	不太 同意	不确定	比较 同意	非常 同意
4. 我认为社区工作体现了我的工作能力	1	2	3	4	5
5. 我认为参与公共服务是每个公民应尽的义务	1	2	3	4	5
6. 当公共利益和个人利益发生冲突时，我会毫不犹豫地捍卫公共利益	1	2	3	4	5
7. 对我来说，为辖区居民做善事是有意义的	1	2	3	4	5
8. 当看到弱势群体时，我想伸出援手	1	2	3	4	5
9. 我认为人与人之间相互扶持是很平常的事情	1	2	3	4	5
10. 即便是身陷困境的陌生人，也会激发我的同情心	1	2	3	4	5
11. 别人给我的微小帮助，我都心存感激	1	2	3	4	5
12. 我时常感激帮助过自己的领导、同事和辖区居民	1	2	3	4	5
13. 很长时间以后，我仍然感激那些帮助过我的人	1	2	3	4	5
14. 即使没有报酬，我也乐意为辖区居民服务	1	2	3	4	5
15. 我认为应该多奉献少索取	1	2	3	4	5
16. 为了帮助别人，我愿意牺牲自己的利益	1	2	3	4	5

第二部分：社区工作者公共服务动机影响因素问卷（请您根据自己的感受和体会，在相应的数字上打"√"）

请问：您同意以下的说法吗？ （请在右边最适当的数字上打"√"）	非常 不同意	不太 同意	不确定	比较 同意	非常 同意
17. 社区居委会是政府机关	1	2	3	4	5
18. 在为民服务过程中，我有自信能够帮助他们解决难题	1	2	3	4	5
19. 面对居民的刁难和不理解，我认为这只是暂时的，是有办法解决的	1	2	3	4	5
20. 工作中我正能量十足	1	2	3	4	5
21. 即使情绪低落，我也能坚守自己的工作目标	1	2	3	4	5
22. 我可以想出很多办法来实现我的工作目标	1	2	3	4	5

续表

请问：您同意以下的说法吗？ （请在右边最适当的数字上打"√"）	非常 不同意	不太 同意	不确定	比较 同意	非常 同意
23. 我能迅速地从工作挫败中恢复并继续努力	1	2	3	4	5
24. 我能镇定地克服工作中的压力	1	2	3	4	5
25. 我的直属领导关心我的工作、生活情况	1	2	3	4	5
26. 在与直属领导打交道的过程中，他会考虑到我个人的实际情况	1	2	3	4	5
27. 我的直属领导廉洁奉公、不图私利	1	2	3	4	5
28. 我的直属领导能够做到亲力亲为，是我们的榜样	1	2	3	4	5
29. 我的直属领导能让大家了解社区治理的理念和长远意义	1	2	3	4	5
30. 我的直属领导会向大家指明社区未来的发展前景	1	2	3	4	5
31. 我的直属领导全身心投入工作，始终保持高度的工作热情	1	2	3	4	5
32. 我认为我的直属领导是一位有魄力的人	1	2	3	4	5
33. 多年来的社区工作经历提高了我分析和解决问题的能力	1	2	3	4	5
34. 随着工作年限的增加，我的人际交往能力有所提升	1	2	3	4	5
35. 我认为，我的工资是符合预期的	1	2	3	4	5
36. 我认为，我的薪资待遇是合理的	1	2	3	4	5
37. 工作中，我的付出和回报是成正比的	1	2	3	4	5
38. 我认为，我的工作得到了领导的尊重和认可	1	2	3	4	5
39. 我认为，我的工作得到了居民的尊重和认可	1	2	3	4	5
40. 在社区工作，我成就感十足	1	2	3	4	5
41. 我有"干一行爱一行"的热情	1	2	3	4	5
42. 对待工作，我从来不应付	1	2	3	4	5
43. 工作中，我是一个勇担责任、敢做敢当的人	1	2	3	4	5
44. 我愿意与同事分享我的工作经验和服务技巧	1	2	3	4	5

续表

请问：您同意以下的说法吗？ （请在右边最适当的数字上打"√"）	非常 不同意	不太 同意	不确定	比较 同意	非常 同意
45. 我认为，同事之间互帮互助是必要的	1	2	3	4	5
46. 工作中我是一个追求完美的人	1	2	3	4	5
47. 我想知道别人是如何评价我所在社区的	1	2	3	4	5
48. 我所在社区的形象就是我的形象	1	2	3	4	5
49. 当听到别人批评我所在社区时，我感觉就像在批评我	1	2	3	4	5
50. 当听到别人称赞我所在社区时，我感觉就像在称赞我	1	2	3	4	5
51. 我认为，社区承担了过多政府的行政性事务	1	2	3	4	5
52. 工作中，我会因社区"权力小，责任大"感到困扰	1	2	3	4	5
53. 形式化的报表、指标等工作任务使我心力交瘁	1	2	3	4	5
54. 工作处处留痕非常烦琐，降低了我的工作效率	1	2	3	4	5

第三部分：个人基本信息（这部分仅作为分类统计使用，请您放心填写）

性别	□男　　　　　　　　□女
年龄	□20~30岁　　□31~40岁　　□41~50岁　　□51岁及以上
政治面貌	□党员　　　　□团员　　　　□民主党派　　　□群众
最高学历	□初中及以下　□高中（中专）　□大专　□本科　□硕士及以上
工作年限	□5年及以下　□6~10年　　□11~15年　　□16年及以上
工资水平	□2000元及以下　　□2001~3000元　　□3001~4000元 □4001~5000元　　□5001元及以上
职务	□社区书记（主任）　□社区副书记（主任）　□社区干事
进入社区方式	□选举制　　　　□聘任制
是否在本社区居住	□是　　　　　　□否
所在社区类型	□物业型　□老旧型　□单位型　□村改居型　□混合型
社区所在地	省　　市

问卷结束，您辛苦了，烦请检查题目是否有遗漏，衷心感谢您的协助！

附录 D

影响因素假设检验的 Mplus 程序语法

一、直接效应检验

TITLE：直接效应检验；

DATA：

    FILE = FILE. dat；

VARIABLE：

    NAMES ARE g1 g2 g3 g4 g5 g6 g7 g8 g9 g10 g11 g12 g13 g14 g15 g16 x1 x2 x3 x4 x5 x6 x7 b1 b2 b3 b4 b5 b6 b7 b8 h1 h2 h3 h4 h5 h6 h7 h8 j1 j2 j3 j4 j5 j6 z1 z2 z3 z4 s1 s2 s3 s4 gen age edu pos pol year wage way pla type；

ANALYSIS：

ESTIMATOR = ML；

MODEL：

F1 BY G1 - G16；！公共服务动机

F2 BY X1 - X7；！心理资本

F3 BY B1 - B8；！变革型领导风格

F4 BY H1 - H8；！工作获得感

F5 BY J1 - J6；！工匠精神

F6 BY Z1 - Z4；！组织认同

F7 BY S1 - S4；！社区行政化

F1 ON F2；！心理资本的直接影响

F1 ON F3；！变革型领导风格的直接影响

F1 ON F4；！工作获得感的直接影响

F1 ON F5；！工匠精神的直接影响

F1 ON F6；！组织认同的直接影响

F1 ON F7；！社区行政化的直接影响

F1 ON GEN AGE EDU POS POL YEAR WAGE WAY PLA TYPE；！控制人口统计变量对公共服务动机的影响

OUTPUT：

STDYX；

二、中介效应检验

（一）组织认同的中介效应检验

TITLE：组织认同的中介效应检验；

DATA：

　　FILE = FILE. dat；

VARIABLE：

　　NAMES ARE g1 g2 g3 g4 g5 g6 g7 g8 g9 g10 g11 g12 g13 g14 g15 g16 b1 b2 b3 b4 b5 b6 b7 b8 z1 z2 z3 z4 gen age edu pos pol year wage way pla type；

ANALYSIS：

```
    TYPE = GENERAL;
    BOOTSTRAP = 1000;
MODEL:
    F1 BY G1 - G16;！公共服务动机
    F3 BY B1 - B8;！变革型领导风格
    F6 BY Z1 - Z4;！组织认同
    F1 ON F3 F6;！组织认同、变革型领导风格对公共服务动机的影响
    F6 ON F3;！变革型领导风格对组织认同的影响
    F1 ON GEN AGE EDU POS POL YEAR WAGE WAY PLA TYPE;！控制人口统计变量对公共服务动机的影响
    F6 ON GEN AGE EDU POS POL YEAR WAGE WAY PLA TYPE;！控制人口统计变量对组织认同的影响
MODEL INDIRECT:
    F1 IND F3;！生成效应值
OUTPUT:
    SAMPSTAT STDYX CINTERVAL（BCBOOTSTRAP）;
```

（二）工匠精神的中介效应检验

```
TITLE:工匠精神的中介效应检验;
DATA:
    FILE = FILE.dat;
VARIABLE:
    NAMES ARE g1 g2 g3 g4 g5 g6 g7 g8 g9 g10 g11 g12 g13 g14 g15
    g16 b1 b2 b3 b4 b5 b6 b7 b8 j1 j2 j3 j4 j5 j6 gen age edu pos pol
year wage way pla type;
ANALYSIS:
```

TYPE = GENERAL;

　　BOOTSTRAP = 1000;

MODEL:

F1 BY G1 - G16;! 公共服务动机

F3 BY B1 - B8;! 变革型领导风格

F5 BY J1 - J6;! 工匠精神

F1 ON F3 F5;! 工匠精神、变革型领导风格对公共服务动机的影响

F5 ON F3;! 变革型领导风格对组织认同的影响

F1 ON GEN AGE EDU POS POL YEAR WAGE WAY PLA TYPE;! 控制人口统计变量对公共服务动机的影响

F5 ON GEN AGE EDU POS POL YEAR WAGE WAY PLA TYPE;! 控制人口统计变量对工匠精神的影响

MODEL INDIRECT:

F1 IND F3;! 生成效应值

OUTPUT:

SAMPSTAT STDYX CINTERVAL（BCBOOTSTRAP）;

（三）工作获得感的中介效应检验

TITLE: 工作获得感的中介效应检验;

DATA:

　　FILE = FILE.dat;

VARIABLE:

　　NAMES ARE g1 g2 g3 g4 g5 g6 g7 g8 g9 g10 g11 g12 g13 g14 g15 g16 h1 h2 h3 h4 h5 h6 h7 h8 s1 s2 s3 s4 gen age edu pos pol year wage way pla type;

ANALYSIS:

TYPE = GENERAL;

　　BOOTSTRAP = 1000;

MODEL:

　　F1 BY G1 - G16;! 公共服务动机

　　F4 BY H1 - H8;! 工作获得感

　　F7 BY S1 - S4;! 社区行政化

　　F1 ON F4 F7;! 工作获得感、社区行政化对公共服务动机的影响

　　F4 ON F7;! 社区行政化对工作获得感的影响

　　F1 ON GEN AGE EDU POS POL YEAR WAGE WAY PLA TYPE;! 控制人口统计变量对公共服务动机的影响

　　F4 ON GEN AGE EDU POS POL YEAR WAGE WAY PLA TYPE;! 控制人口统计变量对工作获得感的影响

MODEL INDIRECT:

　　F1 IND F7;! 生成效应值

OUTPUT:

　　SAMPSTAT STDYX CINTERVAL（BCBOOTSTRAP）;

三、心理资本的简单调节效应检验

TITLE：心理资本的简单调节效应检验;

DATA：

　　FILE = FILE.dat;

VARIABLE：

　　NAMES ARE g1 g2 g3 g4 g5 g6 g7 g8 g9 g10 g11 g12 g13 g14 g15 g16 x1 x2 x3 x4 x5 x6 x7 s1 s2 s3 s4;

ANALYSIS：

ESTIMATOR = ML;

TYPE = RANDOM;

ALGORITHM = INTEGRATION;

MODEL：

F1 BY G1 – G16;！公共服务动机

F2 BY X1 – X7;！心理资本

F7 BY S1 – S4;！社区行政化

F1 ON F2 F7;！心理资本、社区行政化对公共服务动机的影响

F7F2 ｜ F7 XWITH F2;！心理资本×社区行政化

F1 ON F7F2;！心理资本与社区行政化的交互项对公共服务动机的影响

OUTPUT：

SAMPSTAT STDYX;

四、被调节的中介效应检验

（一）未加入交互项的模型 0

TITLE：模型 0 的被调节的中介效应检验;

DATA：

　　FILE = FILE.dat;

VARIABLE：

　　NAMES ARE F7 F4 F1 F2 F7F2;

ANALYSIS：

　　ESTIMATOR = ML;

MODEL：

　　[F1] (b0);

　F1 ON F4 (b1)

　　　F7 (cdash);！公共服务动机对社区行政化、工作获得感的

回归

 [F4]（a0）；

 F4 ON F7（a1）

  F2（a2）；！工作获得感对社区行政化、心理资本的回归

OUTPUT：

 TECH1；

（二）加入交互项 F7×F2 的模型1

TITLE：模型1的被调节的中介效应检验；

DATA：

 FILE = FILE. dat；

VARIABLE：

 NAMES ARE F7 F4 F1 F2 F7F2；

DEFINE：

 F7F2 = F7 * F2；！定义交互项 F7F2

ANALYSIS：

 TYPE = GENERAL；

 ESTIMATOR = ML；

 BOOTSTRAP = 2000；

MODEL：

 [F1]（b0）；

 F1 ON F4（b1）

  F7（cdash）；！公共服务动机对社区行政化、工作获得感的回归

 [F4]（a0）；

 F4 ON F7（a1）；

F2（a2）；

F7F2（a3）；！工作获得感对心理资本、社区行政化、心理资本×社区行政化的回归

MODEL CONSTRAINT：

NEW（LOW_ F2 MED_ F2 HIGH_ F2

IND_ LOWF2 IND_ MEDF2 IND_ HIGHF2

IMM

TOT_ LOWF2 TOT_ MEDF2 TOT_ HIGHF2

DIF1 DIF2 DIF3 DIF4 DIF5 DIF6）；

LOW_ F2 = 2.739；！调节变量心理资本取低值

MED_ F2 = 4.42；！调节变量心理资本取均值

HIGH_ F2 = 6.101；！调节变量心理资本取高值

IND_ LOWF2 = a1 * b1 + a3 * b1 * LOW_ F2；！心理资本取低值时的条件间接效应

IND_ MEDF2 = a1 * b1 + a3 * b1 * MED_ F2；！心理资本取均值时的条件间接效应

IND_ HIGHF2 = a1 * b1 + a3 * b1 * HIGH_ F2；！心理资本取高值时的条件间接效应

DIF1 = IND_ HIGHF2 – IND_ LOWF2；！取高值与取低值的间接效应差异

DIF2 = IND_ HIGHF2 – IND_ MEDF2；！取高值与取中值的间接效应差异

DIF3 = IND_ MEDF2 – IND_ LOWF2；！取中值与取低值的间接效应差异

IMM = a3 * b1；！利用系数乘积法计算有调节的中介效应

TOT_ LOWF2 = IND_ LOWF2 + cdash；！心理资本取低值时的总效应

TOT_ MEDF2 = IND_ MEDF2 + cdash；！心理资本取中值时的总效应

TOT_ HIGHF2 = IND_ HIGHF2 + cdash；！心理资本取高值时的总效应

DIF4 = TOT_ HIGHF2 – TOT_ LOWF2；！取高值与取低值的总效应差异

DIF5 = TOT_ HIGHF2 – TOT_ MEDF2；！取高值与取中值的总效应差异

DIF6 = TOT_ MEDF2 – TOT_ LOWF2；！取中值与取低值的总效应差异

OUTPUT：

SAMPSTAT STAND CINT（BCBOOTSTRAP）；